새로운
북한 이야기

이 도서의 국립중앙도서관 출판예정도서목록(CIP)은 서지정보유통지원시스템 홈페이지(http://seoji.nl.go.kr)와
국가자료공동목록시스템(http://www.nl.go.kr/kolisnet)에서 이용하실 수 있습니다.
CIP제어번호: CIP2018001115(양장), CIP2018001114(학생판)

새로운 북한 이야기

박재규 · 김갑식 · 김근식 · 김동엽 · 김성경 · 김흥규 · 박인휘 · 박형중 · 서보혁 · 이기동 · 조봉현 · 조재욱 지음

한울
아카데미

책을 펴내며

우리에게 주어진 한반도 평화와 통일을 위한 대내외적 환경이 더 험난해지고 있다. 분단구조 아래 우리가 서 있는 곳은 '누란지위(累卵之危)'의 상황과도 같다. 최근 남북관계 개선이라는 과제를 안고 있는 우리에게 던져진 기회와 도전적 요소는 비단 북한에만 국한되어 있지 않다. 현재 세계를 뒤덮고 있는 자국 중심주의와 맞물려 새롭게 등장한 트럼프 미 행정부 역시 '미국 우선주의'를 내세우고 있다. '신형 국제관계'를 내세우며 '중국몽'을 실현하려는 시진핑의 중국의 움직임 역시 심상치 않다. 이러한 국제환경 변화 속에서 북한은 더욱 핵을 움켜쥐고 있다. 북한의 핵문제와 미중관계 변화가 한반도는 물론 지역의 평화와 안전을 집어삼키는 블랙홀이 되고 있다.

이러한 맥락에서 오늘의 북한을 바르게 보는 것이 중요하고, 통일의 길을 여는 시작점이 되어야 한다. 당면한 북한문제를 객관적으로 논의하고, 균형 잡힌 대안을 찾는 것은 어려운 과제이다. 해마다 적지 않은 북한 관련 책들이 발간되고 있지만, 현실의 변화를 담은 가치중립적인 글들은 많지 않다. 더구나 대부분의 책이 세부적인 전문 분야에 집중하는 경향이어서 북한문제에 대해 종합적으로 인식하고 체계적으로 접근할 수 있는 적절한 교재에 대한 학생들의 갈증은 더욱 심해지고 있다. 이러한 문제의식을 전제로 북한문제에 대한 현실적이고 균형 잡힌 관점과 시각을 함양하고자 이 책을 출간하게 되었다.

경남대학교는 2016년부터 영남권의 '통일교육 선도대학'으로 선정되어 통일과 관련해 다양한 사업을 해오고 있다. '통일교육 선도대학' 사업은 통일부의 후원을 받아 대학 차원에서 통일교육 모델을 개발하고, 학내의 통일교육 활성화를 목표로 하고 있다. 경남대학교 통일교육 선도대학 사업의 일환으로 기획된 이 책은 '대학생 눈높이'에 적합한 열린 교재로 만들어졌다. 관심은 있으나 북한을 어떻게 보아야 할지 시각과 구체적인 방법에 익숙하지 않은 대학생들이 이 책의 대상 독자이다.

경남대학교 통일교육 선도대학 육성사업단 편집위원회에서는 '열린 교재'를 목표로 한쪽에 치우치지 않도록 다양한 논의를 담고자 했다. 이러한 우리의 원칙이 얼마나 충족되었는지는 독자의 몫으로 남긴다. 하지만 모든 집필자들이 편집위원회의 기조에 맞춰 최선을 다했다고 자부한다.

경남대학교 교수진 외에도 김갑식/박형중(통일연구원), 김성경(북한대학원대학교), 김홍규(아주대학교), 박인휘(이화여자대학교), 서보혁(서울대학교 통일평화연구원), 이기동(국가안보전략연구원), 조봉현(IBK 경제연구소) 등 외부 인사들이 참여해 만든 이 책은 북한과 관련해 다양한 내용을 총 12장에 담아냈다. 특히 김정은 체제 아래 북한의 변화와 지속이라는 양면성에서 의미 있는 성과물을 만들어준 집필진과 전문가 여러분께 감사드린다. 북한의 오늘을 바르게 진단하려는 전문가들의 노력이 남북 화해와 협력의 길을 다시 열고 평화통일의 환경을 만드는 데 기여할 것이라 믿어 의심치 않는다.

이 책이 북한의 변화에 대비해 한반도 통일 시대를 준비하는 데 유익하고 의미 있는 나침반이 되어 대학생들뿐만 아니라 일반 독자들에게도 성큼 다가가기를 바란다. 또한 남북관계와 대외적 불확실성이 증가하고 있는 현실 속에 북한을 바로 볼 수 있는 충실한 안내서로 자리매김하기를 기대한다.

2018년 1월

집필자를 대신해

경남대학교 총장 박재규

차례

1

김정은의 북한, 어디로?

박재규
경남대학교 총장

1. 김정은의 북한을 보는 시각

북한은 어떤 시각을 통해 보느냐에 따라 다양한 평가와 전망이 가능하다. 북한에서 나타나고 있는 다양한 현상을 지속과 변화 또는 안정과 불안정이라는 서로 상반되는 시각 중 과연 어떠한 프레임으로 보는가에 따라 결과는 많은 차이가 난다(Smith, 2000 참조). 일반적으로 북한에 대해 지속은 안정적이고 변화는 불안정을 가져온다는 획일적인 등식을 적용하여 평가하고 전망하는 것에는 문제가 있다. 단기적으로는 맞을 수 있을지 모르겠지만 장기적으로는 반대의 결과로 나타날 수 있기 때문이다. 북한이 변하지 않았고 불안정하다는 주장과 북한이 빠르게 변하고 있고 안정적이라는 서로 상반되는 두 가지 프레임의 충돌은 우리 사회에 많은 문제점을 만들어내고 있다. 남남 갈등의 심화와 함께 쏟아져 나오는 대북정책과 다양한 대응방안들이 과연 실제 유용한 것인가에 대한 의구심마저 든다. 많은 경우 정확한 사실에 기반을 둔 분석이라기보다는 자신의 희망적 생각wishful thing을 이야기하고 있어 정작 문제 해결에는 별로 도움이 되지 않는 경우가 대부분이다(윤대규, 2013).

북한에 대해 도식적이고 단편적인 프레임만으로 평가하고 전망하는 것을 경계해야 한다. 지금 북한에서 나타나고 있는 현상은 변화로 보기 어렵고 김정은 정권은 불안정하다는 프레임도 문제이지만 모든 것을 의미 있는 진정성 있는 변화로 보고 안정적이라고만 보는 프레임이 위험하기는 마찬가지이다. 지속과 변화는 모두 안정과 불안정의 가능성을 안고 있다. 변하는지 아닌지가 중요한 것이 아니라 어떻게 지속하고, 어떻게 변화하는지에 따라 안정과 불안정이 결정된다. 이러한 측면에서 북한을 하나의 고정된 프레임을 가지고 봐서는 안 된다. 특히 지금 북한은 김정은 시기에 들어와 그 어느 때보다 외형적으로 많은 변화가 나타나고 있다는 점에서 남북관계의 복원과 올바른 대북정책 마련을 위해 사실에 기초한 올바른 평가와 전망이 요구된다.

북한은 김정은이 집권한 이후 체제 안착과 정권의 안정화를 위해 유리한 대내외 환경 조성에 주력하면서 김정은 방식의 통치를 뒷받침하는 정책과 사업 추진을 본격화했다. 김정은은 3대세습이 가지는 한계 속에서 '후계자'가 될 수 있었던 환경과 여건에 따르면서 당을 중심으로 군과 국가기관을 장악하고 통치를 해왔다. 김정은은 등장과 함께 지금까지, 김정일 시대에 국가비전으로 내세웠던 '사회주의강성대국건설'을 일부 수정한 '사회주의강성국가건설'을 제시하면서 경제강국과 문명강국 건설을 핵심 내용으로 경제발전과 인민생활 향상을 강조했다.

2012년 7월 북한 언론은 김정은이 "경제의 지식화가 촉진되는 세계의 추세에 맞게 인민을 잘살게 할 수 있는 '우리식의 발전목표와 전략전술'을 이미 세워놓으신 것으로 전해지고 있다"라고 언급하며 발전전략은 김정일의 친필명제 관철이라고 보도했다. 여기서 언급된 친필명제는 2009년 12월 17일 김정일 위원장이 준공식을 앞둔 김일성종합대학 전자도서관에 보냈다는 "자기 땅에 발을 붙이고 눈은 세계를 보라!"라는 말이다. 주목해야 할 것은 이 말이 김정은 체제에 북한이 변화를 추구할 수 있는 기준으로 작용할 수 있다는 것이다. 이 말이 사회주의강성대국건설에 견지해야 할 두 가지 원칙으로 주체성 고수와 개혁개방 추진을 함께 제시하고 있다는 점에서 김정은의 통치전략이 무엇인지 추론할 수 있다.[1]

북한은 2013년 이래 김정은 시대 국가운영의 기본 노선으로 '경제·핵무력건설 병진노선'을 채택하고, 본격적으로 경제발전과 인민생활 회생에 주력

1 "우리는 자기 땅에 발을 붙이고 눈은 세계를 볼데 대한 장군님의 뜻대로 높은 목표와 리상을 가지고 투쟁하며 모든 면에서 세계를 디디고 올라서야 합니다"(김정은, 2013: 21).

하는 모습을 보여왔다. 앞으로도 이런 흐름은 지속되고 속도를 높여 더욱 빠르게 진행되어 나가려고 할 것이다. 결국 안정이냐 불안정이냐는 추진하는 정책의 지속과 변화 과정을 김정은이 얼마나 잘 통제하는지에 달려 있는 것이다.

많은 사람들이 김정은 시대에도 여전히 북한이 철저히 국제사회에서 고립되어 있고 사회경제적으로도 폐쇄되어 있다고만 생각하는 경향이 있다. 핵과 미사일, 인권과 제재, 주체와 선군 등의 용어들이 여전히 북한문제를 이해하는 데 핵심어가 되고 있다. 그러나 김정은 시대의 북한은 이제 더 이상 폐쇄된 계획경제체제나 사회통제감시망만으로 움직이거나 유지 가능한 국가로 보기가 어려운 측면이 있다. 북한의 최고지도자인 김정은의 통치전략이 과거 김일성·김정일 시기와는 어떠한 차이가 있는지 파악하는 것이 우리의 주요한 과제이다.

북한 최고지도자의 통치전략은 정치적 안정과 사회적 안정을 해결하는 데 어느 것에 우선순위를 두고 어디에 균형점을 가지고 어떠한 정책을 추진해 나갈 것인지에 대한 중요한 기준이 된다. 북한은 지금까지 물적 토대가 부족한 상황에서 지배계급이 권력을 유지하기 위한 통치전략 속에서 정책을 추진해왔다. 북한의 정책추진은 정권유지를 위해 정치적 안정과 사회적 안정이라는 두 가지 목표에 직면해왔고 늘 인민생활이나 사회적 안정보다 정권유지와 정치적 안정을 우선시해왔다. 북한은 권력층과 주민들의 이익이 확연한 차이를 보이고 있어 상호 보완적인 비영합Non Zero-sum이라기보다는 영합Zero-sum에 가깝다. 따라서 정치적 안정과 사회적 안정이라는 두 마리 토끼를 한꺼번에 잡는다는 것은 현실적으로 어려웠다. 과거 김일성과 김정일 체제의 통치전략은 정권유지와 체제수호를 위해 안보와 군사를 기반으로 사회적 발전보다 정치적 안정을 우선한 것으로 볼 수 있다.

김정은 역시 정권 안정과 존속 차원에서 밀접한 연관을 갖는 과제 해결을 위해 지속성과 변화를 놓고 고민할 것으로 예상된다. 이 점은 김정은 정권이 정치적·사회적 제약과 함께 지속·변화 가능성을 함께 가지고 있다는 것을 의미한다. 지속적 차원에서 김정은은 우선적으로 통치이데올로기로 '김일성-김정일주의'를 제시했다(김근식, 2014). 이를 변화라는 측면에서 해석할 수도 있겠지만, 통치이데올로기의 기능적 위축, 사상 중시 분위기의 이완으로 보기는 어렵다. 김정은의 '김일성-김정일주의' 제시는 김정일이 주체사상을 계승발전시키고 '선군사상'을 제시했던 것과 마찬가지로 이데올로기에 대한 계승과 해석권 장악을 위한 것으로 여전히 통치이데올로기가 중시되는 북한의 특수 상황이 반영된 결과로 보는 것이 더 타당하다.

반면 현재 북한은 사회적으로는 과거와 달리 내재된 모순과 체제의 괴리 현상이 심화되어 있으며, 이 같은 모순과 부작용으로 인해 사회 내에 변화의 동인이 성장하고 있다. 특히 1990년대 초반 이후 지속되고 있는 북한의 경제난은 김정은 체제의 정책 선택지를 매우 협소하게 제한한다. 장기화된 경제난으로 인해 주민들의 불만이 팽배하고 사회 통제가 약화된 상황에서 더 이상 정치적 안정이냐 사회적 안정이냐 하는 양자택일의 정책선택 상황은 오히려 중장기적인 관점에서 김정은 정권에 치명적인 결함이 될 수 있고 이 점을 김정은 스스로 인식하고 있는 것으로 보인다.

김정은 체제하의 북한은 자신들이 처한 현실을 인정하는 바탕 위에서 변화를 추진하고 있다. 김정은이 첫 육성 연설에서 "주민들이 더 이상 배를 굶주리게 하지 않겠다"라고 말한 것이나 '세계적 추세'를 강조하는 것은 북한이 처한 현실에 대한 반성에 따른 것으로 이해할 수 있다. 즉, 경제난으로 주민들이 제대로 먹지 못하고 사회적 여건이 세계적 추세에 뒤떨어진 현실을 인정하고, 이를 극복하기 위해 변화를 선택하고 있다는 것이다. 선대수령을 떠받치고 있는 북한체제를 감안하면 이는 파격적인 접근이라고 할 수 있다.

김정은은 집권 이후 체제 안착과 정권 공고화를 위한 내·외부 여건조성에 주력하면서 김정은식 통치를 뒷받침하는 정책노선과 사업들을 본격 시행해 왔다. 특히 김정은 시기 들어 북한은 새로운 국가목표를 강성대국건설에서 '사회주의강성국가건설'로 변경했다. 여기에 '경제건설과 핵무력건설의 병진노선'을 기본 노선으로 변화의 확대를 뒷받침하겠다는 것이다. 이를 위해 북한은 기존 정책을 보다 강화하고 변화를 모색하고 있다. 기존에 강성대국을 통해 내세운 사상, 군사, 경제강국 건설의 내용을 강화하면서 '사회주의문명국가'라는 것을 추가했다.

현재까지도 북한은 인민생활 향상을 모토로 한 사회주의강성국가의 주목표로서 경제강국 건설을 위한 경제발전과 문명국 건설을 위한 문화적 선진화를 강하게 내세우고 있다. 김정은 정권은 주민들의 민생문제를 언제까지나 외면하기 어려웠기 때문에 이른바 '경제발전'과 '사회발전' 문제를 더 이상 회피할 수 없는 핵심 과제로 인식하고 있다. 변화의 방향 역시 민심을 의식하며 주민들의 마음을 사는 데 관심을 기울이고 있다. 주민친화적인 정책을 추진하려 하는 것이나 주민위무정책을 펴는 것은 다분히 주민들의 의식이 변한 것을 염두에 둔 새로운 접근법이다.

이처럼 김정은 체제는 정치적 변화나 경제적 변화만으로는 당면한 문제를 해결하는 데 한계가 있고 가시적인 성과를 내는 것이 제한적이라는 것을 잘 인식하고 있기 때문에 문명강국건설이라는 인민의 삶의 질 향상과 사회발전을 통해 김정은 체제의 연착륙을 함께 모색하고 있는 것으로 보인다. 김일성과 김정일이 인민들 생활에 전혀 관심을 두지 않았다는 것은 아니나 김정은 체제의 사회변화와 발전은 문화를 중심으로 세계적 추세를 강조한 사회 개혁에 맞추어나가고 있다는 점에서 과거와는 확실하게 차이가 있다. 이는 곧 최고지도자 김정은의 통치전략이 반영된 것이라 할 수 있고 김정은 시대 통치전략의 핵심은 정치적 지속성 속에 사회적 변화를 통해 안정을 추구하는 것이라 할 수 있다.

2. 김정은 정권의 등장과 변화의 시작

김정은은 많은 전문가들의 비판적 전망과는 달리 정권 등장과 함께 신속히 권력을 장악하고 체제의 안정화를 이루어낸 것으로 평가되고 있다. 김일성 사망 시와는 달리 2011년 12월 17일 김정일 국방위원장의 사망 이후 김정은은 새로운 리더십과 통치전략을 비교적 신속하게 안정적으로 구축해왔다. 김정일은 김일성 사후 3년이 지난 1997년에서야 당총비서 자리에 올랐고, 1998년에는 헌법 전문에서 김일성을 아예 '영원한 주석'으로 명명했다. '영원한 주석'이 따로 있으니 김정일 본인은 이 직함을 사용할 수 없게 되었다. 주석제와 중앙인민위원회, 정무원을 폐지하는 대신, 헌법을 고쳐 사실상 국가 최고권력자인 국방위원장에 올랐다. 그리고 권한과 역할이 강화된 국방위원회를 중심으로 군을 앞세워 북한을 끌고 가는 비정상적인 국정운영을 한 것이다.

김정일 사망 당시 김정은의 대외적 공식 직함은 당중앙군사위 부위원장밖에는 알려진 것이 없었다. 그러나 김정일은 자신이 사망하기 전 이미 김정은으로의 권력 이양에 필요한 당규약과 헌법 개정 조치를 마무리해 두었다. 김정일 생전에 이미 헌법(2009년)과 당규약(2010년)을 정비해 이 같은 비정상적 운영 상태를 정상적인 당국가체제로 되돌리기 위한 조치를 취해왔다. 김정은 정권은 사전에 권력을 장악할 수 있는 시스템적 완결성을 가지고 시작한 것이다.

덕분에 김정은으로의 권력승계는 2011년 12월 17일 김정일이 사망하자마자 이미 준비된 개정헌법과 당규약에 따라 제도적으로 매우 신속하게 진행될 수 있었다. 2011년 12월 30일 김정은은 조선인민군 최고사령관직에 올랐고, 2012년 4월에는 김정일을 '영원한 총비서'이자 '영원한 국방위원장'으로 받들었다. 그 대신에 김정은 본인이 택한 직함은 노동당 제1비서와 국방위원회 제1위원장이었다. 이로써 김정은은 북한의 당·정·군 모두 최고의 위치에 올라 김정일이 사망한 지 4개월 만에 권력승계를 완료할 수 있었다.

김정은 정권 초기의 안정성에 대해서는 단기적으로 긍정적인 평가를 내릴 수도 있다. 정권 초기 김정은은 선대수령과의 일체화를 통해 백두혈통 계승의 정당성을 확보했다. 그동안 당적 지도력이 복원되어 당을 통한 국가영도체계가 확립되었고 군에 대한 당적 영도와 직할 영도의 병행체계가 구축되었다. 김정은 시대에 들어 그동안 선군노선으로 인해 희생당했던 인민경제발전노선이 중시되었다. 인민이 아닌 군을 앞세운 선군정치를 통치 방식의 일환으로 삼았던 김정일과 달리, 김정은은 '인민대중제일주의' 구호를 앞세우며 인민에게 보다 가까이 접근하는 통치 방식을 활용하고 있다. 김정은은 간부에게는 엄격하고 인민들에게는 관대한 '엄간관민嚴幹寬民'의 친인민적인 통치스타일을 통해 정치적인 안정과 사회적인 안정을 모두 도모하고 있다. 김정은이 집권한 이후 새로운 통치전략과 함께 최근 한반도를 둘러싼 복잡한 대외환경 변화 속에서 나타나고 있는 북한의 변화 양상은 우리의 예상을 훨씬 뛰어넘고 있고, 무엇보다 주목해야 할 것은 김정은 자신이 직접 변화를 이끌고 있다는 점이다. 북한 스스로도 김정은 시대는 김정일 시대와 다르다고 주장한다. 그러나 이 같은 변화의 움직임이 어느 정도 실제적이고 또 얼마나 지속될 것이냐 하는 문제는 아직 가늠하기 어렵다. 과연 김정은이 어떠한 통치전략을 가지고 정치, 경제, 사회, 대외 관계 등 다양한 분야에서 어떻게 정책을 추진해왔는지 객관적으로 살펴볼 필요가 있다.

북한은 정치적으로 김정은의 유일영도체제 확립과 안정을 위해 당 중심의 국정운영에 매진해왔다. 정권 초기 정치 분야의 조치들은 성공적이었던 것으로 보이며 김정은 체제의 안정성이 보다 확고해지는 결과를 가져왔다. 김정은 정권과 북한체제에서 가장 큰 불안정 요인은 엘리트 균열에 있다(김갑식 외, 2015). 김정은은 다양한 '숙청, 은퇴, 강등 및 재임용'의 견장정치 등의 조치를 통해 군부 및 관료 길들이기에 나섰고 과도기의 원로후견체제를 거쳐, 2013년을 계기로 유일지도체제를 본격적으로 수립함으로써 엘리트 균열의 가능성을 봉합하는 데 성공한 것으로 보인다. 또한 추가적인 이러한 균열 가능성을 방지하기 위해 김정은은 당-군 관계에서 당 우위의 당-국가 체제를 보다 확고히 해왔고 군에 대한 당조직 지도부의 영향력이 더욱 굳건해진 것으로 보인다.

그럼에도 불구하고 여전히 김정은의 건강문제, 권력엘리트의 통제, 제재 속에서 경제상황의 더딘 개선, 대남·대외 관계 등 불안정 요인들이 잠재하고 있다. 따라서 김정은 정권하의 북한은 정치적 측면에서는 급격한 변화보다는 기존의 정책과 틀을 유지하면서 김정은 정권의 안정을 위해 필요한 조치를 지속적으로 추진할 것으로 예상된다.

군사적인 측면에서는 '경제건설과 핵무력건설의 병진로선' 추진으로 인해 조심스러운 변화가 감지되고 있다. 김정은은 경제에 우선순위를 두면서도 국방을 챙기기 위해 군에 대한 당의 통제를 더욱 강화했고 실질적인 훈련을 통한 전투력 향상과 군인생활 향상에 중점을 두었다. 새로운 병진노선의 지속적인 추진으로 기존 재래식 전력 중심의 군사전략과 군대 운용이 향후에는 핵무기와 같은 비대칭 전력과 항공 및 반항공 전력과 같은 일부 제한된 전력 중심으로 변화할 가능성도 예측해볼 수 있다. 또한 군수산업의 민수산업으로의 전환을 차츰 확대하고 군사우선정책을 완화해나갈 가능성도 존재한다. 그러나 북한에서 군사적 변화는 가장 더디게 나타날 가능성이 높다. 절대적 필요에도 불구하고 군은 여전히 북한에서 가장 큰 이해집단이라는 점에서 오랜 시간 체질화된 군사우선주의를 단기간에 해소하기는 쉽지 않을 것으로 보인다. 또한 탈군사주의화가 김정은 정권에 긍정적인 영향으로만 작용할 것인지는 예단하기 어렵다(김동엽, 2015).

인민중시와 함께 김정은 정권의 안정에 중요한 부분을 차지하고 있는 것은 바로 최근 북한경제를 끌고 가고 있는 시장화와 북중무역이다. 북한경제는 북핵문제로 인해 북중무역이 크게 위축되고 있는 상황에서 시장화를 중심으로 긍정적 요인과 부정적 요인이 공존하고 있다. 물가와 환율이 안정되고 시장화가 빠르게 진행되면서 도시 건설시장의 활성화, 주민들의 소비생활 향상 등 시장화에 따른 효과는 경제 전반에 두드러지게 나타나고 있다.

대내 경제적인 측면에서 김정은 집권 이후 북한에서는 '우리식 경제관리 방법'을 매우 조심스럽고 신중하게 추진했다(양문수, 2016). 여전히 시행과정에 혼선과 시행착오도 적지 않은 것으로 보이지만 과거 7·1조치의 경험을 의식하고 장기간 실험을 통해 서서히 확대해 나가려는 의도로 판단된다. 또한 '우리식 경제관리방법'을 시장에 대한 유화적 정책과 동시에 추진하고 있다는 점에서 북한 당국도 시장이라는 현실을 인정하고 시장을 적극 활용하면서 부작용을 최소화하는 시장친화적 정책을 유지할 가능성이 높아 보인다.

북한이 당면하고 있는 최우선 과제는 바로 경제문제이고 이를 해결하기 위해서 주변국을 비롯한 대외관계 개선은 중요하다. 이러한 측면에서 북한은 중국을 비롯해 러시아 등 주변국과의 관계개선에 주력해오면서 외교적인 다각화를 추진해왔다. 개방정책과 관련된 대외경제 분야에서도 북한은 경제특구 및 경제개발구 개발 중심의 발전전략을 추구하면서 이를 실현하기 위한 외자유치와 경제개발구법 제정, 외자유치 전담기구 정비 등 법·제도 정비에 주력해왔다. 그러나 김정은 정권이 추진하는 특구 정책이 성공하기 위해서는 극복해야 할 많은 제약조건이 있다. 특히 경제개발구에 대한 대외투자를 유치하기에 유리한 환경을 조성하기 위해서는 국제제재 문제와 함께 남북관계 및 북미관계 개선, 군사적 긴장완화가 절실히 필요하다는 점에서 핵을 포기하지 않고 경제를 발전시키고자 하는 '경제·핵 병진노선'은 장애요인이 될 가능성이 높다.

현재 북중관계는 미중관계 속에서 북핵문제로 인해 외형적으로는 예전과 다른 모습을 보이고 있다. 그럼에도 현재 중국의 대북변화를 실제 전략적 차원의 변화로 보기는 어렵다. 북중무역에서 주도적 역할을 하는 것은 중국정부가 아니다. 사실상 중국기업의 자율적 결정에 따르는 방식이라고 볼 수 있다. 그러나 향후 북중관계와 북중 경제협력이 큰 진전을 보이지 않는 현 상황에서, 중국의 민간기업들도 북한의 경제개발구에 대한 인프라 투자는 꺼릴 수밖에 없고 경제성장과 북한의 경제개발구 건설에 미치는 영향은 제한적일 수밖에 없을 것이다.

일본과는 여전히 북한의 핵미사일 문제, 인권문제 등이 걸림돌로 작용해 일본정부가 단기간에 대북 국교정상화 정책을 적극적으로 추진하기는 어려울 것이라 예상된다. 2014년 11월 특사 자격으로 최룡해 당비서가 러시아 방문을 마친 직후 긴밀해지기 시작한 북러관계가 동북아 외교지형 변화에 어떠한 영향을 미칠지에도 관심이 모아지고 있다. 북러관계가 어떠한 방향으로 발전할 것인지 섣부르게 전망하기는 어렵다. 그러나 북러관계가 북중관계와 북미관계는 물론 한러관계까지도 변화시킬 민감한 요인이 될 수도 있다.

김정은 정권 등장 이후 북한사회 변화에서 가장 주목되는 것은 '사회주의 문명국' 건설이다(강민정, 2015). 2012년이 주체 100년에 새로운 지도자로 등장한 김정은 띄우기의 해였다면 2013년부터는 김정은 정권에 대한 지지기반을 공고히 하면서, 경제와 사회문화 분야에서 쇄신과 혁신을 요구하기 시작했고, 2014년부터는 경제와 사회문화 분야의 정책이 본격적으로 추진되기 시작했다고 평가할 수 있다. 이는 북한 주민들의 인식과 사상이 변화되는 상황에서 무조건 통제에만 의존할 수 없기 때문에 북한 당국으로서는 오히려 자신만의 방식으로 새로운 변화의 양식을 만들어갈 수밖에 없는 상황에 놓인 것으로 해석할 수 있다.

이처럼 최근 북한에서 나타나는 사회적 변화의 행위주체 집단으로 '새 세대'에 대한 관심이 높아지고 있다. 시장체계를 경험한 북한의 '새 세대'가 기성세대와는 다르게 북한체제 변화의 추동 세력으로 등장하고 있다. 이러한 상황에서 북한 역시 새 세대를 교육하고 규율하여 체제수호적인 인민으로 만들어내는 데 큰 노력을 기울이고 있어 우리의 희망처럼 새 세대가 북한사회의 변화를 이끄는 새로운 행위주체가 되기에는 한계가 있다. 즉, 북한의 변화가 예상보다 큰 폭일 수는 있지만 그렇다고 그 변화가 우리가 원하고 희망하는 방향으로 일어날 것이라고 예단하기는 어렵다는 것이다.

결국 북한이 생존을 위해 가야 할 길은 주체나 선군이 아니라 경제우선이라는 점을 김정은 스스로가 더 잘 인식하고 있을 것이다. 김정은은 경제를 우선한 정책을 추진하기 위해 정권 초기에는 우선 당적 지도와 통제력을 재건하는 데 매진해왔고, 당을 중심으로 경제, 사회 등 다양한 분야로 활동과 정책의 범위를 점차 확대하고 있다. 아직 이에 대한 평가를 하기는 시기상조이다. 당을 중심으로 정치와 군사의 영역을 벗어난 다양한 정책들이 긍정적인 결과를 맺는다면 김정은 정권의 안정성은 보다 확고해질 것이다.

3. 당창건 70주년과 제7차 당대회 이후 변화의 속도

2015년 이후 북한 김정은 정권을 평가하는 키워드는 '당창건 70주년'과 '제7차 당대회'라고 할 수 있다. 그 중심에는 인민생활 향상과 경제문제 해결이 있다. 북한은 2015년이 광복이나 분단보다는 당창건 70주년을 맞이하는 해라는 점에 가장 큰 의미를 부여했다. 북한의 당창건 70주년 행사는 대내적 차원에서 조선노동당 중심의 김정은 영도체계 확립을 확인하는 중요한 계기가 되었다. 앞으로도 김정은 영도체계가 당을 중심으로 전개될 것임을 시사하는 상징적 행사였다. 또한 2015년은 세습권력의 공고화를 넘어서 김정은 자신의 새로운 이미지 창출에 주력하는 모습을 보여주기 시작하는 해였다. 이러한 모습은 당창건 70주년 열병식 연설에서도 잘 나타나고 있다.

열병식 연설에서 김정은은 많은 부분을 인민 강조에 할애하고 있다. 김정은은 당창건 70주년 열병식 연설에서 "인민중시, 인민존중, 인민사랑"을 표방하면서 "영원히 인민대중제일주의의 성스러운 역사를 수놓아"가겠다는 의지를 천명했다. 지금까지 기대와 우려 속에 지켜봐온 김정은식 통치 방식에 대한 회의감과 민심 이반을 사전에 차단하기 위해 김정일 시기의 '선군'과는 구별되는 '애민'을 통치의 중심으로 제시하고 있다. 실제 김정은의 입장에서 보면 2015년은 인민으로 시작해 인민으로 마감한 해라고 봐도 과언이 아니다. 김정은은 신년사에서도 "당사업 전반을 인민대중제일주의로 일관시켜 당사업의 주되는 힘이 인민생활 향상에 돌려지도록 해야 한다"라며 인민대중제일주의를 강조했다.

2016년에서야 비로소 제7차 당대회를 개최한 북한은 생각보다 빠르게 안정을 찾아가고 있다. 5년마다 개최되어야 하는 당대회를 1980년 이후 36년 동안 개최하지 않은 것은, '고난의 행군' 시기 이전 김일성 시기부터 제7차 당대회를 개최한 시점까지의 경제적인 문제뿐만 아니라 당국가체제의 정상화 문제 때문이기도 하다. 이는 뒤집어 보면 김정은 체제에서의 북한은 이제 당-국가체제라는 정상국가 체제로 회귀하기 위한 시도를 하고 있는 것으로도 볼 수 있다. 특히 김정은 5년차를 맞이한 2016년은 제7차 당대회 개최를 기점으로 당국가체제 정상화의 결정적인 분기점이 되었다.

1980년 제6차 당대회 이후 36년 만에 개최된 당대회와 뒤이어 열린 최고인민회의에서 북한은 체제의 미래를 결정할 몇 가지 중요할 결정들을 내렸다. 조선노동당 당위원장이자 국무위원장으로 김정은을 유일 리더십으로 규정했고, 동시에 체제의 운영원리로서 김일성-김정일주의라는 이데올로기를 공표했다. 리더십 차원에서 보면 김정은은 사실상 수령의 '지위'를 획득함으로써 제도적으로 정당성을 확보했다. 조선노동당 위원장, 국무위원장, 최고사령관 호칭을 모두 사용함으로써 당·정·군의 유일지도자로서의 면모를 강조하고 있다. 다만 개인의 능력보다는 제도화를 통해 지도력을 우선 확보하려는 것으로 보인다.

정치조직 문제에서 주목할 만한 행보를 보인 반면, 대중의 일반적 관심사인 '먹고사는 문제', 즉 경제발전과 사회에 대한 개혁 비전이 나올 것이라는 예상은 다소 빗나갔다. 경제 분야에서 구체적인 계획은 내놓지 못했지만 이는 점진적이고 통제 가능한 변화만을 위한 것으로 보인다. 그럼에도 북한 내에서 시장활동의 성격이나 부의 축적 과정 등이 벌써 엘리트와 친화성을 띠고 있다. 북한에서 부의 획득 방식이 순순한 시장활동보다는 엘리트들의 이권사업 등과 연관되어 이루어지고 있고, 뇌물과 같은 부패를 통해서도 이루어지고 있다는 점 역시 주목할 필요가 있다.

당대회 이후 김정은이 당을 통해 북한을 이끌어나갈 것이라는 평가가 주를 이루고 있다. 그러나 과도하게 당에 편중된 시각은 오히려 김정은 정권을 예측하는 데 잘못된 시각을 제시할 가능성이 높다. 정치적 안정 추구를 위한 과도한 당 중심 운영이 오히려 장기적이며 복합적인 측면, 특히 강제적 관점에서 장애로 작용할 수 있다는 점이다. 김정은 정권이 단순히 권력 장악을 통한 정치적 안정이 아닌 인민생활과 관련한 경제나 사회문제를 비롯하여 대외안보적 문제에 사후정당성을 확보하기 위해서는 오히려 국가적인 조치가 필요하다. 특히 실제 정책의 시행에서는 당조직뿐만 아니라 당적 지도하에 국가기관의 역할을 필요로 할 것이다.

종국적으로 김정은 정권의 목표가 권력의 안정, 공고화, 영속화라고 하더라도 김정은으로서는 소위 권력엘리트의 기득권 유지를 통한 정치적 안정만으로 정권을 유지하기 어렵고 정권유지 차원을 체제와 국가 유지라는 차원과 일치시켜 나가는 것 역시 중요한 통치패러다임의 변화라고 할 수 있다. 따라서 김정은은 통치이데올로기로 김일성-김정일주의를 전면에 내세워 강조하는 가운데 실제 통치패러다임은 유연한 해석을 통해 변화를 이끌어갈 가능성이 높다.

실제 김정은은 2012년 4월 6일 당중앙위원회 고위 간부들의 담화에서 "인민생활 향상과 경제강국 건설에서 혁명적 전환을 가져오기 위하여서는 경제사업에서 제기되는 모든 문제를 내각에 집중시키고 내각의 통일적인 지휘에 따라 풀어나가는 규률과 질서를 철저히 세워야 합니다"라고 언급하면서, "내각은 나라의 경제를 책임진 경제사령부로서 경제발전 목표와 전략을 과학적으로 현실성 있게, 전망성 있게 세우며 경제사업 전반을 통일적으로 장악하고 지도관리하기 위한 사업을 주동적으로 밀고나가야 합니다"라고 강조했다. 내부적으로 실질적인 권한과 정책결정은 당을 통해 이루어진다고 하더라도 외형적으로는 국가기관을 통해 정책을 집행하는 형태를 보이는 것이 피지배층인 다수의 인민들에 보다 쉽게 접근할 수 있기 때문이다.

대외관계에서도 과거 양극화된 냉전 시기에 많은 사회주의 국가가 존재했을 때와 현재의 상황은 판이하게 다르다. 과거 사회주의 국가들과는 국가 대 국가 간의 관계가 아닌 당 대 당 또는 국가 대 당의 관계가 가능했다. 그러나 지금은 중국과 베트남, 쿠바 등과 같이 여전히 사회주의 국가의 형태를 유지하고 있는 국가가 있다고는 하지만 대부분의 사회주의 국가들이 체제변화를 통해 과거와는 다른 국가 중심의 정치체제로 탈바꿈한 상황에서 북한이 이제 국제사회에서 당을 전면에 내세워 관계를 유지하고 활동하는 데에는 한계가 있을 수밖에 없다.

내부적인 정치적 안정과는 별도로 외부적으로는 당조직이 아닌 국가조직을 통한 국가 대 국가의 관계 형성이 정권 생존에 필연적일 수밖에 없다. 이는 향후 북한이 국제사회에서 정상적인 국가 행위자로 행동할 수 있을 것인가 하는 문제와 직결된다. 북핵문제를 비롯해 국제사회가 희망하는 문제가 우선 해결되어야 한다는 전제조건이 엄존하고 있는 상황하에서 과연 국제사회가 북한의 노동당을 보고 투자를 하고 노동당과 거래를 하려고 할지에 의문을 가져보아야 할 것이다. 아마도 중국을 제외하고는 그러한 관계 형성이 어려울 것이다. 중국의 경우에도 형성되어 있는 것은 중국 공산당과 북한 노동당의 관계뿐이다. 실제 중국 민간기업의 투자나 거래에서는 북한 당조직과의 관계가 형성되기가 갈수록 어려워질 것이다.

결국 북한은 정상적인 국제관계를 맺어나가기 위해서, 특히 강성대국 건설을 위해서라도 일면 국가기구를 전면에 내세우지 않을 수 없을 것이다. 그러나 이러한 가정만으로 지금 당장 김정은에게 집중된 권력의 분산이나 정치체제의 다원화를 거론하기에는 시기상조이다. 다만 주목할 것은 과거의 통치 패러다임의 중심에 당과 수령이 절대적인 위치를 차지했다면 이제는 국가와 인민의 자리가 만들어지고 있다는 점이다. 사회주의강성국가를 통한 정상국

가화라는 측면에서 보면 이미 과거보다 국가의 개념이 강조되었다.[2]

4. 김정은 시대의 변화에 대한 인식과 한반도의 미래

지금까지 북한은 수령제를 중심으로 극장국가와 전체주의라는 세 개의 특징 속에 체제가 유지되어왔다(이정철, 2016: 31). 변화의 흐름에도 불구하고 김정은의 행보를 보면 김정일에 비해 더욱 강력한 극장국가 기제를 활용하여 세습권력의 정당성을 확보하고 수령제를 공고화해 나가고 있는 것으로 보인다(권헌익·정병호, 2013 참조). 김정은은 김일성 따라 하기와 인민친화적 현지지도, 엘리트에 대한 숙청과 계급장을 통한 공포정치, 간헐적인 반부패 척결 등을 통해 대중적 지지를 이끌어내고 있다.

전체주의 체제는 겉으로는 공고화된 듯하지만 한번 균열이 시작되면 순식간에 폭발적인 저항으로 전환된다는 속성을 지닌 체제이다. 북한체제의 특징적인 요소 중 하나가 전체주의라는 점에서 북한체제 역시 김정은의 리더십이 확고해지고 있음에도 불구하고 우연한 계기에 의해 폭발적인 시민 항쟁이 발생하고 이로써 체제전환에 돌입할 가능성이 전혀 없는 것은 아니다.

2 북한에서 국가(國家)란 사전적 의미로 "지배계급이 사회에 대한 정치적 지배를 실현하는 권력기관"으로 "일정한 령토안의 주민전체를 대상으로 하여 계급 또는 사회공동의 리익에 맞게 사회의 모든 성원들의 활동을 통일적으로 조직하고 관리하는 포괄적인 정치조직이며 독재기능을 수행하는 특수한 권력기관"이라고 정의하고 있다. 김일성도 "국가는 독재기능을 수행하는 권력"이라고 분명히 말하고 있다. 북한은 "우리의 국가기관은 우리 당 로선의 집행자이며 그 정책을 실시하는 수단"이라고 언급하면서, 국가(기구)에 대해서는 "당과 대중을 연결하는 가장 포괄적인 인전대(引傳帶)"의 지위를 부여하고 있다. 인전대는 "당과 대중을 연결시키는 정치조직"의 의미이다. 이러한 북한에서 국가전략에 대한 논의는 분명 일반적인 국가전략과는 다르다는 점에서 출발할 필요가 있고, 북한에서 국가에 대한 의미 변화가 나타나고 있다고 평가한다(사회과학출판사, 2006: 466~467).

2016년 제7차 당대회 이후 만리마 운동을 강조하며 150일 전투, 200일 전투 등의 동원체제를 일상화하여 주민들의 피로도는 쌓여가고 있다. 그럼에도 아직까지 괄목할 만한 경제적 성과나 두드러진 개혁개방의 변화는 나타나지 않고 있다. 북한 주민들의 결집력이 이에 맞서 저항으로 확장되기에는 여전히 부족한 상황이다. 장성택 숙청사건을 계기로 김정은의 권력 장악력이 더욱 확고해졌고, 조직지도부를 통한 엘리트 장악력은 더욱 강화되었다. 태영호 등 일부 고위층의 탈북과 시장화 진전 등 몇 가지 의미 있는 변화의 신호들이 없는 것은 아니지만 이것이 기대 이상의 개혁이나 전환으로 이어질 것이라는 기대와 과잉 해석은 아직 시기상조이다.

김정은은 등장 이후 우리가 상상하고 기대하는 것 이상으로 정권과 체제 그리고 국가를 관리하는 기술을 갖고 위기를 돌파해온 것으로 보인다. 공식적으로 알려진 것보다 훨씬 오래전부터 후계 과정을 준비해온 것으로 드러난 김정은은 제도와 절차를 통해 세습권력을 공고히 해왔다. 시간이 지날수록 이데올로기, 정책, 관료 권력투쟁 등의 난제들을 하나씩 해결해가면서 성과에 기반을 둔 지위를 확보해나가고 있고 권력을 유지하기 위해 다양한 정치적 수단을 동원하고 있다. 우리가 생각한 것 이상으로 빨리 김정은은 자신의 리더십을 구축하고 있고 안정성을 확보해가고 있는 것으로 보인다.

그러나 현재의 모습이 안정적이라고 해서 영원히 지속되는 것은 아니다. 북한의 변화는 현재 진행형이다. 변화의 폭과 속도에서 본격적인 변화 단계라기보다 변화를 준비하는 단계로 보인다. 그 역시 새로운 조치들이 미치는 영향과 실질적인 성과를 내는 것이 무엇보다도 중요하다는 것을 잘 인식하고 있기 때문이다. 특히 개혁개방의 성과와 부작용에 대한 판단과 대응책이 마련되면 개혁개방을 확대 추진하는 결단을 내릴 가능성이 크다. 그러한 개혁개방의 범위와 강도를 결정하는 것이 단순하게 김정은과 북한 지도부의 의지나 북한 주민들의 반응과 같은 내부적 변수에만 있는 것이 아니라 주변국과 국제사회라는 외적인 변수 또한 중요하게 작용한다는 점에서 현재의 준비 기간이 보다 장기화될 가능성도 배제할 수 없다. 그러나 북한은 이러한 구상의 성과를 위해 본격적인 변화를 선택할 수밖에 없다. 지금까지 나타난 정책 방향과 변화를 통해 김정은은 정권이든 체제이든 국가이든 그것의 유지와 안정을 위해 과거처럼 정치적 안정과 함께 실질적인 사회적 안정을 위한 선경先經, 선민先民 행보를 지속할 것으로 평가된다.

현재 김정은 정권 아래 북한의 변화는 불확실한 역동성이 진행 중에 있다고 할 수 있다. 북한은 김정은 등장과 함께 스스로 변화를 모색하면서도 핵보유를 전제로 한 대내외 정책을 구사하고 있다. 김정은 체제의 통치전략은 김정은 정권의 생존 근거와 방향을 제시하고 있다. 김정은 정권의 생존을 위한 통치전략은 과거와 같이 정치적 안정과 사회적 안정이라는 상반되는 두 가지 영역 중 하나를 선택하는 것이 아니라 양자를 동시에 추진할 수밖에 없을 것이다. 이러한 통치전략은 결국 점진적인 변화와 개방을 촉발하는 요인으로 작동할 것이다.

특히 김정은 체제의 성패는 무엇보다 경제문제 해결을 통한 인민생활 향상일 것이다. 경제적인 뒷받침이 되지 않고 인민생활에서 변화가 없다면, 김정은 체제의 어떤 정치적 안정 노력도 근본적으로 성공하기 어렵다. 그러나 김정은 시대에 나타나는 변화가 북한 주민들에게 어떤 영향을 미칠지, 북한을 어떤 미래로 이끌어갈지에 대한 판단을 내리는 것은 쉽지 않다. 변화가 성공할 것인가 실패할 것인가 여부는 좀 더 지켜봐야겠지만 북한 주민들조차 김정은 시대에 들어와 진행되고 있는 변화에 상당한 우려와 기대를 함께 가지고 있는 것으로 보인다. 다만 북한이 생각하는 변화와 우리가 기대하는 변화의 폭과 수준이 다를 뿐이다. 이처럼 우리가 생각하는 북한의 변화와 북한이 추구하는 변화는 다르다.

김정은 체제는 권력의 내구성을 바탕으로 제재와 경제곤란에도 불구하고 비교적 안정적으로 유일지배체제를 구축해나갈 것으로 평가된다. 특히 수령제, 전체주의와 극장국가라는 세 가지 특징이 더 두드러지게 나타날 가능성이 있다. 그동안 강조하며 추진해온 핵무력과 정치사상강국, 경제강국, 과학기술강국, 문명강국 등을 종합하여 당당한 핵보유국 지위를 바탕으로 한 '자강력 제일주의'와 '사회주의강성국가건설'을 결합하고 완성으로 한걸음 더 나아가기 위한 구호가 곳곳에 제시되고 나타나게 될 것으로 보인다.

군사·외교 안보적인 시각으로 보면 북한의 김정은은 정권의 불안정성을 핵무기 보유를 통해 극복하려는 의지를 드러내며 핵능력을 극대화했다. 특히 2016년 이후 핵무력 고도화를 가속화하면서 핵무력을 완성시키겠다는 목표로 개발에 매진해오고 있다(김동엽, 2016: 52~59).

김정은 체제의 안정적 운영과 핵능력 보유에도 불구하고 핵심계층에 대한 공포정치는 북한 내부의 동요와 불안정 증가를 배제할 수 없게 하고 있다. 태영호 공사 망명 사례에서 보듯이 김정은 체제의 민심장악 과정은 역설적으로 핵심계층의 이탈로 이어질 가능성이 있는 것이다. '수령-당-대중'으로 이어지는 북한의 유일지배시스템의 허리 역할을 하는 핵심계층이 동요하면 김정은 체제의 불안정성은 심화될 수밖에 없다. 김정은 유일영도체계의 정치적 안정성 확보에도 불구하고 장기적으로 김정은에게 모든 것이 집중되고 정책이 결정되는 상황은 합리적인 정책결정을 방해하고 오히려 엘리트 내 갈등을 유발해 결속력을 약화시키는 정치구조이기 때문이다.

김정은 등장 이후 북한은 변화하고 있고, 또 변화할 수밖에 없다. 김정은 정권하의 북한은 변화와 지속이라는 양면성을 모두 지니고 있다. 이러한 차원에서 북한 김정은 체제가 당면한 문제는 지금부터 시작이다. 김정은 체제는 북한에게 긍정적인 측면도 있고 부정적인 면도 있으며, 우리에게는 기회가 될 수도 새로운 도전이나 위협이 될 수도 있다. 그래서 우리는 북한의 변화에 주목해야 한다.

그러나 북한은 밖에서 변화시키려 하면 오히려 변화에 저항하게 된다. 이제 북한의 변화는 변화의 당사자인 북한 스스로 주도하는 방향으로 유도해야 한다. 우리의 역할은 우리가 원하는 변화를 이끌어내기 위해 북한을 압박하거나 변화를 강요하는 것이 아닌, 북한이 변화할 수 있는 환경과 조건을 조성해주는 쪽으로 우선되어야 할 것이다. 이제 우리가 북한을 어떻게 변화시키겠다는 식의 대북정책은 다시 한 번 재점검해볼 필요가 있다. 김정은 시대 북한의 변화를 현실 그대로 인식하고 그 바탕 위에서 대북정책의 그림을 그려나가야 할 것이다.

김정일 사후 김정은의 권력 장악과 위기관리를 지켜보면 우리의 대북정책에 획기적인 변화가 필요한 시점이라는 것은 분명하다. 김정은 시기 북한의 변화에 우리가 어떻게 준비하고 대응할 것인가에 한반도의 미래가 결정될 수 있다. 우리야말로 현실에 처해 있는 위기에 대처하고 이를 극복할 국가관리기술이 부족한 것은 아닐까 고민해볼 필요가 있을 것이다.

참고문헌

강민정. 2015.「김정은 체제 북한 시에 드러난 '사회주의문명국'의 함의」. ≪인문학논총≫. 제37호.

권헌익·정병호. 2013.『극장국가 북한: 카리스마 권력은 어떻게 세습되는가』. 파주: 창비.

김갑식 외. 2015.『김정은 정권의 정치체제: 수령제, 당·정·군 관계, 권력엘리트의 지속성과 변화』. 서울: 통일연구원.

김근식. 2014.「김정은 시대의 "김일성-김정일주의": 주체사상과 선군사상의 추상화」. ≪한국과 국제정치≫.

김정은. 2013.『위대한 김정일동지를 우리 당의 영원한 총비서로 높이 모시고 주체혁명위업을 빛나게 완성해 나가자』. 평양: 조선로동당출판사.

김동엽. 2015.「경제·핵무력 병진노선과 북한의 군사 분야 변화」. ≪현대북한연구≫, 18권 2호.

_____. 2016.「김정은 시대 병진노선과 군사분야 변화」.『김정은 체제 5년, 북한을 진단한다』. 서울: 늘품플러스.

양문수. 2016.「김정은 시대 북한의 경제개혁 조치」. ≪아세아연구≫, 제59권 3호.

윤대규. 2013.『북한에 대한 불편한 진실』. 파주: 한울.

이정철. 2016.「김정은 시대 병진노선과 군사분야 변화」.『김정은 체제 5년, 북한을 진단한다』. 서울: 늘품플러스.

Smith, Hazel. "bad, mad, sad or rational actor? Why the 'securitization' paradigm makes for poor policy analysis of north Korea." *International Affairs*, Vol. 76, No. 3, 2000.

2

김정은의 수령제

김갑식
통일연구원 연구위원

이 장은 김갑식, 「김정은 정권의 수령제와 당·정·군 관계」, ≪한국과 국제정치≫, 30권 1호(경남대 극동문제연구소, 2014), 김갑식, 「권력구조와 엘리트」, 장달중 편, 『현대북한학강의』(서울: 사회평론, 2013), 김갑식, 「김정은 시대 권력구조의 지속과 변화」, 김준형 외, 『동북아 질서의 변화와 한반도 통일』(일성, 2016), 김갑식, 「김정은 체제와 수령제」, 강문구 외, 『북한문제 이해와 한반도 통일』(오션, 2015) 등을 수정·보완한 것이다.

1. 서론

김정은의 권력승계 과정은 김정일의 그것과 비교하면 초고속이었고 압축적이었다. 그야말로 '속도전'이었다. 김정일은 1973년 당 조직부와 선전부를 장악하고 1974년 정치국원에 임명됨으로써 내부적으로 후계자로 결정되었고, 6년간의 후계검증 기간을 거쳐 1980년 당정치국 상무위원과 당중앙군사위원에 피선됨으로써 공식적 후계자임이 대외적으로 공표되었다. 군 관련 직책은 1990년대에 들어 갖게 되었는데 1990년 국방위 제1부위원장, 1991년 최고사령관, 1992년 공화국 원수, 1993년 국방위원장에 취임했다. 반면, 김정은은 2009년 1월 후계자로 내정된 이후 21개월간 대외적으로 비공개 활동을 하다가, 2010년 9월 당중앙군사위 부위원장과 당중앙위원, 그리고 인민군 대장 등 공식 지위에 선출되었다. 김정은을 김정일과 비교해보면 후계자로서 공개 시 나이(38세:26세)가 어렸고 후계검증 기간(6년:21개월)도 너무 짧았다.

김정일은 김일성이 생존해 있었던 때에 최고사령관직을 물려받았지만, 나머지 직책의 이양은 김일성 사망 이후에도 한참 걸렸다. 1994년 7월 김일성이 사망하자, 김정일이 3~4년의 유훈통치 기간을 설정한 것이다. 당총비서에는 1997년 10월에, 국가기관 최고직책으로 강화된 국방위원장에는 1998년 9월에야 취임했다. 김정일의 경우, 20년 정도의 지도자 수업으로 리더십이 확고하고 고난의 행군으로 불릴 만큼 북한경제가 대단히 어려웠기 때문에, 3년 이상의 유훈통치 기간을 둘 수 있었고 또 둘 수밖에 없었다. 1998년 북한경제의 추락세가 멈추자, 김정일은 강성대국 슬로건을 내세우면서 자신의 정권을 공식 출범시켰다. 김정은 정권의 공식 출범은 '4년'이 아닌 '4개월' 만에 이루어졌다. 김정은 리더십이 상대적으로 유약한 상황에서, 체제 동요를 차단하려는 핵심 엘리트들의 집체적 합의에 따라 김정은 정권이 조기에 출범한 것으로 사료된다.

2017년은 김정은이 후계자로 내정된 지 8년이 되는 해이고, 김정은 정권이 공식 출범한 지 6년차 해이다. 김정은 정권이 모색하고 있는 권력구조의 대강은 김정은 정권이 공식적으로 출범하는 2012년 4월 11일 당대표자회를 앞두고 김정은이 당중앙위원회 간부들에게 한 담화(2012.4.6)에 잘 드러나 있다. 여기서는 당(중앙)의 유일영도체계 확립, 수령·당·최고사령관의 군대 구축, 내각책임제 강화 등을 강조했다. 물론 전문가들은 집권 초기의 권력구조에 대해 후견체계, 섭정체계, 집단지도체계, 제한적 단일지도체계, 유사영도체계 등으로 평가했다. 그러다 2013년 말 장성택이 숙청된 이후에는 김정은이 유일영도체계를 구축하고 있다는 평가가 대세를 이루고 있다. 이 장에서는 김일성·김정일 정권의 수령제와의 비교 속에서 김정은 정권 수령제의 특징을 살펴보고자 한다.

2. 북한의 수령제

1) 수령 중심의 당국가체제

사회주의 국가의 정치체제는 당국가체제party-state system였다. 당의 역할이 여타 정치기구(정부나 군대 그리고 근로단체 등)의 역할에 우선했다. 당국가체제 하에서 당은 정치적 영도권을 가지는 혁명의 참모부로서 정부와 군대에 대해 우위를 점했다. 정책결정 과정과 인사문제에서 당의 절대성은 확고했다. 정부와 군대의 모든 정책은 당에서 미리 결정되어 정부와 군대에 하달되었고, 정부와 군대의 인사문제도 당에서 직접 관여했다.

북한은 헌법에서 "조선민주주의인민공화국은 조선로동당의 령도 밑에 모든 활동을 진행한다"(11조)라며 국가기관에 대한 당의 영도를 주장하고 있고, 또한 조선로동당규약이 "조선인민군은 모든 정치활동을 당의 령도 밑에 진행한다"(47조)라며 인민군대에 대한 당적 지도를 명문화하고 있듯이, 그 정치체제도 기본적으로 당국가체제다. 그러나 북한은 1967년 유일사상체계를 건설하는 과정에서 당黨·정政·군軍 위에 수령이 위치하는 이른바 '수령의 유일적 영도체계'를 구축하면서 여타 사회주의 국가와는 다른 '수령 중심의 당국가체제'를 수립했다.

수령 중심의 당국가체제인 북한에서 최고결정권은 오직 수령에게만 있다. 이러한 점에서 거칠게 표현하면, 당조직, 국가기관, 인민군대 등은 수령이 활용할 수 있는 하나의 기관에 불과하며 독자적으로 정책의 최고결정권을 갖지 못한다. 그리고 사회주의 국가에서 공산당은 지배rules하고 국가기관·군대는 관리governs한다고 하듯이, 북한에서도 당이 정책을 장악하고 정치사업을 강화하여 당원들과 당조직들을 움직이며 행정경제기관·군대들이 당의 정책을 정확히 관철하도록 올바른 방향으로 이끌어주고 도와주어야 한다. 이러한 맥락에서 북한은 당과 정부·군대 간의 관계에 대해 당의 영도활동과 국가기관·군대의 집행·지휘활동으로 나눈다. 북한이 이해하는 영도는 사회를 통일적으로 조직하고 지휘하는 기능의 성격과 방향을 결정하는 활동이다. 이때 영도는 정책을 작성 및 제시하고 간부를 파견하며 정치 실천을 통일적으로 장악하고 통제하는 활동을 통하여 이루어지기 때문에 정치활동의 핵이 된다. 이러한 영도활동은 오직 영도적 정치기구인 조선노동당에 의해서만 이루어진다. 반면, 북한에서는 집행·지휘 활동을 사회의 모든 성원들을 직접 관리하는 것으로 바라보고, 사회주의 국가의 정부와 군대는 힘 있는 권력기관으로서 모든 행정적 및 물질적 수단들을 동원하여 정치와 무력을 직접 관장하는 정치적 기구로 이해하고 있다.

그런데 북한은 어떠한 정책결정도 당의 동의 없이 국가기관·군대에 의해서 내려질 수가 없지만 또한 당이 국가기관·군대를 대신하여 행정대행行政代行을 해서도 안 된다고 덧붙인다. 이것은 당이 국가기관·군대에게 지도방향은 제시하지만 국가기관·군대의 업무수행의 독립성을 제한하지는 않는다는 것을 의미한다. 그러나 현실은 당이 최종적 결론을 내리고 국가기관·군대는 당의 대행기관으로서 당의 결정을 수행하는 경우가 빈번했다. 당이 국가기관·군대 요직의 임명을 독점하고 국가기관·군대의 업무수행을 감시하기 때문이다. 이러한 특징들을 종합하면, 수령 중심의 당국가체제의 권력구조는 ① 수령의 유일적 최고결정권, 수령의 직할통치, ② 당조직의 여타 사회정치적 조직에 대한 우위, ③ 당(정치사상진지), 군(군사진지), 정(경제진지) 역할분담 등으로 정리할 수 있다.

2) 김일성 정권의 수령제

북한의 영도체계는 당과 수령의 영도를 실현하기 위한 조직과 기구들의 총체이며 당·국가·군대·단체 들로 구성된다. 영도체계의 핵심은 수령의 영도체계인데, 이는 혁명과 건설에서 수령의 유일적 영도를 철저히 보장하는 것으로 이해된다. 여기서 수령은 당·정·군의 최고직위를 의미하는 것이 아니고 오히려 그러한 직위들의 위에 존재하는 절대적 통치자를 이른다. 따라서 수령은 총비서 중심의 당영도체계, 국가주석 중심의 국가영도체계, 최고사령관 중심의 군영도체계 등 3대 영도체계를 가지고 북한체제를 이끌고 있는 것이다.

북한에서 김일성을 수령으로 부르는 것이 일반화된 것은 1966년 10월 5

일 제2차 당대표자회를 며칠 앞둔 김일성종합대학 창립 20주년, 당시 총장이었던 황장엽의 연설 이후부터로 알려져 있다. 그리고 보편화된 것은 1967년 5월 조국광복회 출신 등의 '반당반혁명적 책동'을 처벌하고 유일사상체계를 확립한 이후였다. 당일 김일성이 한 것으로 추정되는 연설에서 스스로를 수령이라 칭했다고 한다.

수령은 본질적으로 '노동계급의 당'의 수령이기 때문에 조선노동당에서 수령의 지위는 가장 중요한 의미를 가지고 있다. 총비서는 수령으로서의 그의 지위를 나타내는 최종 심급에 해당한다. 1966년 10월에 열린 당중앙위원회 제4기 제14차 전원회의에서는 당 및 국가사업에서 제기되는 문제들을 일상적으로 협의하기 위해 김일성을 수반으로 하는 당중앙위원회 정치위원회 상무위원회를 구성했다. 또한 당중앙위원회 위원장, 부위원장 직제를 총비서, 비서 직제로 개편하고 비서국을 설치하기로 결정했다. 이전에는 중앙위원회라는 집체적 지도기관을 정점으로 하고 정치위원회, 상무위원회, 조직위원회 등 여러 개의 지도기관이 권력을 분점하는 방식이었는데, 이제는 정치위원회로 권력이 모아졌고 실질적인 당사업은 비서국이 하게 되었다. 즉, 집단적 의사결정 대신 총비서(비서국)가 당을 실질적으로 장악한 것이었다.

또한 북한은 1972년 헌법 개정을 통해 국가주석(중앙인민위원회) 중심의 국가영도체계를 구축했다. 당시 북한은 '새로운 국가기관체계는 국가기관들의 조직과 활동에서, 전반적인 혁명투쟁과 건설사업에서 수령의 유일적 영도를 확고히 보장하게 하는 가장 혁명적이고 우월한 국가정치지도체계'라고 주장했고, 또한 새로운 사회주의헌법은 '사회주의국가기구에 관한 김일성의 독창적 이론이 구현되어 주석제를 기본으로 하는 강력한 국가기구체계가 마련됨으로써 인민은 국가사업과 국가활동 전반에 대한 수령의 유일적 영도를 가장 철저히 보장하는 기구적 담보를 가질 수 있게 되었다'고 주장했다.

인민군대 내에서의 당적 지도는 1968년 말 당시 민족보위상이었던 김창봉과 대남사업 총책 허봉학 등의 숙청 과정을 통해 더욱 강화되었다. 김정일은 이들이 인민군대 안에서 당조직과 정치기관들의 기능을 마비시키고 인민군대에 대한 당의 영도를 약화시켰다고 비판했다. 이 숙청을 계기로 정치기관들의 권위를 높이고 연대까지 정치위원제를 설치했으며 군 간부들을 당비서국이 관장하고 정치 간부들은 당중앙위원회 조직지도부에서 관장하도록 했다. 그리고 1970년 제5차 당대회에서 당규약을 개정하여 당중앙위원회 군사위원회가 모든 무력을 지도한다고 명시했다. 직업군인의 독자적 행동이나 군 지휘관의 단독지휘권 행사를 불허한 것이었다.

북한에서 수령제는 사실상 1974년 '당의 유일사상체계 확립의 10대원칙'의 발표로 완성되었다. 이 원칙은 수령에 대한 충실성의 대헌장이고, 따라서 김일성의 교시가 당규약, 헌법보다 상위에 있음을 확인해준 것이기 때문이다. 그러나 김일성 시기에 수령과 당의 국가기관과 인민군대에 대한 지도는 정치정책적 지도에만 국한되었던 것이 아니라 행정지휘적 지도까지 함께 했다. 이른바 행정대행이 벌어졌던 것이다.

3) 김정일 정권의 수령제

1997년 김정일의 당총비서 추대 과정은 당규약의 절차와 달랐다. 당시 당규약 24조는 당중앙위원회 전원회의가 '당중앙위원회 총비서'를 '선거'하도록 규정하고 있었다. 그런데 김정일은 당중앙위원회 총비서가 아닌 '당총비서'로 '추대'되었다. 당규약에 없는 직제였다. 이는 1982년 당중앙위원회 군사위원회가 당중앙군사위원회로 승격되어 당중앙위원회와 (준)동급이 된 상황에서, 김정일을 당중앙위원회와 당중앙군사위원회 두 기구 위의 '당총비서'로 추대한 것으로 추정된다. 또한 예전에는 당대회가 개최되고 여기서 당중앙위원회가 구성되어 이들이 당중앙위원회 총비서를 선거했다. 그러나 1997년에는 '조선로동당 조선인민군대표회, 도(직할시)대표회, 성, 중앙 및 도당 기능을 수행하는 당조직들의 대표회'에서 김정일을 당총비서로 추대했다. 수령은 '선거'되는 것이 아니라 인민대중의 절대적인 지지와 신뢰에 기초하여 인민대중 스스로 '추대'해야 한다는 수령론과도 연결되는 대목이다. 2010년에도 김정일은 당대표자회에서 '당의 수반으로서 당을 대표하고 전당을 영도'하는 당총비서로 추대되었고, 그 하위직인 '당중앙군사위원장'을 겸직했다.

1998년 헌법 개정을 통해 북한은 중앙인민위원회 중심의 국가영도체계를 국방위원회를 중추로 하는 국가영도체계로 개편했다. 이에 김정일은 당총비서, 국방위원장, 최고사령관을 직위를 가지고 당, 국가기관, 인민군대 등을 직할통치할 수 있게 되었고 당·정·군은 정책집행 차원에서 정치사상적 진지, 경제적 진지, 군사적 진지로 더 효율적인 역할분담을 할 수 있게 되었다. 특히, 중앙인민위원회의 폐지는 당의 타 기관과의 협의 채널을 없앰으로써 당·정·군 관계에서 배타성이 두드러지게 했고, 그 결과 당은 정치의 중심에서 멀어지게 되었다.

김정일은 당의 집체적 지도와 협의체계보다는 당중앙위원회 비서나 전문부서 부장들이 올리는 문건과 여러 부문들이 충분히 협의·합의하여 작성한 문건에 비준하는 방식으로 지시를 하달하는 정책결정 과정을 선호했다. 1993년 12월을 마지막으로 김정은 후계체제가 구축되기 전까지 당대회는 물론이거니와 당중앙위원회 전원회의도 개최되지 않았다. 대신 비서국과 그 산하의 전문부서들, 지방 및 하급 당조직의 비서처와 그 산하의 전문부서들 등 상설조직체계는 강화되었다. 또한 1998년 이후 김정일은 군에 대한 직할통치를 강화하기 위해 조직지도부의 권력을 분산시켰다. 당의 조직지도부·간부부·

군사부의 군에 대한 직접적인 지휘와 통제의 기능은 약화되고, 오히려 당의 통제를 받아왔던 총정치국이 김정일의 군내 직할통치체제를 보좌하는 역할을 수행하게 된 것이다. 이에 군대 내 당조직의 최고 지도·통제기관인 총정치국의 중요성은 상대적으로 높아졌다.

김정일의 권력은 김일성의 권력보다 조금도 약하지 않았다. 그의 권력운용의 특징 중 하나는 뛰어난 용인술이라 할 수 있다. 김일성이 사망한 직후에 노·장·청 균형정책을 취했고 측근들을 배려함으로써 그들을 안정적으로 관리했다. 그리고 선군연합을 구성함에 있어 군부에 우선권을 부여하고 후보집단selectorate의 규모를 줄여 인사운용을 용이하게 했다. 또한 자신의 권력운용 중추기구를 당·군·정 중에서 어느 하나를 특정하지 않고 필요에 따라 선택함으로써, 자신은 '균형자' 또는 '통합자'로서 위치하고, 기관·개인끼리 권한의 중복, 견제와 균형, 감시와 통제의 체제를 구성하여 어느 한 기관, 또는 어느 한 인물에 권력이 지나치게 집중하는 것을 방지하는 한편, 몇 개의 중요한 기관 또는 개인끼리 경합하는 체계를 수립했다.

3. 김정은 정권의 수령제

1) 집권 초기 수령의 저발전된 카리스마

집권 초기 김정은의 수령으로서의 리더십을 정책재량권, 정책조율능력, 인사권, 대중적 기반 등 네 가지 측면에서 살펴보면, 네 가지 측면 모두에서 (분야별 차이는 있었지만) 김일성과 김정일의 그것보다는 뒤떨어져 있는 것을 부정할 수 없다.

첫째, 김정은의 정책재량권 정도다. 집권 초기 김정은은 왕성한 공개활동을 했다. 김정일의 공개활동은 연 150회 정도였는데, 김정은은 2012년에는 151회, 2013년에는 209회의 공개활동을 했다. 김정은의 공개활동 모습을 보면, 부하들은 김정은 언동에 집중하고 있고 현장 상황을 김정은이 주도하고 있는 것처럼 보였다. 현상적으로도 김정은은 수령으로서의 일정한 역할, 즉 연설, 담화·논문 발표, 정책지시 하달, 현지지도, 외빈 접견 등을 수행했다. 김정일 사망 이후 원로들을 포함해 간부들은 경쟁적으로 김정은에게 충성을 맹세하기도 했다.

김정은은 다양한 방식으로 최고지도자의 위상을 드러냈다. 김정은이 현지지도에서 당·정·군 간부들을 공개적으로 질책하거나 해당 기관 또는 간부들에게 긴급 조치를 명령하는 사례들이 빈번하게 나타난 것이다. 2012년 5월 김정은이 만경대유희장을 방문하여 보도블록에 난 잡초를 뽑으면서 간부들을 질타한 사실은 우리 언론에 잘 알려져 있는 내용이다. 이 외에도 2013년 5월 6일 미림승마클럽 건설장에서 간부들에게 "연구가 부족하며 내가 지시한 설계안과 다르다"라고 말했고, 2013년 5월 6일 동해함대 소속 해군부대 시찰 시 "함정 위장상태가 엉망이다. 빨리 개선하라"라고 꾸짖었다. 또한 간부들을 즉흥적으로 해임하는 경우가 다반사였는데, 은하과학자거리 건설 등 김정은에게 약속했던 완공기일을 못 지킨 건설 책임자를 "불성실하다"라며 2013년 해임했고, 미림승마클럽 공사현장을 방문하지 않았다는 이유로 후방총국장 전창복을 임명 4개월 만에 전격 해임했다(고영환, 2013: 12~13). 리영호와 장성택 등 잠재적 반대 또는 위협을 선제적으로 제거한 것도 김정은의 최고지도자로서의 위상을 보여준다.

둘째, 김정은의 정책조율 능력이다. 김일성과 김정일이 강한 수령일 수 있었던 것은 강경정책 카드와 출구전략 카드를 동시에 갖고 있었기 때문이고,

이들이 두 가지 카드를 동시에 가질 수 있었던 것은 정책조율 능력이 있었기 때문이다. 특정 현안이 발생하면 군부, 내각, 당은 각각 최고지도자에게 제의서를 올렸다. 이때 김일성과 김정일은 세 개의 제의서를 종합하여 출구전략 등을 포함한 최선의 대책을 강구하는 정책조율 능력을 발휘했다. 그러나 정책조율 및 종합 능력이 취약한 김정은은 그들 중 하나를 선택해야 하는 상황에 직면하면서, 출구전략을 고려하지 않은 채 강경정책 일변도의 유혹에 빠지는 경우가 많아졌다.

북한 지도부의 정책조율의 미숙함은 김정은 후계체계가 구축되기 시작한 2009년 말 화폐개혁의 전격 실행에서도 노출되었다. 치밀한 여건조성의 노력 없이 극단적 정책선택이 단행된 것이었다. 당시 화폐개혁의 목적은 시장의 돈을 흡수해서 국영부문에 풀겠다는 것이었다. 북한은 화폐개혁을 하면서 계획을 강조했다. 그러나 2000년대 중반 이후 국내생산이 증가한 이유는 시장요소를 확대했기 때문인데, 계획을 강조하면서 자가당착에 빠질 수밖에 없게 되었다. 임금과 물가안정, 모든 것이 공급 확대에 의존하는 상태에서 오히려 생산 증가에 반하는 정책을 선택함으로써 물가와 환율 폭등이라는 실패를 맛봐야만 했다.

셋째, 김정은의 인사권이다. 김정은 등장 이후 북한 권력지도가 요동쳤다. 당·정·군 인사가 자주 단행되었기 때문이다. 권력의 2인자라 할 수 있는 리영호와 장성택이 하루아침에 평양정치에서 사라졌다. 잦은 인사교체는 이권개입과 부패로 연루된 그 하부조직에 연쇄적인 파장을 초래하고 관료사회를 흔든다. 권력 이행기에 불가피한 현상이나, 이는 눈치 보기와 보신주의의 팽배를 가져오고, 새 지도자는 엘리트들의 담합구조를 약화시키고 신진인사를 충원함으로써 자신의 권력기반을 강화한다.

김정은은 집권하자마자 '김정일 운구차 7인방'을 권력의 핵심에서 쫓아내고 '김정은의 사람들'로 그 자리를 메웠다. 운구차 왼쪽에서 호위했던 군부 4인방이었던 리영호와 우동측은 숙청되었고 김영춘과 김정각도 권력에서 밀려났다. 운구차 오른쪽에 있던 장성택은 처형되었고 김기남과 최태복은 80세가 넘은 고령이다. 김정은은 2012년에 권력층의 31%(68명)를 교체한 데 이어 2013년에는 13%(29명)를 교체했다. 당의 경우 부부장급 이상 간부 40여 명, 내각에서는 30여 명, 군에서는 군단장급 이상 20여 명을 새로 충원했다.[1] 집권 초기 권력의 핵심이 3·4세대 엘리트로 이행 중이라는 분석이 있었다. 향후 10년 이상 김정은과 함께할 인물들로 교체되고 있다는 것이다. 당시 분석에 따르면, 권력엘리트의 평균 연령이 76세에서 62세로 14년 정도 젊어졌고, 충원 방식도 출신·학연보다는 김정은이 현지지도를 통해 직접 발탁하는 경우가 많아졌다고 한다(이영종, 2013).

넷째, 김정은의 대중적 기반 확보다. 먼저 김정은은 '인민과 함께하는 최고지도자상' 이미지화에 매진했다. 김정은은 2012년 세대별 행사를 성대히 개최하면서 그들을 위무하고 그들의 충성을 맹세받았다. 6월 소년단 행사, 7월 전승절 행사, 8월 청년절 행사, 10월 군대 내 청년동맹 행사, 11월 어머니날 행사 등에 수만 명의 어린이·청소년, 노병, 청년, 여성, 군인 들을 참석시켜 보고대회, 축포야회, 연회, 음악회, 무도회, 기념사진 등 다양한 행사를 성대히 개최했다.

다음으로, 김정은은 상층 엘리트를 전격 교체하면서도 이에 대한 대중적 지지를 확보하기 위해 근로단체의 정치적 행사를 연이어 개최했다. 대표적인 것이 2012년 7월 15일 당정치국회의에서 리영호를 직무해임한 때였다. 바로 다음날인 16일 현영철을 총참모장에 임명했고, 17일에는 스스로에게 원수 칭

1 국정원 국회정보위 보고, 2013.12.6.

호를 수여했다. 이러한 정치 일정이 다소 어수선할 수도 있고 정권에 대한 불안정성을 노출시킬 수도 있다는 우려하에, 김정은은 7월 12일 김일성사회주의청년동맹, 7월 17일 조선직업총동맹, 7월 18일 조선농업근로자동맹, 7월 19일 조선민주여성동맹 등 근로단체 대표자회를 연이어 개최하여 이들의 충성 결의를 이끌어냈다. 그러나 이러한 세대, 성별, 직책 등을 고려한 대중동원 및 우대·환대 조치에도 불구하고 김정은 체제와 구체적인 정책들에 대한 주민들의 반응에는 기대감과 함께 부정적인 평가도 존재했다.

이상의 논의를 종합하면, 수령으로서의 능력에 있어 집권 초기 김정은은 아무래도 김정일에 비해 뒤떨어져 있는 것이 확실했다. 이에 김정은과 북한 지도부는 '수령 개인의 카리스마에 의존하던 정치'에서 '정치시스템에 의한 정치'로의 전환에 합의한 듯했다. 카리스마적 리더십의 약화를 제도적 리더십의 강화로 보완하고자 한 것으로 보였다.

2) 집권 초기 당적 지도와 역할분담의 절충

집권 초기 김정은 정권은 당의 영도를 강조하면서 이를 통해서도 수령의 영도를 관철하려 했다. 무엇보다도 당의 집단적 정책결정기구를 활성화하고 당의 권위를 높이는 조치를 단행했다. 당대표자회, 당중앙위원회 전원회의, 정치국회의, 당중앙군사위원회 확대회의 등 김정일 시대에 유명무실했던 당 시스템을 정상화하여 주요 정책을 결정하는 듯한 모습을 연출했다. 취약한 김정은의 지도력을 보완하기 위한 나름의 영도체계를 재구성한 것이다.

2012년에 개정된 '전시세칙'과 2013년에 개정된 '유일영도체계 10대원칙'에서도 수령의 영도 이외에 당의 집체적 지도가 강조되었다. 전시세칙에서는 도 전시상태 선포권한을 '최고사령관' 단독결정에서 '당중앙위, 당중앙군사위, 국방위, 최고사령부 공동명령'으로 바꿨고, 10대원칙에서는 수령뿐만 아니라 당에 대한 충실성을 강조했다. 즉, '김일성 교시'를 대부분 '당의 노선과 정책' 또는 '당'으로 변경했고, 김일성-김정일 권위와 함께 당의 권위를 절대화했다. 다시 말하면, 김일성-김정일의 혁명사상과 함께 그 구현인 '당의 노선과 정책으로 철저히 무장'하고, 김일성-김정일의 유훈과 함께 '당의 노선과 방침 관철에서 무조건성의 원칙을 철저히 지켜야' 하며, 당의 신임과 배려에 보답해야 하고 당의 유일적 영도 아래 전당, 전국, 전군이 하나와 같이 움직이는 강한 조직규율을 세워야 한다고 요구했다.

이처럼 집권 초기 2013년까지 김정은은 당을 통한 통치, 즉 당의 제도화에 적극적이었다. 김정은 정권 출범 이후 당대회, 전원회의, 정치국회의를 수차례 개최했다. 우선 상층 차원에서 당대표자회의(2회, 2010년 9월 포함), 당중앙위원회 전원회의(2회, 2010년 9월 포함), 당정치국 (확대)회의(5회), 당중앙군사위원회 확대회의(2회)를 개최하여 당 핵심조직을 정비하고 기능 정상화를 시도했다. 리영호와 장성택의 숙청도 당정치국회의를 통해 정당화했다. 하층 차원에서는 하급당·지방당 간부 교체 및 세포비서대회 개최, 3대혁명소조열성자회의 개최, 청년동맹을 비롯한 외곽단체회의를 연이어 개최했다.

당의 위상 강화는 2010년 당규약 개정에서도 나타난다. 당에 대한 규정을 '인민대중의 정치조직들 중에서 가장 높은 형태의 정치조직이며 정치·군사·경제·문화를 비롯한 모든 분야를 통일적으로 이끌어나가는 사회의 영도적 정치조직이며 혁명의 참모부'라고 보다 구체적으로 정의했다. 그리고 당의 임무를 '혁명대오를 정치사상적으로 튼튼히 꾸리고 인민대중 중심의 사회주의제도를 공고히 하고 발전시키며 인민군대를 강화하고 나라의 방위력을 철벽으로 다지며 사회주의 자립적 민족경제와 사회주의 문화를 발전시켜' 나가는 것으로 강화했다. 특히, 당은 수정주의·교조주의·기회주의·비사회주의 현상에 반대하고 전당의 사상의지적 통일단결을 강화해야 한다고 주장했으며, 인민정권·청년동맹·인민군대 등에 대한 당의 영도를 추가했다.

김정은 집권 초기에 당정치국의 활동은 주목할 만했다. 일단 정치국 구성에 무게가 느껴졌다. 정권의 핵심 인사들로 구성된 당정치국 2/3 정도가 당과 내각의 실세들이었다. 그리고 이전 시기 정치국회의와 관련된 공시 내용을 보면 의전儀典, 형식적인 제목이 주 내용이지만, 김정은 시대 들어와서는 당의 주요 행사, 주요 인사의 보직 변경 등도 함께 공시되었다. 이러한 현상은 당기관의 정치적 위상 증대, 운영의 투명성 제고 효과가 있으며, 대내외적으로는 김정은 정권의 정당성을 선전할 수 있는 계기라 할 수 있다. 물론 당정치국 활동 강화를 실질적 위상 강화로 볼 수 있느냐에 대해 부정적인 의견도 있었다. 당정치국 활동이 정책노선 논의보다는 인사문제, 정치적 통제, 선전선동 기능에 국한되어 있다는 것이다. 당정치국은 실질적으로 의사결정을 하는 기관이 아니라 이데올로기 정당화를 위한 의례적 발표기구일 가능성이 높다는 것이다(박형중, 2012).

수령 중심의 당국가체제의 원리상 당조직의 우위와 정·군의 역할분담은 상호 배타적이다. 그러나 김정은 정권에 들어 당운영이 활성화되었지만 역할분담도 강화되는 절충적인 현상이 발생했다. 물론 당적 지도가 김일성 시대보다 강하지 않기 때문에, 즉 행정대행 현상을 경계하고 있기 때문에 가능한 조합이었다. 이러한 맥락에서 김정은 집권 초기 경제사업에서의 내각책임제가 연일 강조되었다. 그리고 2011년부터 내각총리가 독자적으로 경제현장에 대한 현지요해[2]를 다녔다. 현지요해는 김정은의 현지지도 전후에 지시사항

2 '현지지도'는 김일성·김정일·김정은에게만 사용하며, 내각총리 등의 경제부문 단독 활동에 대해서는 '현지요해'란 용어를 사용한다. 2011년에는 최영림 내각총리에 대해서만 사용했으나, 2012년에는 최룡해 총정치국장에 대해서도 사용했으며, 2013년에는 김영남 최고인민회의 상임위원장에 대해서도

이행 점검 및 주요 산업부문에 대한 경제성과를 독려하기 위한 것으로 보였다. 김정은의 현지지도와 내각총리의 현지요해가 결합되면서 최고지도자로서의 현지지도 정통성과 리더십을 보완하는 효과도 있는 듯했다. 내각총리는 현지요해를 실시하면서 현지에서 '일꾼협의회'를 수시로 개최했다. 내각책임제를 강화하고 총리의 현지요해가 실시되면서 총리의 위상이 강화된 것도 역할분담에 정正의 효과가 있었다.

한편, 당군관계에서도 미묘한 변화가 감지되었다. 2013년 8월 25일 선군절을 맞아 김정은은 "당의 영도를 떠나서는 인민군대의 위력에 대하여 말할 수 없다"라며 "인민군대의 총적 방향은 오직 하나 우리 당이 가리키는 한 방향으로 총구를 내대고 곧바로 나가는 것"이라고 강조했다. 이는 김정은이 선군체제 15년 동안 군의 비대화 현상에 우려하고 통제 가능한 군의 위상과 역할 재정립, 경제발전에 방점을 둔 병진노선으로의 군력 동원이라는 두 가지에 역점을 두고 군에 대한 당적 영도와 통제의 필요성을 느꼈기 때문일 것이다. 군에 대한 당적 통제는 조직적 통제, 물적 통제, 인적 통제 등 다양한 차원에서 진행되었다.

먼저 당의 조직적 통제가 강화되었다. 당중앙위원회는 정치사상적 영도와 통제를, 당중앙군사위원회는 군과 관련한 사업의 영도와 통제를 담당하게 되었다. 2010년 당규약 개정으로 당중앙군사위원회의 권한이 군사에서 국방으로 확대되었고, 또한 당규약에 없었던 "조선인민군은 모든 정치활동을 당의 령도 밑에 진행한다"는 문구가 추가되었다. 다음으로, 당의 물적 통제가 강화되었다. 김정일 시대에는 군이 외화벌이 사업을 매우 활발히 벌였는데, 이제는 그 사업의 독점권 일정 부분이 당과 내각으로 이관되었다. 선군체제 하

사용한 바 있다.

에서는 군이 외화벌이 독점권을 통해 자금을 확보했고, 이 자금은 군의 강력한 물적 기반이었다. 마지막으로, 당의 인적 통제가 강화되었다. 예전에는 총정치국이 당중앙위원회 직속이었는데, 당규약 개정으로 당중앙위원회 부서와 같은 권능을 가지게 되어 그 위상이 강화되었다. 이와 더불어 민간당료 출신인 최룡해를 총정치국장에 임명한 것은 군에 대한 당의 통제를 강화하려는 의도였다. 이 외에도 중앙당에서 군 간부 출신들이 축소되었고 그 서열이 하락했다.

3) 제7차 당대회와 유일영도체계 구축

집권 초기 김정은은 김일성·김정일에 비해 수령으로서의 능력이 떨어졌기 때문에 '수령 개인의 카리스마에 의존하던 정치'에서 '정치시스템에 의한 정치'를 추구했다. 이 과정에서 김정일 시대에 약화된 당을 북한정치의 중심으로 복귀시키는 가운데 경제발전과 체제보위를 위해 내각과 군대의 독자적 역할을 나름대로 보장하려 했다.

그런데 수령제 국가에서 김정은이 명실상부한 수령으로서의 지위에 오르려면 엘리트 구조를 자신에게 충성할 젊은 세대로 구성해야 하고 자신과 핵심 엘리트 간 일대일一對一 거래관계를 구축해야 한다. 그래야 엘리트의 분할지배divide and rule를 용이하게 할 수 있고, 자신과 엘리트 간 관계를 허브와 부챗살hub and spoke 관계로 만들어 엘리트 간 담합을 저지하고 자신에 대한 충성을 강제할 수 있을 것이다. 또한 사회주의 정치사를 돌이켜보더라도, 최고지도자의 독단적 정책결정과 당정치국의 집단적 정책결정의 관계는 상충적trade-off이었다. 북한의 유일체계 관행, 이것을 물려받은 김정은의 정치 행태 등을 감안하면 공식적 의사결정체계(당정치국, 전원회의 등)는 김정은의 통치에 걸림돌로 작용할 수도 있다.

김정은의 유일영도체계 구축의 결정적 사건은 당시 2인자라 할 수 있는 리영호 숙청과 장성택 숙청이었다. 아버지가 자신의 후견인으로 낙점한 리영호를 2012년 7월 당정치국회의에서 전격 해임시켰고, 자신의 고모부인 장성택을 2013년 12월 모든 직위에서 배제하고 출당 조치시켰으며 결국 특별군사재판에서 사형시켰다. 1967년 당 유일사상체계를 위반한 혐의로 숙청된 박금철 사건과 1976년 당의 간부·계급 정책을 거부하고 후계체제에 반기를 들다 숙청된 김동규 사건 이후 당의 유일사상체계와 후계자의 유일지도체계가 강화되었듯이, 이 두 숙청을 계기로 김정은 권력은 공고화되는 방향으로 진행되었다.

2014년도 북한정치 최대 화두는 장성택 숙청에 따른 어수선한 민심을 수습하고 권력구조를 안정화하여 김정은 유일영도체계를 조속히 확립하는 것이었다. 2013년 신년사에는 '유일적 영도체계'에 대한 언급이 없었으나, 2014년 신년사에서는 '당의 유일적 영도체계'에 대한 언급이 명확히 있었다. 2014년 연초부터 김정은의 '유일적 영도' 모습을 부각하고자 그의 인격적 리더십을 선전하고 사상교양을 강화하는 조치가 단행되었다. 군중대회에서 '김정일 찬양가'는 사라지고 김정은을 찬양하는 노래가 집중적으로 불렀고, 북한매체에서 김정일 사진이 점차 자취를 감추었다. 또한 2월 김정은 시대 들어 처음으로 당 사상일꾼대회를 개최하여 전 사회적으로 김정은 유일영도체계 확립을 위한 사상전을 진행했다. 이후 당원과 노동자, 학생 등 각계각층을 대상으로 김정은의 '백두혈통'과 '유일적 영도', '수령 결사옹위' 관철을 위한 사상교양 강화가 연일 강조되었다.

2016년에는 조선노동당이 '김정은의 당'으로 전변되었고 김정은 권력은 더욱 공고화되었다. 5월에 36년 만에 제7차 당대회가 개최되었고 12월에는 당초급당위원장대회가 열렸다. 당의 외곽조직인 근로단체들의 쇄신도 이루어졌다. 8월 청년동맹 9차 대회, 10월 직업총동맹 7차 대회, 11월 민주여성동맹 6차 대회, 12월 농업근로자동맹 8차 대회 등 근로단체의 전국대회가 수십 년 만에 모두 개최되어 조직을 일신한 것이다. 아무래도 유일영도체계 구축의 결정적 계기는 2016년 5월 제7차 당대회와 6월 최고인민회의일 것이다.

먼저, 김정은은 양 회의를 '김정은의 북한', '김정은의 조선노동당'임을 대내외에 선포하는 자리이자, 장기집권의 토대 구축을 위한 장으로 활용했다. 이른바 유훈통치에서 벗어나 자기 정치(김정은 시대)의 본격화를 선언한 것이다. 북한이 제7차 당대회 준비와 진행 과정에서 특히 주안점을 둔 부분은 김정은 우상화를 통한 유일영도체계의 확립이었다. 후계승계 기간이 짧고 나이가 어린 김정은은 2012년 4월 김일성 생일 100돌 행사, 2015년 10월 당창건 70돌 행사 등 대규모 정치행사를 통해 '수령'으로서의 자신의 권위를 급격히 신장시켜 왔는데, 제7차 당대회를 통해서 그 효과를 배가시키고자 한 것이다. 김정은 우상화의 종착점은 김일성·김정일에 버금가는 '태양'과 같은 존재가 되는 것이다. 2016년 2월 '광명성 4호' 발사 기록영화에서 김일성·김정일의 태양상과 유사한 김정은 태양상이 최초로 등장했다. 이후 북한매체는 김정은을 '21세기의 위대한 태양'으로 치켜세우고, '김정은 강성대국', '김정은 조선' 등의 단어를 사용했다. 김정은의 당중앙위원회 사업총화 보고에 대해 토론자 전원은 일사불란하게 김정은에게 최대한의 경의를 표하며 충성을 다짐했다.

또한 김정은은 당위원장직을 신설해 명실상부한 전당의 최고지도자로서의 권위와 위상을 확고히 하고자 했다. 인격적 리더십의 부족을 제도적 리더십으로 보완하려는 의도였다. 당 제1비서는 당규약상 당의 최고지도자이지만 기형적인 직책명이었다. 참고로 1949년 6월 남북노동당 통합 시 김일성이 당위원장에 취임했는데, 당위원장과는 별도로 당무 전반을 통괄하는 제1비서 허가이, 제2비서 리승엽, 제3비서 김삼룡 등이 있었다. 김정은의 당위원장직 취임은 당의 최고직책이 실무·집행형에서 조직·지도형으로 바뀐 것을 의미하는데, 이는 정치국[상무위원, (후보)위원 총 28명]의 확대와 더불어 '당(협의체) 중시 정치'를 의미할 수도 있다.

그러나 수령제(김정은 권력집중)와 당협의체는 상호 충돌할 수밖에 없기 때문에, 당협의체의 실질적 작동은 더 지켜봐야 할 것이다. 실제로 2016년 이후에는 당정치국회의와 당중앙군사위원회회의 개최 사실이 공표되지 않고 있다. 2015년까지만 해도 두 회의가 1년에 두 번 정도 개최된 것을 감안하면, 2016년 당대회를 즈음하여 역설적으로 당협의체의 실질적 작동이 의심받고 있는 것이다.

김정은의 제도적 리더십 완성은 2016년 6월 최고인민회의에서 국방위원회를 폐지하고 국무위원회를 신설해 국무위원장직에 취임한 것으로 마무리되었다. 국무위원장은 북한의 최고영도자이자 전반적 무력의 최고사령관으로서 국가의 일체 무력을 지휘 통솔할 수 있는데, 이 규정은 국방위원회 제1위원장과 같았다. 그러나 그 권한이 '국방 부문 중요 간부 임명 또는 해임'에서 '국가의 중요 간부 임명 또는 해임'으로 바뀌어 인사권이 확대되었고 '전시에 국가방위위원회를 조직한다'가 추가되었다. 후자는 핵보유 고수로 국제제재가 가동되는 상황에서 힘겨루기 의지를 드러낸 것으로 판단된다. 이로써 김정은 집권 5년차에 접어들면서 당위원장 중심의 당영도체계, 국무위원장 중심의 국가영도체계, 최고사령관 중심의 군영도체계가 구축된 것으로 보인다. '수령'으로서 김정은의 제도적 리더십은 사실상 완결되었다.

둘째, 국방위원회가 폐지되고 국무위원회가 신설됨으로써 김정일 시대 '군 중심의 비상관리체제'는 공식적으로 종료되고 사회주의 당국가체제가 정상화 국면에 돌입했다. 1998년 김정일 정권이 출범하면서 국정의 핵심기구로

표 2-1 조선노동당 주요회의 개최일시 현황(2012.4~2017.7)

연도	당대회	당대표자회	당전원회의	당정치국	당중앙군사위
2012		4.11		7.15 11.4	
2013			3.31	2.11 12.8	2.3 8.25
2014				4.8	3.17 4.27
2015				2.10 2.18	2.23 8.21 8.28
2016	5.6~9		5.9		

등장한 국방위원회는 몇 차례의 헌법 개정을 통해 국가의 전반사업까지 지도할 수 있는 권한을 부여받았지만, 기본적으로 국방위원회 중심의 국가운영은 사회주의 정치체제의 예외적 현상이었다. 국가최고기구의 직책명이 '국방'에서 '국무'로 바뀜에 따라 국무위원회의 관할 범위가 확대된 것으로 추정된다. 국무의 사전적 정의가 '나라의 정무' 일반을 의미하고, 이는 발표된 국무위원 구성에서도 확인할 수 있다. 개정 이전 국방위원회는 '국가주권의 최고국방지도기관'이었는데, 국무위원회는 '국가주권의 최고정책적 지도기관'으로 확대 규정되었다. 국무위원회의 권한과 임무에서는 국방관련 조항(선군혁명노선을 관철하기 위한 국가의 중요정책 수립, 국가의 전반적 무력과 국방건설사업 지도)이 '국방건설사업을 비롯한 국가의 중요정책을 토의 결정한다'로 간소화되었으며, 국방부문 중앙기관 설치 및 폐지 권한과 군사칭호 제정 및 군사칭호 수여 권한은 삭제되었다. 그리고 국무위원회 진용은 정치국 후보위원으로 이례적으로 국무위원에 발탁된 외무상 리용호를 제외하면 전원 당·정·군을 대표하는 정치국원이고 정무국과 중앙군사위원회의 핵심 인사들이었다. 과거에 비해 군부인사는 축소되고 경제(박봉주)·대외(리수용, 리용호)·대남(김영

철) 인사들이 포함되었다. 김정은이 국무위원회를 통해 통일·외교·경제를 포함한 국정 전반을 통할하겠다는 의지로 이해된다.

2016년 6월 최고인민회의를 통해 드러난 김정은 정권 국가통치모델은 '김일성 시대 국가주석-중앙인민위원회 체제'에 가깝다. 김일성 시대에는 국가주석이 특사권, 신임장 및 소환장 접수권, 조약 비준 및 폐기권, 군통수권, 정무원(내각) 지도권 등을 가지고 있었고, 국가주석을 수위로 둔 중앙인민위원회는 국방 및 국가정치보위사업 지도권, 대사와 공사 임명 및 소환, 군사간부 임명 및 해임, 대사권, 정무원 지도 등을 할 수 있었다. 특히 중앙인민위원회는 대부분 정치국원들로 구성되어 '당정협의체적 성격'을 가지고 있었고, 이에 중앙인민위원회는 당의 정책과 노선을 국가기관체계에서 수행할 수 있었다. 그런데 김정일 시대에는 국가주석과 중앙인민위원회가 폐지됨에 따라 최고인민회의 상임위원장이 국가를 대표하고 외교관련 권한을 이관받았다. 2016년 6월 회의에서 최고인민회의 상임위원장인 김영남이 국무위원회에 배치되지 않은 것으로 보아, 당장 최고인민회의 상임위원회의 권한이 대폭 축소된 것은 아니지만 국무위원회 신설 기본방향은 김일성 시대의 국가권력 집중형일 것이다. 다만 경제·행정 사업에서 내각책임제가 강화되는 흐름에 따라, 김일성 시대에는 중앙인민위원회가 정무원을 지도했지만 김정은 시대에는 국무위원회가 내각을 '직접' 지도하지는 않을 것으로 보인다. 경제사업에서 박봉주 내각총리의 일정한 자율성이 보장될 것으로 전망되었다.

셋째, 양 회의를 통해 김정은은 유일영도체계 구축의 핵심기반인 권력엘리트 진용의 안정화를 일정 정도 구축했다. 집권 5년 동안 숙청이 반복되면서 김정은의 '자기 사람 심기'가 일단락된 것이다. 김정은도 김정일이 그랬던 것처럼, 점차 견제와 균형의 엘리트 구조를 도모했다. 집권 초기 황병서에 쏠렸던 권력을 약화시키고, '최룡해 중심의 당 정무국' 대 '황병서 중심의 당중앙군

표 2-2 **제7차 당대회 인선(2016.5.9)**

이름	정치국			정무국		군사위 (12)	국무위 (12)	비고
	상무(5)	위원(19)	후보(9)	(부)위원장(10)	부장(15)			
김정은	●	●		●		●	●	당위원장
김영남	●	●						최고인민 상임위원장
황병서	●	●				●	●	총정치국장
박봉주	●	●				●	●	(13.4 총리)내각총리
최룡해	●	●		●			●	중앙위 부위원장
김기남		●		●	●		●	선전선동부장
최태복		●		●				최고인민회의 의장
리수용		●		●	●		●	국제부장
김평해		●		●	●			간부부장
오수용		●		●	●			최고인민 예산위원장
곽범기		●		●				부총리
김영철		●		●	●	●	●	통일전선부장
리만건		●		●	●	●	●	군수공업부장
양형섭		●						최고인민 부위원장
로두철		●						계획위원장, 부총리
박영식		●				●	●	15.6 인민무력부장
리명수		●				●		총참모장
김원홍		●				●	●	국가안전보위부장
최부일		●				●	●	13.2 인민보안부장
김수길			●					평양시당비서(중장)
김능오			●					평북도당비서
박태성			●					평남도당비서
리용호			●				●	외무상
임철웅			●					내각부총리(철도)
조연준			●					조직부 제1부부장
리병철			●					국방위원
노광철			●					무력부 제1부부장
리영길			●			●		(13.8~16.1 총참모장)
리일환					●			14.3 근로단체부장
안정수					●			경공업부장
리철만					●			12.4 부총리(농업부)
최상건					●			당과학교육부장
리영래					●			당민방위부장
김정임					●			당역사연구소장
김중협					●			당문서관리실장
김만성					●			(당 1부부장)
김용수					●			(당 부부장)
김경옥						●		조직부 제1부부장
서홍찬						●		무력부 제1부부장

사위원회'라는 상호 견제 축을 만들었다. 이는 국무위원회 구성에서도 잘 나타났다. 최고인민회의 상임위원장인 김영남을 제외하면 정치국 상무위원 3인이 국무위원회 부위원장에 배치되었고 정무국 부위원장(4인)과 당중앙군사위원(3인)이 균형을 맞춰 국무위원에 안배된 것이다. 표 2-2의 정치국 서열을 보면, 당료 출신(정무국)이 앞에 있고 군 인사(당중앙군사위)가 뒤에 배치되어 있다. 이처럼 집권 초기에 비해 당 인사의 서열은 상승하고 군부인사의 서열은 하락하는 경향을 보이고 있다. 또한 김정은의 군 장악력 강화 조치도 단행했다. 기존 당중앙군사위원회에는 군종·병종 야전사령관이 포함되어 있었는데, 김정은은 당중앙군사위원을 19명에서 12명으로 축소하면서 이들을 배제했고 부위원장직도 폐지했다. 이는 군에 대한 김정은의 통제를 강화하고 군지휘·작전체계의 간소화·일원화를 도모한 것으로 평가되었다. 더욱이 11명의 당중앙군사위원회 위원 중 김경옥과 서홍찬을 제외한 나머지 9명이 정치국 위원과 후보위원인데 이는 당중앙군사위원회 의사결정의 신속성과 효율성을 높이는 조치로 이해될 수 있다.

2016년 5월 제7차 당대회에서는 당의 안정적 세대교체가 이루어졌다는 평가도 있었다. 김정은이 당사업총화에서 반관료주의·반부패 투쟁을 강조하면서 청년을 중심으로 대대적인 세대교체를 단행할 것을 시사했기 때문이다. 더구나 2016년 4월 23일 ≪노동신문≫에서는 "고난의 행군, 강행군 시기에는 혁명적 군인정신과 강계정신이 창조되었다면, 오늘의 어려운 시기에는 백두산영웅청년정신이 창조되었다"라며 청년을 당의 후비대, 척후대, 익측부대로 내세웠다. 제7차 당대회에서는 노장청 배합정책을 유지하는 가운데 단계적 세대교체를 추진하여 인적 충원에서 안정과 쇄신을 절충했다. 즉, 엘리트 충원이 최상층부의 안정화, 상층부의 친위화, 중상층부의 세대교체 등의 기조로 추진되어 김정은 장기집권의 토대가 마련되었다. 이를 구체적으로

표 2-3 **당중앙위원 · 후보위원 변동**

구분	2010년(명)	2016년(명)	비고		
			신규(명)	탈락(명)	유지(명)
당중앙위원	124	129	77(59.7%)	72(58.1%)	52(41.9%)
당중앙후보위원	105	106	79(74.5%)	78(74.3%)	27(25.7%)

표 2-4 **제7차 당대회(2016년)와 제4차 당대표자회(2012년) 참가 당대표 현황**

(단위: 명, %)

구분	2016년(2012년)	2016년(2012년)
결의권·발언권 대표자	3,667(1,649)	
당·정치일꾼 대표	1,545(643)	42.1(39.0)
군인 대표	719(471)	19.6(28.5)
국가행정경제일꾼 대표	423(353)	11.5(21.4)
근로단체일꾼 대표	52(-)	1.4(-)
과학·교육·보건·문화·예술·출판보도 부문 일꾼 대표	112(67)	3.1(4.1)
현장 핵심당원 대표	786(115)	21.4(7.0)
항일혁명투사	6(-)	0.2(-)
비전향장기수	24(-)	0.7(-)
여성	315(150)	8.6(9.1)

살펴보면, 제7차 당대회에서 당중앙위원의 59.7%, 당중앙후보위원의 74.5%가 새로 선출되었다. 당대회에 참가한 당대표 중 현장핵심당원(상대적으로 젊은 세대로 추정)이 2012년 제4차 당대표자회의 7.0%에서 2016년에는 21.4%로 급증했다. 그만큼 인적 교체가 이루어진 것이다.

4. 결론

지금까지 김정은 정권하에서 재구성된 수령제의 특징을 살펴보았다.

1967년 유일적 지배체제를 확립한 이후, 북한의 권력구조는 수령제(수령 중심의 당국가체제)의 기본 틀을 유지하고 있다. 다만, 시대와 최고지도자의 교체에 따라 수령제 구성요소들 간의 관계가 재구성되고 있는 것이다.

정권 초기 김정은의 수령으로서의 지위와 역할은 김일성·김정일에 비해 약할 수밖에 없었지만 2013년 말 장성택 숙청 이후 2016년 제7차 당대회를 거치면서 점차 강화되고 있다. 유일영도체계의 구축이 김정은 시대에 들어와서도 아직까지는 순항 중이다. 물론 김정은 정권의 '당 중심 정치'의 강화는 사회주의 당국가체제로의 복원을 의미할 수도 있는데, 이는 점차 주요 엘리트들의 권한 강화로 이어져 김정은 권력 확장의 장애요인으로 작용할 수도 있을 것이다.

당조직의 정·군에 대한 우위성은 김일성 시대에는 강력했으나 김정일 시대에는 약화되었고 김정은 시대에 들어 다시 회복 중이다. 김일성 시대에는 당적 지도가 정치정책적 지도에 머문 것이 아니라 행정지휘적 지도까지 담당함으로써 행정대행이라는 폐해를 양산했다. 김정일 시대에는 당의 공식적 의사결정체계가 무력화되고 대신 당비서국으로 당이 운영됨으로써 당의 사당화가 강화되었다. 김정은 시대에 당의 공식적 의사결정체계가 부활하고 있지만, 그것을 정치정책적 지도에 한정 지으려 노력하고 있다.

김일성 시대에는 행정대행의 여파로 정과 군의 독자적인 역할이 부족했지만, 김정일 시대에 강조되기 시작한 내각책임제와 선군정치로 역할분담은 강화되었다. 반면, 김정은 시대에는 당적 지도가 복원되고 있지만 아직까지는 그 수준이 높지 않은 상황이고 경제발전이 긴요하기 때문에 역할분담도 나름대로 유지·강화되고 있다.

현재 시점에서 우리가 예상할 수 있는 김정은 정권 권력구조의 중기적 전망은 김일성 정권의 수령제(수령과 당의 일체화된 지배)와 김정일 정권의 수령제(수령 중심의 유일적 지배)의 중간 형태일 가능성이 높다. 지금 '6년차 김정은 정권의 권력구조'에서 김정은의 유일영도체계 공고화 여부는 단정할 수 없으나 최근 들어 당의 집체적 의사결정체계가 느슨한 것으로 보아 김정은으로의 권력집중은 더욱 강화될 여지가 크다.

참고문헌

고영환. 2013. "김정은 정권 2년 평가와 북한체제 변화 가능성", 국가안보전략연구소 학술회의(2013.12.5).

김갑식 2002. 「북한의 헌법상 국가기관체계 변화」. ≪북한연구학회보≫, 6권 2호.

_____. 2012. 「김정은 정권의 출범과 정치적 과제」, ≪통일정책연구≫, 21권 1호.

_____. 2014. 「김정은 정권의 수령제와 당·정·군 관계」. ≪한국과 국제정치≫, 30권 1호.

_____. 2016a. "북한 최고인민회의 제13기 제4차 회의 분석", 『온라인시리즈』, CO 16-19.

_____. 2016b. "조선노동당 제7차 대회 분석(1): 총평", 『온라인시리즈』, CO 16-12.

김갑식 외. 2015. 『김정은 정권의 정치체제』. 서울: 통일연구원.

박형중. 2012. "김정은 통치연합의 출범과 특징", 『온라인시리즈』, CO12-18.

백학순. 2010. 『북한 권력의 역사: 사상·정체성·구조』. 파주: 한울.

서대숙. 2000. 『현대 북한의 지도자: 김일성과 김정일』. 서울: 을유문화사.

스즈끼 마사유끼. 1991. 「북한의 '사회정치적 생명체'론」. 박한식 편. 『북한의 실상과 전망』. 서울: 동화연구소.

이영종. 2013. "북 파워엘리트 31명 퇴장 51명 진입." ≪중앙일보≫, 2013.12.19.

이종석. 1995. 『조선로동당 연구』. 서울: 역사비평사.

정성장. 2011. 『현대 북한의 정치: 역사·이념·권력체계』. 파주: 한울.

3

공포정치와 엘리트

이기동
국가안보전략연구원 수석연구위원

1. 서론

마키아벨리는 유명한 저서 『군주론』에서 군주는 '교활한 여우'와 '사나운 사자'의 기질을 겸비해야 한다고 주장했다. 그는 이러한 통치 방식을 통해서 불안한 왕권을 수호하고 무질서한 국가를 바로잡을 수 있다고 생각했다. 이러한 마키아벨리즘은 독재정권이 자신에 의해 자행되는 공포정치를 정당화하는 논리로 악용되었다. 그리고 독재정치권력은 대중을 효과적으로 지배하고 통치하는 수단으로 공포정치를 즐겨 사용해왔다. 대표적인 공포정치의 사례가 프랑스 혁명 중에 로베스피에르가 주도한 자코뱅 당黨의 독재정치(1793~1794)이다. 1793년 1월 루이 16세 처형 이후 대중의 지지를 받던 자코뱅 당은 국민공회에서 지롱드 당 의원을 추방하고 권력을 독점한 다음, 공안위원회, 보안위원회, 혁명재판소 등을 장악하고 정적들을 철저히 탄압했다. 그 결과, 약 1년 동안에 1만 명 정도가 목숨을 잃었다.

18세기 말의 공포정치는 21세기인 오늘날 한반도의 북쪽에서 일어나고 있다. 북한의 최고지도자 김정은은 2012년 4월 공식적인 집권 이후 지금까지 수백 명의 권력엘리트들을 처형하거나 숙청했다. 여기에는 고모부인 장성택 전 노동당 행정부장과 이복형인 김정남도 포함되었다. 김정은은 김정일의 갑작스러운 사망으로 정치 경험과 혁명 경력이 부족한 어린 나이에 집권했다. 그러다 보니 늙고 노련한 권력엘리트들을 다스리는 한편, 잠재적으로 자신의 권력에 도전할 만한 위험한 인물들을 없애버리는 작업이 필요했다. 김정은은 공포정치를 그 수단으로 삼았다. 권력엘리트와 주민들 사이에 "고모부와 형도 죽이는 사람이 무슨 짓인들 못하겠는가?"라는 무자비한 이미지를 심어 그들의 충성을 강요받는 방식이었다.

이 장은 우선 김정은 집권 이후 자행된 공포정치의 실태와 한계를 살펴보고자 한다. 이를 통해, 김정은 통치리더십의 한 단면을 파악할 수 있다. 다음으로 김정은 집권 이후 엘리트 변화, 특히 2016년 5월 개최된 제7차 당대회 이후 새롭게 짜여진 권력엘리트 진용을 그려보고자 한다. 권력엘리트 진용에 대한 묘사를 통해 김정은 정권의 정치와 전략을 주도해나갈 전략집단의 현주소를 분석하는 데 도움을 얻을 수 있을 것이다.

2. 공포정치의 실태와 한계*

1) 후견그룹 청산

김정은은 집권 이후 '일벌백계'식 숙청을 계속 단행해왔다. 김정은은 숙청을 통해 자신에 대한 충성을 강요함으로써 불안한 '유일영도체계'를 안전한 '유일영도체계'로 만들고자 했다. 김정은은 먼저 자신의 3대 권력세습 작업을 도와준 '아버지 김정일의 사람들'을 희생양으로 삼았다. 그들은 김정일 영결식에서 운구차를 호위했던 사람들, 소위 '운구차 7인방'으로 김정은 시대에서도 핵심적 역할을 담당할 것으로 예상되었던 인물들이다.

리영호 당시 노동당 정치국 상무위원이자 인민군 총참모장이 제일 먼저 숙청의 대상이 되었다. 리영호는 김정은 권력승계를 위한 후견그룹의 핵심 인물이었고, 그 공로로 김정은 후계체제 성립과 더불어 당과 군의 핵심 고위직에 올랐다. 그런데 리영호는 2012년 7월 북한에서 가장 무서운 죄목인 '반

* 이 절은 필자가 소속해 있는 국가안보전략연구원, 「김정은 집권 5년 失政 백서」(서울: 국가안보전략연구원, 2016)를 바탕으로 재구성·보완하여 작성했다.

당 반혁명 분자'로 몰려 숙청당했다. 김정은이 공식 집권한 지 3개월 만의 일이다. 리영호가 군대의 외화벌이 사업을 당과 내각으로 이관하라는 김정은 지시를 이행하지 않았기 때문이라는 설이 설득력이 있다.

당시 김정은은 자신의 권력기반을 튼튼히 다지기 위해 두 가지 사업이 필요했다. 하나는 군대를 신속히 장악하고 군대의 힘을 빼는 것이었다. 김정일의 선군정치 15년 동안 군대의 위상과 역할이 지나치게 커져 있었다. 김정일에게는 힘이 센 군대가 혁명의 '주력군'이자 체제유지의 '마지막 보루'였지만, 김정은에게는 그 칼끝이 자신을 향할지도 모르는 두려움의 대상이었다. 한마디로 김정은에게 군대란 '양날의 칼'이었다. 그래서 김정은은 군대가 보유하고 있던 막강한 경제적 기반을 약화시키는 것이 필요했다. 다른 하나는 인민경제를 향상시켜 인민들로부터 지지를 더 많이 얻는 것이었다. 김정은은 국가의 재정난과 국제사회의 대북제재 상황에서 인민경제를 향상시키기 위한 특단의 조치가 필요했다. 군대의 외화벌이 독점권을 환수하여 인민경제 부분으로 이관하는 조치는 이러한 두 마리의 토끼를 동시에 잡기 위한 궁여지책이었다.

다음 숙청 대상은 고모부 장성택 노동당 행정부장이었다. 장성택은 김정일 집권 시기 '2인자'로 불릴 만큼 막강한 권력자였다. 황장엽 전 노동당 비서는 1990년 후반 김정일이 갑자기 사망할 경우 장성택이 권력을 대체할 수 있다는 예상을 내놓기도 했다. 장성택은 김일성의 딸이자 김정일의 유일한 여동생 김경희의 남편으로 김일성의 사위이자 김정일의 매제였다. 그는 1970년대 초반부터 청년사업과 조직사업과 관련한 당의 요직을 맡으면서 승승장구했다. 그리고 2008년 후반부터 김정은에게로의 권력승계가 가시화되면서 후견그룹의 핵심으로 활동했다. 장성택은 공식적인 직책보다 '백두혈통의 사위'로서 더 많은 역할을 수행할 수 있었다.[1] 장성택의 이러한 특별한 지위는

표 3-1 장성택 국방위 부위원장 죄목과 북한 형법상 형벌

죄목	형법	형벌
반당·반혁명적 종파행위	제67조 민족반역죄	사형
최고사령관 명령 불복	제73조 결정·명령·지시 집행 태만죄	5년 이상, 8년 이하 노동교화형
사법·검찰 인민보안기관 당적 지도 약화	제67조 민족반역죄	사형
경제 지도기관 역할 방해	제67조 민족반역죄	사형
자원 헐값 매각	부칙 제8조 국가자원밀수죄	사형
부정부패	부칙 제17조 특히 무거운 형태의 불량자 행위죄	사형
여성들과 부당한 관계	부칙 제17조 특히 무거운 형태의 불량자 행위죄	사형
마약 및 외화탕진 도박	제217조 비법마약 사용죄	2년 이하 노동교화형

자료: ≪국민일보≫, 2013.12.13.

오히려 그의 정치적 생명과 육체적 생명을 앗아가는 독이 되었다. 김정은의 입장에서 볼 때, 고모부 장성택은 든든한 버팀목이기도 하지만, 생각하기에 따라 자신을 쓰러뜨릴 수 있는 도끼와 같은 존재였다.

장성택은 2013년 12월 8일 개최된 당중앙위원회 정치국 확대회의에서 '반당 반혁명적 종파' 혐의로 숙청되었다. 그리고 나흘 뒤인 12월 12일 열린 국가안전보위부 특별군사재판에서 국가전복음모죄를 포함한 무려 20여 가지의 죄목으로 사형을 선고받은 직후 형이 집행되었다. 남재준 당시 국가정보원장은 숙청의 결정적 이유가 "권력투쟁 과정에서의 숙청이 아니고 이권사업을 둘러싼 갈등이 비화된 사건"이라고 말했다.[2] 한마디로 장성택 숙청은 기관 간 이권 갈등 및 장성택 측근의 월권 문제가 누적된 상황에서 김정은의

1 2010년 9월 김정은이 후계자로 공식화되었던 노동당 3차 당대표자회에서 장성택이 받은 직책은 노동당 정치국 후보위원, 노동당 비서국 부장, 노동당 중앙군사위원회 위원으로 기대에 미치지 못했다.

2 남재준 국가정보원장, 2013년 12월 23일 국회 정보위원회 비공개 전체회의 출석 발언.

이권개입 조정(시정) 지시가 장성택 세력에 의해 거부당하자 '반당 반혁명 종파행위'로 규정되어 단행된 것으로 볼 수 있다는 것이다.[3] 장성택 숙청은 '벼락승진' 가도를 달려온 리영호 숙청과 달리, 김일성의 사위이자 김정일 정권의 핵심 실세로서 '꽃길'만을 달려온 장성택의 인생역정을 감안할 때 권력엘리트와 주민들, 그리고 국제사회에 주는 공포심과 충격이 실로 엄청났다.

장성택 숙청사건은 장성택 한 사람의 죽음으로 끝나지 않았다. 장성택과 오랜 친분관계를 유지해오던 엘리트에다가 장성택이 책임을 맡고 있던 노동당 행정부 라인에 속해 있던 엘리트를 합치면 수만 명에 달할 것이라는 관측도 있었다. 대표적으로 장성택의 측근으로 알려진 리용하 노동당 제1부부장과 장수길 부부장도 비리 등 '반당' 혐의로 장성택에 앞서 처형되었다. 여기서 주목할 점은 장성택 숙청사건은 단순히 이권 갈등이 원인으로 작용한 결과가 아니라는 점이다. 국가안전보위부 특별재판에서 제기된 장성택의 죄목을 들여다보면, 장성택은 이미 자신만의 '소왕국'을 건설하고 있었고, 내각을 중심으로 한 새로운 정치체제를 지향하고 있었으며, 김정은 정권 전복을 위한 무력동원 준비까지 계획하고 있었다. 이것은 이권 갈등으로만 볼 수 없는 근거들이다.

3 남재준 국가정보원장은 "장성택이 이권에 개입해 타 기관의 불만이 고조되었고, (이와 관련한) 비리가 김정은(국방위 제1위원장)에게 보고되어서 장성택에 대한 불신이 있었다는 것"이라며 "당 행정부 산하 54부를 중심으로 알짜사업의 이권에 개입했는데, 주로 석탄에 관련된 것"이라고 말했다. 또한 대북소식통에 따르면, 2013년 9월 말~10월 초 황해남도 룡연군에 있는 강성무역총회사(前 매봉무역총회사) 54부 산하 외화벌이 사업소에서 장성택 세력과 4군단 군인들 사이에 총격전이 벌어져 다수의 사상자가 속출했다고 한다. 주로 수산물 수출로 외화벌이하던 이 사업소는 장성택의 최측근으로 지난달 말 처형된 장수길이 주관했고 일부 수익은 장성택에게도 상납된 것으로 알려졌다. 그러나 김 제1위원장이 4군단 시찰 과정에서 영양 상태가 나쁜 군인들을 위해 이 사업소에서 잡은 수산물을 4군단에 공급하고 관할권까지 넘기라고 지시하면서 갈등이 빚어진 것으로 전해졌다(≪부산일보≫, 2013.12.24).

김정은 시대에도 승승장구할 것으로 알려졌던 운구차 7인방 중 가장 실세로 꼽혔던 리영호와 장성택이 처형당했다. 그리고 김영춘 당시 인민무력부장은 2014년 4월 노동당 군사부 부장으로 자리를 옮겼다가 지금은 모습을 드러내지 않고 있다. 또한 김정각 당시 총정치국 제1부국장은 군 교육기관으로 옮겼고, 우동측 당시 국가안전보위부 제1부부장은 자취를 감추었으며 숙청설이 유력하다. 이렇게 본다면, 운구차 7인방 중 88세의 김기남 노동당 중앙위원회 부위원장 겸 선전선동부장과 87세의 최태복 노동당 중앙위원회 부위원장 겸 최고인민회의 의장만이 자리를 유지하고 있는 셈이다.

2) 빨치산 가문 홀대

김정은은 김일성 시대와 김정일 시대를 관통하는 성역이었던 빨치산 혁명가문을 건드렸다. 우선 빨치산 1세대의 대표격인 오진우 전 인민무력부장의 아들 오일정 노동당 민방위부장은 2016년 5월 개최된 노동당 제7차 당대회에서 중앙당의 기초 조직인 당중앙위원회 위원에 이름을 올리지 못했다. 또한 인민군 상장계급에서 소장계급으로 강등되었다. 아울러 김일성의 빨치산 동료인 오백룡의 장남 오금철 인민군 총참모부 부총참모부장도 노동당 제7차 당대회에서 당중앙위원회 위원에서 후보위원으로 밀려났다. 그리고 오금철의 동생 오철산 해군사령부 정치위원은 당중앙위원회 후보위원에도 이름을 올리지 못했다. 가장 눈에 띄는 인물은 빨치산 2세인 오극렬 전 국방위원회 부위원장의 은퇴이다. 오극렬은 87세의 고령이기는 하지만, 아직 현역에 있는 김기남과 최태복에 비교하면 이른 퇴진이라고 할 수 있다. 오극렬은 '수령결사옹위정신'의 모태이자 '오중흡 7연대 쟁취운동'의 모델인 오중흡의 5촌 조카이며 오중흡의 사촌형제인 오중성의 아들이다. 오극렬은 빨치산 2세대의 대표격이었다.

북한에서 빨치산 가문은 최고의 예우를 받는다. 생존한 빨치산 1세대 엘리트들은 노동당과 정권기관, 그리고 군대의 핵심 요직을 차지하고 부와 권력을 누렸다. 그 후손들은 만경대혁명학원을 졸업하고 원하는 대학과 직장에 들어가 엘리트 코스를 밟는다. 그런데 김정은 시대에 들어 빨치산 가문에 대한 이러한 특혜가 점점 사라지고 있다. 김일성·김정일과 달리 김정은이 빨치산 가문을 홀대하는 이유를 추론하면 다음과 같다. 첫째, 빨치산 가문의 세력화를 견제하려는 목적이 있다. 여러 빨치산 가문들은 최고의 기득권 집단이다. 이들은 북한체제가 영원히 유지되어야 가문의 기득권도 영원히 보장된다고 믿는다. 따라서 젊고 경험이 부족한 '영도자'를 모신 불안한 정치 상황을 타개하기 위해 여러 가문이 힘을 모을 수 있다. 둘째, '백두혈통'만이 혁명전통의 유일하고 순수한 계승혈통이라는 점을 부각시킬 필요가 있다. 이것은 김정은 시대 들어 '백두의 칼바람'과 같은 '백두' 담론들이 무성한 것과 무관치 않다. 따라서 혁명전통에서 백두혈통의 유일성과 순수성을 견지하기 위해서는 빨치산 가문에 대한 일정한 견제와 홀대가 불가피했던 것으로 보인다. 이러한 배경에는 김정은 자신의 모계혈통 문제(재일교포 출신)와 조부인 김일성과의 조손祖孫관계 부재 등이 작용한 것으로 풀이된다.

3) 고위 간부들에 대한 숙청과 혁명화

리영호와 장성택과 같은 거물급들을 숙청하는 데 성공한 김정은은 집권 3년차에 접어들면서 고위 간부들에 대한 숙청을 본격적으로 단행하기 시작했다. 그 결과, 2016년 말 현재 140여 명을 처형한 것으로 알려져 있다.[4] 김정은은 집권 초기 지배그룹을 강화하는 차원에서 고위 간부들에 대한 숙청을 신중히 하다가 점차 권력기반이 강화됨에 따라 지배그룹을 정예화하는 차원에서 고위 간부들에 대한 대대적인 숙청을 단행하기 시작했다. 이러한 현상은 독재정권의 권력장악 과정에서 나타나는 일반적인 특징이기도 하다.

숙청과 처형의 이유는 다양했다. 리영호와 장성택은 '반당 반혁명 행위'를 이유로 처형되었고, 현영철 인민무력부장과 김용진 내각부총리는 김정은이 참석한 회의에서 졸았다는 이유와 자세가 불량하다는 이유로 처형당했다. 2015년 4월 현영철 인민무력부장은 회의에서 졸고 말대꾸를 했다는 이유로 재판절차 없이 고사총으로 공개 처형되었다. 현영철 인민무력부장은 김정은의 군권장악을 도와준 대표적인 공신이었다. 김용진 내각부총리는 2016년 6월 개최된 최고인민회의에서 졸고 안경을 닦았다는 이유에다가 김정은의 야심작인 12년 의무교육제 실패 책임이 더해져 '반당 반혁명 분자', '현대판 종파분자'로 낙인찍혀 총살당했다.

또한 당의 방침에 건설적인 이견을 달았다는 이유로 처형되는 사례도 있었다. 2015년 초에 숙청당한 변인선 전 총참모부 작전국장, 조영남 국가계획위원회 부위원장, 그리고 최영건 내각부총리가 대표적 사례이다. 최영건 내각부총리의 경우, 김정은의 산림녹화정책과 관련하여 불만을 표시하고 성과가 부진하다는 이유로 처형되었다. 처형 방식은 가장 공포스럽고 무자비했다. 고사총이나 화염방사기를 사용하여 시신의 형체를 확인하기 어려울 정도로 잔혹한 방식이 동원되었다. 그리고 처형의 현장에는 관계부문 일꾼들이 처형 장면을 지켜보도록 했다. 한마디로, 공포를 극대화하는 수단을 활용한 본보기식 처형이었다.

4 김정은 집권 이후 처형당한 간부의 숫자는 2012년 3명, 2013년 30여 명, 2014년 40여 명, 2015년 60여 명, 2016년 3명으로 추산된다.

김정은은 고위 간부들을 대상으로 '공장·기업소나 협동농장에서 노동을 하면서 사상을 단련하는' 혁명화를 보내기도 했다. 김일성과 김정일도 고위 간부들을 다루는 수단으로 혁명화를 즐겨 사용했다. 황장엽 전 노동당 비서는 혁명화의 효과를 다음과 같이 설명했다. 그는 "혁명화를 가면 매일 평양 쪽을 바라보면서 다시 불러주길 간절히 바라다가 부름을 받으면 진심으로 감격의 눈물을 흘리면서 충성을 맹세한다"라고 밝혔다. 그리고 다시 불러주지 않을지도 모른다는 공포감이 매우 크다고 부연 설명했다. 특히, 김정은 시대에 들어 리영호 전 총참모장처럼 혁명화 중에 처형당하는 사례가 생기면서 혁명화에 대한 공포감은 더욱 커졌을 것으로 예상된다. 북한의 권력엘리트들에게 혁명화는 보편화되어 있어서 지위고하를 막론하고 그들 대부분이 혁명화를 경험했을 정도이다. 김정일 시대 실세 중의 실세 장성택도 김정일 집권 기간 두 차례 혁명화를 다녀온 적이 있다.

김정은 시대 북한의 최고 실세 중 한 사람인 최룡해 노동당 중앙위원회 부위원장도 혁명화를 피해 가지 못했다. 최룡해는 2015년 11월 함경도에 있는 협동농장에서 혁명화를 겪었다. 최룡해는 딸이 부정부패사건에 연루되자 혁명화를 자청했다는 설이 있다. 그리고 대남사업을 총괄하는 노동당 중앙위원회 부위원장이자 통일전선부 부장직을 맡고 있는 김영철은 고압적 태도와 권력 남용이 문제시되어 2016년 7월부터 1개월 동안 협동농장에서 혁명화를 받았다. 또한 최휘 노동당 선전선동부 제1부부장도 2016년 5월 이후 지방에서 혁명화를 경험했다. 최휘는 2017년 9월 25일 개최된 함경북도 군중집회에 참석한 것으로 보아 혁명화를 거친 후 현재 함경북도 당위위원회의 핵심 간부로 활동 중인 것으로 추정된다.

4) 공포정치의 한계

우선 공포정치는 간부들의 '어쩔 수 없는' 충성을 얻는 데 도움이 될지 모르지만 마음에서 우러나오는 자발적인 충성을 도모하는 데 도움이 되지 않는다. 오히려 보신주의와 복지부동(마땅히 해야 할 일을 하지 않고 몸을 사림), 그리고 면종복배(면전에서는 복종하는 척하고 돌아서면 배신함) 현상과 체제의 경직화를 심화시켜 궁극적으로 체제운영의 효율성을 감소시키는 부작용을 초래할 수 있다는 사실에 유의할 필요가 있다. 실제로 장성택 숙청 이후 북한 권력 엘리트들이 김정은을 대하는 태도가 달라졌다. 황병서 인민군 총정치국장과 조용원 노동당 조직지도부 부부장은 김정은 앞에서 무릎을 꿇고 입을 가린 채 부자연스러운 자세로 대화를 나누는 모습을 보였다. 그리고 고령의 군 원로들은 김정은의 정책결정과 집행지시에 대해 무조건 '좋습니다', '알겠습니다', '신비롭습니다' 등 김정은의 비위를 맞추는 데 급급한 태도를 보였다. 물론 이러한 현상들은 김정일 시대에도 있었던 것이지만, 김정은 시대에는 보도매체를 통해 이를 내보냄으로써 인민들에게 투사하는 효과를 노려 김정은의 권력을 강화하는 도구로 적극 활용하고 있다는 점에서 차이가 있다.

다음으로 공포정치는 엘리트들의 탈북을 촉진시키는 계기가 되었다. 대표적으로 영국 주재 북한 대사관의 태영호 공사가 한국으로 망명했다. 태영호 공사는 지금까지 탈북·망명한 외교관 중 가장 고위급으로, 그가 서방국가들을 대상으로 한 체제선전의 핵심적 역할을 담당해온 인물이라는 점에서 북한 지도부와 국제사회에 주는 충격과 관심은 지대했을 것으로 판단된다. 또한 태영호의 망명을 계기로 러시아 주재 무역대표의 탈북, 이탈리아 주재 당 39호실 김명철 지사장의 잠적 등 엘리트의 탈북과 망명이 이어졌다. 이들은 북한체제의 최대 수혜자이자 핵심 구성원이라는 점에서 이들의 탈북과 망명이 갖는 정치적 의미는 매우 크다고 할 수 있다. 또한 2016년 4월 중국 닝보寧波의 류경식당 여종업원 13명이 집단 탈북한 데 이어 중국 산시陝西성 소재 북한 식당 여종업원 3명이 탈북하여 국내에 입국했다. 북한체제의 특성상 해외 근무 파견이 철저한 성분조사를 거쳐 이루어진다는 점을 고려할 때, 김정은 정권에 대한 북한 내 특권계층의 인식 변화를 가늠할 수 있다.

마지막으로 유명한 심리학자 지크문트 프로이트Sigmund Freud에 따르면, 공포로 인한 불안은 인간에게 부정, 억압, 합리화, 투사, 승화 등 다양한 방어기제가 작동하도록 만든다. 인간의 방어기제에는 불안을 해소하는 긍정적 효과도 있지만, 자신을 속이고 관점만 바꾸는 방법을 사용하게 되는 부정적 효과도 있다. 이러한 방어기제들의 부정적 효과가 사회적 차원에서 집단적으로 발현되면 그 사회의 발전을 지체시키는 원인이 된다. 이 중에서도 합리화 방어기제는 상황을 왜곡시키고, 투사 방어기제는 타인이나 주변에게 탓을 돌리고 진실을 감추는 경향이 있어 사회적 통합을 해칠 수 있다. 김정은의 공포정치로 인한 집단적 불안이 집단적 합리화나 투사로 나타날 경우 장기적으로 북한의 정치사회적 통합에 부정적 영향을 미칠 수 있다는 점에 주목해야 한다.

3. 김정은 시대 권력엘리트 진용

'새 술은 새 부대에 담아야 한다'는 속담과 달리, 북한의 엘리트 구조는 오랫동안 노·장·청 배합의 원칙을 지향해왔다. 노동당 제7차 당대회에서 드러난 엘리트 구조도 이러한 원칙에서 벗어나지 않았다. 북한의 노·장·청 배합 원칙에는 혁명과 건설은 '사회주의 완전승리'를 목표로 부단히 진행해야 하는 영속적 과제이므로 대를 이어 수행해야 한다는 논리가 반영되어 있다. 김정은 정권의 엘리트 구조도 이러한 논리를 충실히 반영한 것이다.

김정은 정권 출범 이후 가장 눈에 띄는 엘리트 변화는 '삼지연8인방'의 등장이다. '삼지연 8인방'이란 '운구차 7인방' 중 한 사람인 장성택이 숙청되기 직전 2013년 11월 30일, 백두산 삼지연에서 김정은과 회합을 가진 여덟 명의 엘리트들을 말한다. 이들이 모여 삼지연에서 '장성택 대책회의'를 열고 장성택 숙청을 주도한 것으로 알려져 있다. 황병서 노동당 조직지도부 부부장, 마원춘 노동당 부부장, 김원홍 국가안전보위부장, 김양건 노동당 통일전선부 부장, 한광상 노동당 재정경리부 부장, 박태성 노동당 부부장, 김병호 노동당 선전선동부 부부장, 홍영칠 노동당 군수공업부 부부장 등이다.

4년이 지난 현재에도 이들은 김정은 정권의 핵심 실세로 자리매김하고 있다. 황병서 인민군 차수는 정치국 상무위원, 당중앙군사위원회 위원, 국무위원회 부위원장, 인민군 총정치국장 직책을 맡으면서 대부분의 정치행사에서 김정은을 지근거리에서 보좌하는 등 김정은의 군권장악을 도와주고 있다. 마원춘은 국무위원회 설계국장을 맡으면서 김정일의 야심사업인 '사회주의문명국' 건설을 진두 지휘하고 있다. 김원홍은 정치국 위원, 중앙군사위원회 위원, 국무위원회 위원 직책을 맡고 있다. 그는 2017년 초 '직무에서 해임'당한 이후 복귀했으나, 국가안전보위부장직을 다시 맡았는지 아직 확실치 않다. 그러나 최근 주요 정치행사에 연이어 등장하고 있는 것으로 보아 국가안전보위부장직이 아니더라도 인민군 총정치국 부국장과 같은 군대의 핵심 요직에 복귀한 것이 확실해 보인다. 김양건 통일전선부장은 2015년 사망했다. 그의 사망 원인은 확실히 밝혀지지 않았으나 교통사고설이 유력하다. 한광상은 계속 노동당 재정경리부장직을 맡으면서 노동당의 재정을 책임지고 있다. 김병호 역시 노동당 선전선동부 부부장직을 계속 맡으면서 김기남 선전선동부 부장을 도와 김정은 우상화 작업을 주도하고 있다. 박태성은 평안남도 당위원회 위원장으로 자리를 옮겼다. 홍영칠은 군수공업부 부부장직을 계속 맡으면서 리병철 군수공업부 제1부부장 및 홍승무 부부장과 함께 핵개발을 주도하고 있으며, 제6차 핵실험 성공으로 김정은의 각별한 신임을 받고 있다. '삼지연 8인방'은 '운구차 7인방'과 정반대로 여전히 승승장구하고 있다.

'삼지연 8인방'에 포함되지는 않았지만 북한의 권력엘리트 구조에서 최룡해의 존재와 위상을 빼놓을 수 없다. 최룡해는 빨치산 1세대 출신인 최현 전 인민무력부장의 아들이다. 최룡해는 부친의 후광과 김정일과의 친분으로 청년동맹 중앙위원회 1비서, 노동당 총무부 부부장, 황해북도 당위원회 책임비서, 노동당 중앙위원회 비서, 노동당 중앙군사위원회 부위원장, 인민군 총정치국장 등 당·정·군의 핵심 요직을 두루 거쳤다. 현재는 정치국 상무위원, 당 중앙위원회 부위원장, 국무위원회 부위원장직을 맡고 있어, 군의 실권자 황병서와 더불어 당의 실권자로서 역할을 수행하고 있다. 김정은의 특사로 중국과 러시아를 방문했던 최룡해의 위상이 강화된 데는 장성택 처형 이후 공백이 된 중국과의 고위급 교류채널을 복원하기 위한 의도도 내포된 것으로 보인다. 이와 같이 군의 황병서와 당의 최룡해는 김정은 시대 권력구조의 양대 축을 이루고 있다. 따라서 김정은 정권의 안정은 황병서와 최룡해 간 견제와 균형을 효율적으로 조정할 수 있는 김정은의 리더십에 달려 있다고 해도 과언이 아니다.

김정은 정권의 엘리트 구조는 2016년 5월 36년 만에 개최된 노동당 제7차 당대회에서 보다 확실해졌다. 우선 박봉주 내각총리가 정치국 상무위원이 되었다. 이것은 핵심 권력기관의 대표들을 정치국 상무위원회에 포진시키는 중국식 정치국 상무위원회 운영원리를 모방한 것으로 보인다. 정치국 상무위원으로는 당을 대표하는 최룡해 당시 노동당 중앙위원회 비서(현 노동당 중앙위원회 부위원장), 군을 대표하는 황병서 총정치국장, 국가를 대표하는 김영남 최고인민회의 상임위원장이 기용되었다. 또한 박봉주는 이례적으로 내각총리로서 당중앙군사위원회 위원직을 차지했다. 이와 같이 박봉주가 당과 내각과 군의 직책을 모두 보유하게 된 것은 2013년 3월 당중앙위원회 전원회의에서 채택한 '핵무력건설·경제건설 병진노선'을 원활하게 뒷받침하기 위한 조치로 풀이된다.

노동당 제7차 당대회를 계기로 외교부문 엘리트들의 약진이 두드러졌다. 제7차 당대회 이전까지 당중앙위원회 정치국 내에 포함된 외교부문 엘리트는 김영남 최고인민회의 상임위원장과 강석주 당중앙위원회 국제비서뿐이었다. 그런데 강석주 국제비서 겸 부장이 건강악화로 물러나고 후임으로 리수용 전 외무상이 임명되었다. 리수용은 강석주와 마찬가지로 당중앙위원회 부위원장(이전 중앙위원회 비서)과 국제비서직을 맡으면서 국무위원회 위원직을 추가함으로써 강석주보다 높은 위상을 갖게 되었다. 그리고 리수용의 후임으로 외무상에 임명된 리용호 전 외무성 부상이 김정은 집권 이후 처음으로 당중앙위원회 정치국 후보위원에 선출되었다. 김일성 사망 이후 오랫동안 내각 외무상이 정치국 후보위원직에 오르지 못했던 전례에 비추어 볼 때, 외교부문 엘리트의 약진으로 보아도 무방하다. 이로써 정치국 내에 외교부문 엘리트가 3명으로 증가했다(정성장, 2016: 4). 이와 같은 외교부문 엘리트들의 약진은 김정은이 2013년 3월 당중앙위원회 전원회의에서 제시한 외교다변화 노선을 추진하기 위한 인사 조치로 해석된다.

제7차 당대회 결과, 군부엘리트들의 위상 약화가 나타났다. 김정일 정권 시기 군부엘리트들은 노동당 지도부 내에서 높은 위상을 갖고 있었다. 2012년 4월 개최된 노동당 제4차 당대표자회 당시만 해도 리영호 총참모장이 정치국 상무위원직을 차지하고, 김정각 인민무력부장과 인민무력부 제1부부장이 정치국 위원 중 상위 서열을 차지하는 등 군부엘리트들의 당내 위상이 높았다. 그러나 제7차 당대회에서 박영식 인민무력부장과 리명수 총참모장은 정치국 위원직을 차지했으나 호명 서열상 후순위로 밀려났다. 그리고 노광철 인민무력부 제1부부장과 리영길 총참모부 작전총국장 역시 정치국 후보위원 중 후순위로 호명되었다(정성장, 2016: 8). 이것은 김정은 집권 이후 군대의 정치적 위상을 약화시키고 당의 위상을 정상화하는 추세와 관련이 있는 것으로 풀이된다.

한편, 핵과 미사일 등 전략무기 개발부문 엘리트들이 우대받고 있다. 대표적인 인물로는 리만건 노동당 군수공업부 부장, 리병철 군수공업부 제1부부장, 홍승무·홍영칠 군수공업부 부부장 등이다. 김정은 시대 들어 가장 현저한 성과는 핵능력 고도화 조치이다. ICBM급 탄도미사일과 중장거리 탄도미사일 등 수십 차례의 탄도미사일 시험발사와 4차례의 핵실험을 단행하고 성공했다. 북한은 핵능력 고도화를 김정은의 치적으로 선전함으로써 김정은에 대한 충성과 대내결속을 도모하고 있다. 김정은은 전략무기 개발자들을 직접 업어주고, 위성과학자거리를 현대식으로 조성하는 등 이들의 공적을 높이 치켜세웠다. 심지어 김일성과 김정일의 시신이 있는 금수산기념궁전 참배 시 당·정·군의 핵심 엘리트들보다 앞에 자리를 배정하기도 했다.

마지막으로 김정은의 여동생 김여정의 역할이 돋보인다. 김여정은 현재 노동당 선전선동부 부부장직을 맡고 있는 것으로 추정된다. 김여정은 예상과 달리 제7차 당대회에서 노동당 중앙위원회 정치국에 진입하지는 못했다. 그러나 김여정은 '백두혈통'의 배경만으로도 선전선동부 부부장 이상의 역할을 수행하고 있는 것으로 보인다. 김여정은 김정은의 부인 이설주와 더불어 김정은에게 솔직한 건의를 할 수 있는 위치에 있다. 따라서 앞으로 김여정의 폭넓은 정치적 역할과 행보가 예상된다.

4. 결론

지금까지 김정은 정권의 공포정치 실태와 그 한계, 그리고 엘리트 진용에 대해 살펴보았다. 김정은은 김정일 사망 이후 최고사령관(군권), 노동당 제1비서(당권), 국방위원회 제1위원장(정권) 순으로 '수령의 영도체계'로 불리는 제도권력을 신속히 장악했다. 이러한 신속한 제도권력의 장악에도 불구하고, 약관의 나이와 일천한 혁명업적은 '최고영도자'로서의 인격적 권위를 갖추는 데 장애요소가 되었다. 김정은은 핸디캡을 극복하기 위해 간부에게는 엄격하고 인민에게는 관대한 리더십을 추구했다. 이 결과, 전자는 공포정치로, 후자는 애민행보로 구현되었다. 공포정치는 김정은이 권력을 장악하는 효과적인 방식이었다. 그러나 그것이 정권을 유지하는 데도 효과를 발휘할지는 좀 더 지켜볼 필요가 있다. 왜냐하면, 엘리트들과 인민들의 자발적 순응이 아닌 강제적 복종에 따른 효력은 영속되기 어렵다는 게 역사의 교훈이기 때문이다.

김정은 시대에 들어 권력엘리트에 대한 세대교체가 거의 완료되었다. 노·장·청 배합의 원칙에 따라 김영남, 김기남, 최태복과 같이 김일성 시대와 김정일 시대를 관통한 엘리트들도 여전히 남아 있지만, 대폭적인 세대교체가 이루어진 것은 분명하다. 엘리트의 세대교체는 현실을 바라보는 전략집단의 인식이 바뀐다는 것을 의미한다. 그러나 현재 김정은 정권이 추진하고 있는 노선과 정책을 보면, 변화의 모습을 찾기가 어렵다. 국제사회와의 관계를 보면, 오히려 김정일 시대보다 퇴행하는 모습이다. 핵과 미사일 개발부문에 종사하는 엘리트들이 '애국자'로 인정받고, 세계를 향해 엄포를 놓은 외교관이 '전략가'로 인정받는 세상이다. 결국, 북한의 변화는 엘리트의 교체를 통해서가 아니라 최고지도자의 인식 변화를 통해 가능한 것이다.

참고문헌

정성장. 2016. "북한 노동당 제7차 대회 평가." 「2016 제5차 세종정책포럼 자료집」 (2016.5.16).

4

김정은 체제의 이데올로기

김일성 - 김정일주의

김근식
경남대학교 정치외교학과 교수

1. 문제의 제기

김정은 체제는 어찌 보면 급조된 시스템이었다. 압축적 후계 기간과 짧은 권력승계 기간을 거친 탓에 장성택 처형과 같은 극적 사건 이후에야 김정은의 당·정·군 장악이 권력정치 차원에서 안정화되었다. 2013년 3월 노동당 중앙위원회에서 핵무력과 경제건설 병진노선이 공식 채택되고 6·28 방침이 시행되면서 비로소 김정은 시대의 경제발전 전략도 윤곽을 드러냈다. 하지만 이러한 김정은 체제의 정치적 리더십 장악과 경제발전 전략과 비교한다면 공식 이데올로기는 김일성-김정일주의라는 명칭이 제시되었을 뿐 구체적 내용이 부족하고 나아가 김정은 자신의 새로운 이데올로기는 아직 윤곽을 드러내지 못한 상황이다. 정치·경제 노선을 사후 정당화하는 것이 이데올로기인데 김정은 시대의 새 이데올로기가 완성된 모습을 내보이는 데는 좀 더 시간이 걸릴 것으로 보인다.

본시 이데올로기라는 것이 해당 체제의 정치경제적·사회문화적 가치와 원리를 총체적으로 담아서 사회 구성원에게 세상을 보는 눈, 즉 세계관을 형성해주는 것이기 때문에 정치체제와 경제발전 전략에 비해 상대적으로 완성 속도가 느리다. 김일성 시대의 주체사상이 1950년대 이후 반종파 투쟁과 갑산파 숙청을 거쳐 김일성의 유일지도체제가 성립된 뒤에야, 또한 정치적 반대를 무릅쓰고 김일성의 자립적 민족경제건설 노선, 즉 폐쇄적 자립경제 노선이 확정된 이후에야 철학적 원리를 갖춘 전일적 체계로서 자리 잡은 것과 마찬가지 이치다. 이를 감안한다면 김정은의 이데올로기 역시 정치적 유일영도체계를 완성하고 경제적 발전노선을 확고히 실행한 연후에 이를 정당화하면서 김정은 시대에 맞는 새로운 통치 담론으로 제시될 것으로 미루어 짐작할 만하다.

이 장은 김정은 시대의 공식이데올로기로서 주장되고 있는 '김일성-김정일주의'를 집중 탐구하고자 한다. 다만 아직도 완성된 내용을 공식적으로 내놓지 않고 있는 탓에 김일성 시대의 주체사상과 김정일 시대의 선군사상 형성 및 체계화 과정과 비교하면서 김정은 시대의 이데올로기가 어떤 공통점과 차이점을 갖고 있는지 살펴볼 것이다. 더불어 김일성-김정일주의의 하위 담론으로 자리 잡고 있는 '김정일 애국주의'의 등장 배경과 내용 및 정치적 활용 과정 등도 살펴보고자 한다. 이를 통해 김정은 시대의 이데올로기를 지속과 변화의 관점에서 평가하고 향후 북한의 미래를 조심스럽게 전망해보고자 한다.

2. 사회주의 이데올로기

'정당화'와 '동원'의 기제

일반적으로 이데올로기는 인간에게 세상을 보는 '창'을 제공해준다. 이데올로기는 세계관을 포함하고 있고 인간은 이 세계관에 따라 세상을 들여다보기 때문이다. 이데올로기가 '집단 혹은 공동체의 신념, 생각, 태도, 특징의 집합체'로(Plamenatz, 1970: 15) 정의되는 이유다. 나아가 이데올로기는 뚜렷한 '목표정향성'과 '행동지향성'을 갖고 있다는 점에서 '철학'이나 '이론'과 구별된다(Macridis and Hulliung, 1996: 3). 즉, 이데올로기는 통일된 세계관을 부여함으로써 현실을 분석하고 판단할 수 있게 함과 동시에 추구해야 할 목표를 설정하고 이를 이루기 위한 행동을 직접 동기화motivation하는 것이다. 단순히 세상을 보는 눈에서 벗어나 세상을 개조하려는 목표 설정과 행위 유발의 특징을 가진 탓에 이데올로기는 대중에게 '정당화legitimization'와 '동원mobilization'의 기능을 하게 된다(Macridis and Hulliung, 1996: 9~11). 이데올로기는 대중에게 일관된 사고체계를 제공함으로써 정치리더십과 사회체제에 대한 정당성을 부여하고 아울러 이루고자 하는 목표를 위한 대중의 자발적 참여를 동원해내는 역할을 하는 것이다.

이데올로기의 이 같은 기능은 특히 사회주의 체제에서 가장 극대화되는데, 그것은 사회주의가 무계급사회의 실현, 공산주의적 인간형 창출 등 보다 높은 목표지향성을 갖고 있기 때문이다. 따라서 사회주의 체제의 공식이데올로기는 대중에게 현실 체제의 정당성을 부여함과 동시에 대중을 혁명과 건설에로 동원하게 된다(Johnson, 1970: 15). 즉, 사회주의 이데올로기는 혁명 이전에는 사회주의 혁명의 당위성을 설파하고 혁명 성공 이후에는 사회주의 건설의 필요성과 정당성을 제공하며 체제의 위기상황에서는 이를 이겨내기 위한 위기관리의 정당화 담론을 부여하게 되는 것이다.

이를 전제로 슈어만Franz Schurmann은 사회주의 체제의 이데올로기를 관념과 행동의 연결체계가 간접적인가 혹은 직접적인가에 따라서 '순수이데올로기'와 '실천이데올로기'로 구분하고 있다.[1] 순수이데올로기는 개인에게 일관되고 의식적인 세계관을 제공하는 사고체계로[2] 정의되며 실천이데올로기는 개인에게 행동의 합리적 도구를 제공하는 사고체계로[3] 규정된다. 이때 순수이데올로기 없는 실천이데올로기는 정당성을 획득할 수 없고 마찬가지로 실천이데올로기 없는 순수이데올로기는 그 세계관을 일관된 행동으로 전화시킬 수 없게 된다. 사회주의가 추구하는 '목표'를 보다 강조한 것이 순수이데올

1 이에 따라 슈어만은 중국 공산당의 이데올로기를 분석하면서 순수이데올로기는 추상적 세계관을 제공하는 마르크스레닌주의이며 실천이데올로기는 실천의 원칙과 방법을 제공해주는 마오쩌둥사상이라고 설명했다. 이는 마르크스레닌주의의 진리가 중국의 혁명과 건설의 실천경험을 통해 실천이데올로기로서 마오쩌둥사상을 만들어낸 것이라고 본 것이다(Schurmann, 1968: 18~24).

2 "set of ideas designed to give the individual a unified and conscious world view"

3 "set of ideas designed to give the individual rational instruments for action"

로기라면 실천이데올로기는 그 목표를 달성하기 위한 '실천원칙'에 보다 강조점을 둔 것이라고 할 수 있다.[4] 순수이데올로기가 표방하고 목표하는 가치실현을 위해 현실에서 요구되는 구체적 정책방향과 행동원칙을 제시하는 것이 바로 실천이데올로기가 된다. 때문에 실천이데올로기는 각국이 처한 그리고 각 시대가 당면한 구체적인 현실 조건을 반영한 역사적 경험과 상관관계가 있다. 결국 사회주의 체제는 순수이데올로기와 실천이데올로기를 통해 인민대중에게 체제를 '정당화'하고 인민대중을 혁명과 건설에로 '동원'하게 된다.

3. 김일성 시대와 주체사상*

실천이데올로기에서 순수이데올로기로

1950년대까지 북한의 공식이데올로기는 마르크스레닌주의였다. 순수이데올로기로서 마르크스레닌주의에 따라 북한은 전후복구와 사회주의적 개조에 나섰다. 그러나 마르크스레닌주의에서 밝힌 노선은 북한의 처지와 조건에 그대로 적용되기 어려웠다. 당장 전후복구노선을 둘러싸고 김일성파와 반대파의 정책적 갈등이 시작되었고 결국은 1956년 8월 종파사건이라는 북한 역사상 전무후무한 정치적 권력투쟁이 발생했다.

김일성은 자신의 노선을 반대하는 소련파와 연안파를 정치적으로 비판하

4 이는 혁명적 이데올로기의 두 가지 구성요소로서 궁극적 유토피아의 이미지인 '목표문화(goal culture)'와 목표문화에 도달하기 위한 구체적 정책 형성을 안내하는 규범으로서의 '전이문화(transfer culture)'의 개념 구분과 일맥상통한다. 이에 대해서는 Wallace(1961: 148) 참조.

* 이 절은 김근식, 「주체사상: 북한의 체제이데올로기」, 박재규 편, 『새로운 북한읽기를 위하여』(서울: 법문사, 2004)를 참조했다.

고 이를 대중적으로 정당화하기 위해 그들을 사대주의와 교조주의로 규정하고 자신의 전후복구노선과 사회주의건설노선을 '주체노선'으로 대비시켰다. 1950년대 김일성은 사상에서 '주체의 확립'을 강조함으로써 사회주의 건설 과정에서 주체사상의 토대를 형성해갔고 이는 곧 마르크스레닌주의라는 순수이데올로기를 실천하면서 북한식 실천이데올로기가 주체라는 이름으로 형성되는 과정이기도 했다. 반종파 사건 이후 김일성은 1960년대 중소분쟁의 와중에서 대외적 '자주노선'을 확립함으로써 친중도 친소도 아닌, 반중도 반소도 아닌 독자적인 길을 모색·확보했다. 주체라는 실천이데올로기가 대외노선에도 확대 적용되는 순간이었다.

결국 김일성이 주창한 주체노선은 마르크스레닌주의의 교조화를 반대하고 자신의 힘에 의거하여 자기 인민을 믿고 사회주의를 건설한다는 주체적 입장의 확립으로서 당시 사회주의 건설에 필요한 대중동원의 정당화 기제로 작용했다. 마르크스레닌주의라는 순수이데올로기를 실제 북한의 현실에 적용하면서 주체사상이라는 독자적 방침이 형성되었고 주체사상은 실천이데올로기로서 자리를 잡아갔다.

사회주의 건설 과정에서 형성된 북한식 발전전략의 총체적 노선과 원칙이 주체사상이었는바, 이는 1970년대를 지나면서 철학적 원리를 가진 체계화 과정을 거치게 되고(김일성, 1984: 390~420 참조), 1980년대에는 급기야 마르크스레닌주의를 대체함으로써 순수이데올로기로의 격상을 시도하게 되었다. 이제 주체사상은 단순한 정책이나 노선의 '원칙'도, 마르크스레닌주의의 창조적 '적용'도, 자신의 힘을 믿는다는 주체적 '입장'의 천명도 아닌 전일적인 사상체계로 발전했다.

혁명과 건설의 실천원칙이자 정책방향으로 출발한 주체사상이 마르크스레닌주의를 대체하는 격상을 시도하게 된 것은 1970년대의 정치적 시대상황과 연관되어 있었다. 이 시기는 김정일이 후계자로 공식 결정되고 그의 주도로 유일사상 10대원칙이 강조되면서 김일성의 유일영도체계로서 '수령제'가 완성되는 시기였다. 이는 주체사상이 마르크스레닌주의를 뛰어넘는 독자적 사상체계로 발전되는 과정 자체가 수령제 정치구조의 정착과 후계자의 등장, 그리고 수령제를 지탱하는 문화적 기저로서의 사상적 유일화와 동반되었음을 의미하는 것이기도 하다. 수령의 유일영도체계를 확고히 정당화하고 후계체제의 안정적 구축을 위해 주체사상은 수령과 후계자의 독창적 사상으로 격상되어야 했던 것이다.

1980년 제6차 당대회에서는 노동당의 지도이념으로 마르크스레닌주의가 삭제되고 '김일성 동지의 주체사상'만이 규약에 명시되었다. 이제 주체사상은 철학적 원리, 사회역사적 원리, 지도적 원칙을 가진 '사상'이며 동시에 '사상, 이론, 방법의 전일적 체계'로 규정되었고 마르크스레닌주의를 계승하면서도 동시에 그 한계를 극복한 주체시대의 새로운 사상으로 주장되었다(김정일, 1992: 8~81 참조).

결국 김일성 시대 주체사상의 형성 과정과 체계화 과정을 종합해보면 실천이데올로기로 시작해 순수이데올로기화되었음을 알 수 있다. 주체사상은 이제 마르크스레닌주의를 실현하기 위한 북한의 구체적인 방침과 수단으로서의 '실천이데올로기'에서 자신의 진리를 토대로 실천을 위한 구체적 원칙과 방법을 제공해줄 수 있는 '순수이데올로기'로 격상된 것이다.

4. 김정일 시대와 선군사상

선군정치에서 선군사상으로

김일성 사망 이후 김정일 시대는 대량 아사사태와 대외적 고립이 겹치면서 가장 심각한 위기를 맞게 되었고 위기를 돌파하기 위해 북은 이른바 '고난의 행군'을 겪어야만 했다. 일생일대 최악의 상황을 맞은 김정일은 위기극복의 장기적 전략을 고민할 수밖에 없었고, 이를 대중에게 위기를 이겨내자는 정당화와 동원의 기제로 활용해야만 했다. 김정일이 맞닥뜨린 시대적 상황에서 북한 사회주의의 유지와 위기극복의 실천적 방침과 정책기조로서 이른바 '선군정치'가 제시되었다. 절체절명의 위기인 만큼 체제유지의 최후의 보루인 군대를 앞세우고 군대에 의거해서 안보도 챙기고 경제도 추스르겠다는 북한식 위기돌파 전략이 바로 선군정치였다. 북한식 체제유지 전략의 일환으로서 당보다 군을 앞세우고 노동계급보다 군대를 내세워 위기를 돌파할 수밖에 없었던 선군정치가 활용된 것이다.

선군정치란 군사선행의 원칙에서 국정을 운영해나가며 인민군대를 혁명의 주력군으로 하여 사회주의 혁명과 건설을 이끌어나가는 정치다(김재호, 2000: 26). 선군정치의 문제의식은 노동계급의 정당보다 인민군대가 위기극복의 핵심역량이라는 것이다. 위기상황에서는 당보다 군대를 앞세워야 했고, 이는 '당이자 군대이고 군대이자 당'이라는 군 중시 철학을 선군의 원리로 자리매김하게 만들었다(김철우, 2000: 264).

사회주의 건설기에 북한식 노선과 정책이 주체사상이라는 실천이데올로기로 형성된 것이라면 선군정치는 사회주의 위기 시에 북한체제를 유지하고 지키기 위한 북한식 정치노선과 정책방향으로 형성된 것이었다. 애초에 위기상황을 견뎌내고 위기를 돌파하기 위해 제시되었던 선군정치라는 담론은 실제 1990년대를 지나면서 조금씩 그 내용을 채워가면서 체계화되어갔다.

김일성 사망 이후 첫 새해인 1995년 1월 1일 다박솔 중대를 김정일이 현지지도한 것이 선군정치의 역사적 첫 계기(조선로동당 중앙위원회 당력사연구소, 2006a: 533, 2006b: 78~79)로 강조되었고 '군대이자 당'(김정일, 1998: 438~439), 선군후로, 혁명적 군인정신, 선군혁명영도 등의 개념이 덧붙여지면서 선군정치도 종합적·체계적 이론화가 진행되었다.[5] 군사선행의 선군원칙에 의해 군수공업을 강화하고 국방공업의 우선적 발전을 강조하는 선군시대 경제건설 노선도 제시되었다.

김정일 시대의 실천이데올로기로 자리 잡은 선군정치는 2000년대 이후에 선군사상으로의 격상을 시도한다. 주체사상과의 관계 역시 논리적 일관성을 구비하게 된다(조선민주주의인민공화국 외국문출판사, 2012: 61~63). 선군정치는 김정일에 의해 완성되지만 김일성의 선군혁명영도를 계승발전시킨 것으로 정리되었다(김정일, 2005b: 85~86). 카륜회의의 무장노선은 선군혁명사상 창시선포의 중대한 역사적 의미로 간주되었다(김인옥, 2003: 170). 또한 김일성이 당과 국가보다 군대를 먼저 창건한 역사적 경험을 선군영도의 핵심 정당성으로 강조하면서 김정일의 의지와 결심은 김일성이 총대로 개척한 주체위업을 총대로 끝까지 완성하는 것이라고 못박았다.[6] 총대철학은 김일성이 창시한 것이고 선군사상도 김일성주의임을 김정일 스스로 선언했다(김정일, 2005a: 352~370). 김정일의 선군혁명영도는 김일성의 선군혁명영도의 계승임을 분명히 한 것이다.[7] 이에 따라 선군의 기원도 1995년 다박솔 초소 방문에

5 "우리 당의 선군정치는 필승불패이다", ≪로동신문≫, 『근로자』 공동논설, 1999.6.16.

6 "우리 혁명 무력은 총대로 주체위업을 끝까지 완성해 나갈 것이다", ≪로동신문≫, 1998.4.25.

7 "위대한 수령 김일성 동지는 력사상 처음으로 주체의 총대중시사상으로 혁명을 개척하시고 이끄신 절세의 위인이시다. 위대한 수령님께서 창시하신 주체사상은 자주시대 혁명의 위대한 지도사상이며 그

서 1960년 8월 25일 김일성과 함께 근위 서울 류경수 사단을 현지지도한 날을 선군혁명영도 기념일로 소급했다.[8]

선군사상은 이제 주체사상에 뿌리를 둔 것으로서 '주체사상을 지도적 지침으로 삼고 우리식대로 혁명을 해나가는 실천투쟁 속에서 창조된 독창적인 정치방식이며 주체사상의 요구를 전면적으로 구현하고 있는 가장 위력한 사회주의정치방식'으로 설명되었다(김정일, 2005c: 211~213). 선군혁명원리, 즉 군대가 곧 당이자 국가이자 인민이라는 공식도 주체사상을 바탕으로 한 것이었다(최성학, 2002). 총대에 의해 인민대중의 운명이 지켜지고 개척되며 그 미래가 담보됨을 주체사상에 의해 밝혀진 것이라고 설명하면서 선군정치의 핵심인 총대중시사상을 주체사상과 논리적으로 연결시켰다.[9]

선군정치가 선군사상으로 격상되면서 북한은 과거 마르크스레닌주의가 경제우선에 머물렀다면서 선군사상은 이를 극복하고 선행이론과 다르게 '주체사상에 기초한 군사중시사상을 제시하고 군대를 강화하는 데 선차적인 힘을 넣어야 한다는 전혀 새로운 혁명공식으로서의 군사선행, 군건설선행의 원칙, 원리를 제시'했다고 설명하고 있다(김인옥, 2003: 196). 주체사상의 틀 안이지만 선군정치에서 나아가 기존 마르크스레닌주의의 한계를 뛰어넘은 사상적 토대로까지 선군사상을 설명하고 있는 것이다.

체제위기 극복을 위한 선군정치가 점차 그 정당성과 논리성을 획득해가

구현을 위한 우리 당과 혁명의 력사는 선군의 력사다. 군대는 혁명의 기둥 핵심력량이며 민족의 존엄과 자주권의 상징이다. 자체의 강력한 군력을 가지고 군사를 확고히 선행하여 그 어떤 조건에서도 혁명을 승리적으로 전진시키며 민족의 존엄과 자주권을 결사수호하려는 것이 주체의 원리를 구현한 선군사상이다." 사설「위대한 선군사상의 기치따라 백전백승 떨치자」, ≪로동신문≫, 2001.4.25.

8 정론 "우리 최고사령관 동지", ≪로동신문≫, 2005.8.24.

9 "선군의 기치를 높이 들고 주체의 사회주의 위업을 힘있게 다그치자", ≪로동신문≫, 『근로자』 공동논설, 2001.12.21.

면서, 주체사상에 입각해 수령의 혁명방식을 계승발전시킨 선군사상으로 일반화되고 정당화된 것이다. 고난의 행군의 원인으로 비난받을 수 있는 주체사상을 고난의 행군을 이겨낸 선군정치의 토대로 정당화함으로써 주체사상의 생명력을 훼손하지 않게 한 셈이다. 주체사상이라는 순수이데올로기의 정당성을 빌어 선군사상이라는 실천이데올로기를 체계화한 것이다.

김정일 시대의 선군사상은 결국 2009년 4월 헌법 개정을 통해 주체사상과 함께 공화국의 지도지침이 되었고 공화국의 주권도 "로동자 농민 근로인테리와 모든 근로인민"에서 "로동자 농민 군인 근로인테리와 모든 근로인민"에게 있는 것으로 수정되었다.[10] 김정일 시대의 공식이데올로기로 정립된 것이다.

5. 김정은 시대의 이데올로기

김일성-김정일주의

1) 김일성-김정일주의: 주체사상과 선군사상의 추상화

2012년 김정은 체제가 공식 출범하면서 북한의 공식이데올로기는 '김일성-김정일주의'로 규정되었다.[11] 1970년대 김정일이 후계자로 확정된 이후 주체사상을 종합적으로 체계화하고 유일사상체계를 확립하면서 '김일성주

10 2009년 4월 9일 최고인민회의 12기 1차 회의.

11 이전 당규약은 "김일성동지의 혁명사상, 주체사상을 유일한 지도사상"이라 밝히고 있다. 그러나 2012년 4월 11일 개최된 제4차 당대표자회는 "김일성·김정일주의를 우리 당의 지도사상"이라는 내용으로 당규약을 개정했다.

의'를 명명한 적은 있었지만 당의 지도사상으로 김정일주의가 명시된 것은 처음이었다.

후계자는 수령이 창시한 혁명사상을 계승발전하는 역할을 해야 한다. 즉, 수령의 혁명사상을 정식화, 체계화해야 하는바, 김정은은 선대수령인 김일성의 주체사상과 김정일의 선군사상을 동렬의 위치로 자리매김하고 이를 '김일성-김정일주의'로 규정하며 그 내용을 풍부하게 해야 한다. 지금은 김일성-김정일주의로 정식화되었지만 구체적이고 자세한 내용은 아직 정확히 설명되지 않고 있다.[12] 다만 김정일 시대에 이미 선군사상을 주체사상과 결합시키면서 김일성이 선군혁명사상을 창시했고 김정일이 이를 더욱 심화발전시킨 것으로 설명했기 때문에 논리적으로 김일성-김정일주의는 주체사상과 선군사상을 하나의 이데올로기로 통합한 것으로 이해할 수 있다.[13]

김정은 시대의 공식이데올로기로 채택된 김일성-김정일주의는 기존의 주체사상과 선군사상을 뛰어넘는, 김일성주의를 능가하는 새로운 내용을 밝히기보다는 오히려 김정일 시대의 선군사상을 김정일주의로 격상시켜 주체사상과 같은 반열에 올림으로써 선대수령의 사상을 고도로 추상화하는 의미

12 김진환은 김정일주의의 정식화된 내용으로 "김정일 애국주의"와 "자기 땅에 붙일 데 대한 사상"을 제시하고 있지만 이는 김정일주의라기보다는 권력승계의 정당성을 동원하기 위한 하위 담론으로 해석하는 것이 타당해 보인다(김진환, 2013: 45~50). "자기 땅에 붙일 데 대한 사상"은 2010년 4월 14일 준공된 김일성종합대학 전자도서관에 김정일이 보낸 친필명제 "자기 땅에 발을 붙이고 눈은 세계를 보라"의 첫대목을 인용한 것이다(로현석, 2013: 25).

13 주체사상과 선군사상을 통합한 김일성-김정일주의는 구체적 내용으로 '인민대중의 자주적 지향과 요구에 맞게 투쟁의 목표와 방향을 제시하고 사회주의 사회의 본질적 특성과 그 발전의 합법칙성을 새롭게 천명했을 뿐 아니라, 주체혁명의 새 시대인 선군시대의 요구에 맞게 선군혁명사상과 선군정치이론의 체계화, 조국통일문제의 본질과 성격, 주체, 방도의 제시, 자주성에 기초한 국제관계이론과 새 세계건설에 관한 이론을 포함하고 있다'고 설명되고 있다. 이에 대해서는 오천일(2012: 4~5) 참조.

를 갖고 있다. 즉, 주체사상과 선군사상을 병렬시켜 추상화한다는 의미와 함께, 김일성이 창시한 선군사상을 김정일이 심화발전시킨 것으로 설명했던 선군정치를 선군사상으로 체계화하는 과정에서 이를 '김일성-김정일 주의'로 완성시켰다는 해석도 가능한 이유다.

이미 주체사상은 김일성주의로 불리면서 역동성을 가진 실천이데올로기에서 추상화된 순수이데올로기로 격상되었다. 선군사상 역시 1990년대 체제위기를 극복하기 위한 선군정치로 출발했다가 2000년대 이후 김일성이 창시하고 김정일이 심화발전시킨 사상으로 격상되었다. 그러나 아직 김정일주의로 불리지는 못했고 당의 지도사상으로 규정되지 못했다.[14] 2012년 당대표자회에서 노동당의 공식 지도사상으로 김일성-김정일주의가 규정됨에 따라 이제 선군사상은 주체사상과 동격의 순수이데올로기로 추상화될 수 있음을 의미하게 된다.

김정일 시대에도 선군사상을 김정일주의로 하자는 움직임이 있었지만 김정일이 극구 반대했고 결국 김정일 사후 김정은은 김정일을 김일성과 같은 '영원한 수령'으로 모시고[15] 김일성주의와 김정일주의를 병렬배치함으로써 선군사상을 최대한 격상시킨 것이다. 이로써 김일성이 주체사상을 창시하고 그 주체사상의 선군혁명원리를 김정일이 선군사상으로 심화발전시켰다는 것으로 김일성-김정일주의는 결합되고 설명되었다.[16] 비로소 김일성-김정

14 "김정일주의는 아무리 파고들어야 김일성주의밖에 없다고 하시면서 우리 당의 지도사상을 자신의 존함과 결부시키는 것을 극력 만류했다"라고 김정은은 강조하고 있다(김정은, 2012a).

15 "오늘 우리 혁명위업은 위대한 김일성동지와 김정일동지를 영원한 수령으로 높이 모시고 온 사회의 김일성-김정일주의화를 전면적으로 실현해나가는 새로운 력사적 단계에 들어섰습니다"(김정은, 2012b). 2012년 전시사업세칙의 개정과 2013년 당의 유일령도체계 10대원칙 개정 등도 한 명에게 초집중되었던 수령의 지배력을 당차원에서 확대시킨 것으로 해석 가능하다.

16 "장군님이 수령님의 혁명사상에 기초하여 밝히신 사회주의붕괴의 교훈과 원인, 사회주의의 과학성

일주의를 통해 주체사상과 선군사상이 하나의 순수이데올로기로 통합된 것이다.

김정은은 선대수령 김정일에 대해 "김일성의 혁명사상을 '김일성주의'로 정식화하고 김일성의 총대중시사상을 선군혁명사상, 선군정치이론으로 심화발전시키고 사회주의강성국가건설이론을 제시함으로써 김일성주의의 견인력과 생활력을 비상히 높였다"라고 평가하면서 이제 "우리 당과 혁명은 김일성-김정일주의를 영원한 지도사상으로 확고히 틀어쥐고 나갈 것을 요구하고 있다"라고 강조했다(김정은, 2012a).[17]

김일성-김정일주의는 "주체의 사상, 리론, 방법의 전일적인 체계이며 주체시대를 대표하는 위대한 혁명사상"으로 규정되고(김정은, 2012a) "온 사회의 김일성-김정일주의화는 온 사회의 김일성주의화의 혁명적 계승이며 새로운 높은 단계에로의 심화발전"으로 설명되었다(손영수, 2012: 2~ 3). 김일성-김정일주의 기치를 높이 들고 "자주의 길, 선군의 길, 사회주의 길을 따라" 끝까지 곧바로 나갈 것을 요구한다고(김정은, 2013) 밝히고 있는 대목도 김일성-김정일주의가 결국 주체와 선군의 결합임을 의미하는 것으로 해석된다.

김일성-김정일주의를 통해 김정은은 선대수령들의 혁명사상을 체계화하고 정식화함으로써 우선 백두혈통으로 이어지는 3대세습의 사상적 정통성을 확보하는 효과를 가지게 되었다.[18] 더불어 선군사상으로 요약되는 김정일주

과 그 사상적 기초, 총대철학과 사회주의강성국가건설이론, 선군정리이론 혁명의 주력군 이론 등에 의해 주체사상의 시대성은 더욱 철저히 보장되게 되었다"(조선민주주의인민공화국 외국문출판사, 2012: 108~110).

17 김정일의 이 같은 업적은 2012년 12월 17일 김정일 1주기 김영남의 추모사에서도 그대로 반복된다.

18 김일성-김정일주의 공식화에 대해 대부분의 전문가들은 김정은의 충성과 효성을 강조하고 권력승계를 정당화하면서 사회통합을 이루려는 것으로 분석하고 있다. 이에 대해서는 김갑식(2012), 이기동(2012), 정영철(2012), 김창희(2013) 등을 참조.

의를 김일성주의와 동렬로 추상화함으로써 김정은 시대의 북한발전전략에 필요한 역동적이고 현실적인 실천이데올로기를 형성해낼 수 있는 공간을 확보하는 효과도 거둔 것으로 보인다. 선군사상의 김정일주의로의 격상은 선군사상마저 순수이데올로기로 전환함으로써 북한 노선의 급진성이 약화될 가능성을 내포하고 있다는 해석이다(안경모, 2013). 군사집중의 상징인 국방위원회가 약화되거나 군사력 강화를 내세운 선군경제노선의 완화가 가능해진 셈이다. 공식이데올로기로는 김일성-김정일주의를 내세워 혈통승계의 정당성을 확보하는 동시에 향후 이데올로기 해석권을 독점하면서 새로운 시대에 새로운 노선을 제시하고 여기에 대중을 동원해낼 수 있는 실천이데올로기의 신구상을 펼 수 있게 된 것이다.

2) 김정일 애국주의: 과도기의 정치 담론

김일성-김정일주의로 주체사상과 선군사상을 추상화한 것을 제외하고 김정은 시대의 이데올로기적 기능을 현실에서 담당할 수 있는 실천이데올로기는 아직 드러나지 않고 있다. 3대세습의 권력승계를 정당화하고 김정은이 추진하고자 하는 발전노선에 인민대중을 최대한 동원하기 위해서는 김정은 시대에 걸맞은 새로운 실천이데올로기가 제시되어야 한다. 주체사상이 김일성 시대 사회주의 건설노선의 산물이었고 선군사상이 김정일 시대 사회주의 체제유지전략의 결과였던 것과 마찬가지다.

지금 김정은 체제가 공식이데올로기로서 김일성-김정일주의를 당의 지도사상으로 선언한 이후 실제 김정은 시대의 발전노선과 정책기조를 규정할 수 있는 역동적인 실천이데올로기는 미완인 상황이다. 다만 과도기의 하위 담론으로서 김정일 애국주의를 연일 반복해 강조하면서 권력승계기의 정치적 안정을 확보하고 미래의 김정은 체제를 공고히 할 향후 실천이데올로기의 개념과 내용을 구상 중이라고 볼 수 있다.[19]

김정일 애국주의는 2012년 3월 2일 전략로켓사령부를 시찰한 김정은이 "조국 산천의 나무 한그루, 풀 한포기도 사랑하신 어버이 장군님의 모범을 따라 배워 김정일식 애국주의를 높이 발휘하는 데서 인민군대가 앞장서야 한다"라고 강조한 뒤, 두 달 만인 5월 12일 ≪노동신문≫에 김정일애국주의로 처음 등장했다.[20] 김정일 애국주의의 정당성은 현지지도 강행군 중에 사망한 '김정일의 조국과 인민에 대한 헌신성'에서 비롯되었다. 물론 김정일 애국주의는 그 본질적 특성과 절대적 우월성, 불패의 위력과 감화력, 보편성과 영원성이 주체사상과 선군사상으로부터 우러나온다고 밝힘으로써[21] 공식이데올로기인 김일성-김정일주의의 하위 담론임을 분명히 하고 있다.

이후 김정은은 노작을 통해 김정일 애국주의의 본질과 기초, 특징 등을 종합적으로 정식화하고 김정일 애국주의 교양사업을 위한 원칙과 방도를 제시한다(김정은, 2012c). 이에 따르면 김정일 애국주의는 가장 '숭고한 애국주의'이자 '사회주의적 애국주의의 최고정화'로 정의되었고 김정일이 지닌 숭고한 '조국관'을 기초로 하고 인민을 하늘처럼 여기는 숭고한 '인민관'을 바탕으로 하고 있으며 숭고한 '후대관'으로(김정일, 2005d) 인해 더욱 절실하게 다가온

19 김정일 애국주의를 실천에 옮기는 데서 1970년대의 화선식 사업방법을 강조하고 있음도 그 이면에는 당시가 김정일의 후계체제가 구축되던 시기이고 사회주의 공업국가로서 가장 잘살던 시대임을 염두에 둔 것으로 해석될 수 있다. 사설 「당사업을 1970년대처럼 화선식으로 전환시키자」, ≪로동신문≫, 2013.1.15.

20 「절세위인의 한생의 리념」, ≪로동신문≫, 2012.5.12. 이후 5월 14일 조선중앙방송의 사설 「모두 다 김정일애국주의로 심장을 불태우자」에서 "김정일애국주의는 수령에 대한 절대불변의 충실성을 핵으로 하여 한평생을 애국으로 수놓아오신 장군님의 업적과 위대성을 특징짓는 사상"이라 정의하고 있다.

21 「위대한 김정일애국주의는 백전백승의 기치이다」, ≪로동신문≫, 2012.6.21.

다고 정리되었다.

김정일 애국주의는 우선적으로 김일성-김정일로 이어지는 수령에 대한 충성을 최고의 숭고한 조국관으로 간주함으로써 자연스럽게 김정은의 3대 혈통승계를 정당화하고 인민대중의 충성심을 동원하는 역할을 하고 있다. 과거 사회주의적 애국주의가 조국과 수령의 관계, 애국심과 수령에 대한 충성의 관계 등을 제대로 해명하지 못했다면서 수령 중심의 조국관, 즉 '조국은 곧 수령이며 조국의 품은 수령의 품'이라는 심오한 사상에 기초해 수령에 대한 충성이 곧 애국심의 발현, 최고의 애국이라는 점을 밝혀낸 사회주의애국주의의 최고정화라고 설명하고 있는 것이다(엄춘봉, 2013: 41~42; 김인철, 2013: 8~9; 리원철, 2013: 5). 결국 김정일 애국주의는 당과 수령에 대한 충실성, 김정은에 대한 충성 강조로 연결됨으로써 김정은 체제의 정당화와 대중동원을 위한 정치적 하위 담론으로 활용되고 있는 셈이다.

또한 김정일 애국주의는 숭고한 인민관을 핵심으로 하고 있는바, 인민을 하늘처럼 여기는 김정일의 애국신조를 강조하며 인민이 있어 나라도 있고 조국도 있다고 강조한다. 수령에 대한 충성심과 함께 인민을 위한 위민이천의 마음을 김정일 애국주의로 강조한 것은 김정은 시대 당일꾼에게 당세도와 특전 및 특혜를 바라는 현상이 절대로 허용될 수 없음을 널리 공포하는 것이다. 김정일 애국주의가 권력승계의 과도기 상황에서 당조직 생활의 이완현상을 바로잡고자 하는 정치적 의도로 활용되고 있음을 짐작할 수 있다.

최근 김정일 애국주의는 조국사랑과 인민사랑에서 출발하여 점차 후대사랑, 미래사랑으로 저변을 확장하고 있다. 소년단 창립 66주년을 계기로 김정일 애국주의의 차원에서 김정은의 후대관과 미래관을 적극 선전하면서 이제 김정일 애국주의에 김정은의 활동을 접목시키기 시작했다. 김정은은 소년들을 배려하는 차원에서 만경대유희장 및 능라유원지 등 놀이시설, 근린생활시설을 확대 개선하고 여성을 위한 병원시설 확충에도 각별한 관심을 기울이고 있다. 2012년 9월 25일 개최된 최고인민회의 제12기 6차 회의에서 12년 의무교육제 실시를 의제로 선정한 것도 김정은의 후대사랑과 미래사랑을 가늠할 수 있게 한다.

결국 김정일 애국주의는 김일성-김정일-김정은으로 이어지는 혈통승계의 정당성을 정당화함과 동시에 관료들의 인민사랑을 강조하고 나아가 후대에 대한 사랑을 언급함으로써 앞으로 김정은 시대에는 인민대중이 행복하게 살 수 있도록 하겠다는 김정은의 의지가 읽히는 대목이기도 하다.

김일성-김정일주의는 공식적으로 표방된 지도사상일 뿐 오히려 김정은 시대의 정당화와 이데올로기적 동원은 그 하위 담론인 김정일 애국주의에 의해 활발하게 진행되고 있다. 김정일 애국주의가 북한의 공식 매체에 김일성-김정일주의보다 더 자주 빈번히 사용되고 있음도 마찬가지 맥락이다.[22] 김정일 애국주의를 강조하는 논문과 기사들을 수없이 내보내면서 사회주의강성국가 건설과 부강조국 건설의 지침이라고 밝히는 것도 이를 통해 향후 김정은 시대의 새로운 실천이데올로기로 연결시키기 위한 과도기의 정치 담론임을 짐작케 한다.

22 최근 로동신문 사이트를 검색해보면 김정일 애국주의가 김일성-김정일주의보다 거의 1.5배 더 많이 검색되고 있다(정성장, 2013: 41).

6. 김정은 시대의 실천이데올로기

先經과 先民?

북한의 이데올로기는 시대상황과 시대적 가치 그리고 지도자의 발전전략과 정치체제 특성에 맞게 지속적으로 진화해왔다. 김일성 시대에 전후복구 및 사회주의 건설을 위한 주체 확립과 자주노선으로 주체사상이 등장했고, 김정일 후계체제의 확립과 수령의 유일지도체제를 확보하는 과정에서 주체사상은 보다 체계화되고 추상화된 순수이데올로기로 격상되었다. 권력승계 이후 김정일 시대는 사상 최대의 위기상황에서 사회주의 체제를 유지하고 지켜내기 위해 위기 돌파의 정치 담론으로 선군정치를 제시했고 결국은 선군사상이라는 위기시대 실천이데올로기를 형성해냈다.

이제 김정은의 북한은 김일성-김정일주의를 노동당의 새로운 지도사상으로 규정하고 사회주의 건설시기의 주체사상과 사회주의 위기시기의 선군사상을 동렬의 병행적 공식이데올로기로 격상시킴으로써 김정은 시대의 본격적인 발전전략을 고민할 수 있게 했다. 주체사상을 선반 위에 놓고 선군정치를 김정일 시대 실천이데올로기로 제시한 것처럼 이젠 선군사상까지를 선반 위에 놓고 김정은 시대가 요구하는 새로운 실천이데올로기를 구상하고 내놓을 수 있게 된 것이다.

김정은이 새로운 이데올로기를 어떤 내용으로 창출해낼 수 있을지는 아직 미지수이지만 향후 김정은 시대의 실천이데올로기가 제시될 경우 정책방향만큼은 과거 안보위기상황 하의 선군기조와는 다를 것으로 예상할 수 있다. 경제난과 체제위기가 겹친 상황에서 안보 담론으로 제기된 선군사상과 달리 상대적으로 경제가 회복되고[23] 체제위기 극복이 가능하다는[24] 정세판단에서는 선군이 아닌 경제와 인민생활을 우선하는 정책기조를 채택할 가능성이 크다.

당중앙위원회 전원회의를 통해 '핵무력과 경제건설 병진노선'을 채택한 것도 핵무기로 안보를 확보한 상황에서 이제는 인민생활 향상을 위한 경제건설에 매진하겠다는 강력한 의지로 해석된다. 2012년 6·28 방침으로 경제개혁을 추진하고 2013년 경제개발구 전략으로 대외개방을 추진한 것도 같은 맥락에서 해석될 수 있다. 김정은이 선언한 '인민대중이 더 이상 허리띠를 조이는 일이 없도록 하겠다'는 의지가 경제우선 노선의 가능성을 짐작케 하기도 한다. 김정일 애국주의가 강조하는 인민관과 후대관도 기실 미래 인민생활 향상을 최우선의 가치로 두겠다는 복선으로 해석 가능하다.[25]

김정은 시대의 새로운 국가전략으로 선군이 아닌 경제우선과 인민우선의 노선을 제시하기 위해서는 당연히 공식이데올로기의 구속으로부터 자유로워져야 한다. 사회주의에서 이데올로기는 항상 위로부터의 보수적 재혁명화 기능을 수행하기 때문이다.[26] 따라서 경제발전을 우선시하는 선경노선 혹은 인민생활 향상을 최우선에 두는 선민노선으로의 전환을 정당화하기 위해서는 부득불 김일성의 주체사상과 김정일의 선군사상을 순수이데올로기로 추상화시켜 선반 위에 올려놓고 김정은의 새로운 발전전략을 정당화하기 위한

23 최근 북한경제의 호전은 식량난의 완화, 대외교역의 증가, 비공식 경제의 성장 등의 요인으로 나름대로 구조화되고 있다는 분석이 제출되고 있다. 이에 대해서는 김석진(2013: 15~34) 참조.

24 2017년 미사일 장착 수소탄이라는 제6차 핵실험과 연이은 중장거리미사일 발사시험으로 김정은 체제는 일단 외부 위협으로부터 체제를 지켜낼 수 있다는 안보 확보에 자신감을 보이고 있다.

25 소년단 창립절에 김정은이 직접 참여격려하고 전국 어머니대회를 대대적으로 개최하고 청년절을 강조하며 무상교육 연장법령을 통과시킨 최근의 모습 등은 후세대를 배려하고 미래 주역들을 잘살게 하기 위한 김정은식의 행보로 보인다.

26 경제발전으로 사회주의 원칙이 흔들릴 때마다 사회주의는 위로부터의 사상혁명을 강조하면서 사상적 재무장을 강요하고는 한다. 이데올로기의 위로부터의 사상혁명(permanent revolution from the above) 기능에 대해서는 Lowenthal(1970) 참조.

실천이데올로기를 개발하고 제시해야 한다.[27]

기존의 보수적 이데올로기의 기능과 역할을 최소화·형식화하고, 실제 김정은 시대의 새로운 발전노선을 정당화하고 여기에 인민을 동원해낼 수 있는 새로운 정치 담론이 제시되어야 할 것이다. 김일성 시대 북한식 사회주의 건설 과정에서 마르크스레닌주의로부터 분리된 주체사상을 만들었고, 김정일 시대 북한식 위기극복 과정에서 주체사상과 별도로 선군사상을 제시한 것처럼 이제 김정은 시대에 경제발전 전략을 정당화하기 위한 김정은식의 실천이데올로기가 제출되어야 하는 이유가 여기에 있다. 김정일 애국주의는 과도기의 정치 담론으로서 백두산 혈통승계의 정당성을 부여해주고 사회통합과 체제결속을 다지는 한편 숭고한 후대관·미래관을 역설함으로써 인민생활 향상과 미래 경제발전의 청사진 및 희망을 제시해주는 징검다리 역할을 하고 있다. 김정일 애국주의에 이어 선경과 선민의 김정은식 발전전략을 뒷받침할 새로운 실천이데올로기의 등장을 예상해본다. 보수적인 공식이데올로기를 약화시킬 수 있는 역동적인 실천이데올로기를 통해 사상의 해방이 가능할 수 있을까?

27 중국의 경우에도 마르크스레닌주의와 마오쩌둥사상을 고도로 추상화하고 이를 개혁개방을 위한 실천적 지침들, 즉 '사회주의 초급단계론'이나 '중국특색적 사회주의' 등과 분리해냄으로써 본래 마르크스레닌주의와 마오쩌둥사상의 방향과 배치될 수도 있는 중국식 발전전략의 정당성을 지배이데올로기의 추상화를 통해 확보했다는 해석이 가능하다. 이에 대해서는 백병훈(1989: 163~194) 참조.

참고문헌

김갑식. 2012.「김정은 정권의 출범과 정치적 과제」. ≪통일정책연구≫, 21권 1호, 1~24쪽.

김근식. 2000.「1990년대 북한의 체제정당화 담론: '우리식 사회주의'와 '붉은기 철학'을 중심으로」. ≪통일정책연구≫, 8권 2호, 37~59쪽.

_____. 2004.「주체사상: 북한의 체제이데올로기」. 박재규 편.『새로운 북한읽기를 위하여』. 서울: 법문사, 188~205쪽.

김석진. 2013. "북한 경제실적 재평가: 주요 쟁점과 가설", 한반도포럼 월례세미나, 서울, 12월 23일.

김인옥. 2003.『김정일 장군 선군정치 리론』. 평양: 평양출판사.

김인철. 2013.「김정일애국주의는 수령중심의 조국관에 기초한 애국주의」. ≪철학연구≫, 1호.

김일성. 1984.「우리 당의 주체사상과 공화국정부의 대내외정책의 몇가지 문제에 대하여(1972년 9월 17일)」.『김일성 저작집 27』. 평양: 조선로동당출판사, 390~420쪽.

김재호. 2000.『김정일 강성대국 건설전략』. 평양: 평양출판사.

김정은. 2012a.「위대한 김정일동지를 우리 당의 영원한 총비서로 높이 모시고 주체혁명위업을 빛나게 완성해나가자(2012년 4월 6일 담화)」. ≪로동신문≫, 4월 19일.

_____. 2012b.「우리의 사회과학은 온 사회의 김일성-김정일주의화 위업수행에 적극 이바지하여야 한다(2012년 12월 1일 서한)」. ≪로동신문≫, 12월 2일.

_____. 2012c.「김정일애국주의를 구현하여 부강조국건설을 다그치자(2012년 7월 26일 담화)」. ≪로동신문≫, 8월 3일.

_____. 2013.「신년사」. ≪로동신문≫, 1월 1일.

김정일. 1992.「주체사상에 대하여」.『친애하는 지도자 김정일동지의 문헌집』. 평

양: 조선로동당출판사, 8~81쪽.

_____. 1997. 「우리는 지금 식량 때문에 무정부상태가 되고 있다(1996년 12월 7일)」. ≪월간조선≫, 4월호, 307~312쪽.

_____. 1998. 「위대한 수령님을 영원히 높이 모시고 수령님의 위업을 끝까지 완성하자(1994년 10월 16일)」. 『김정일선집 13』. 평양: 조선로동당출판사.

_____. 2004a. 「일군들은 고난의 행군 정신으로 살며 일해야 한다(1996년 10월 14일)」. 『김정일선집 14』. 평양: 조선로동당출판사.

_____. 2004b. 「올해에 당사업에서 혁명적 전환을 일으킬 데 대하여(1997년 1월 1일)」. 『김정일선집 14』. 평양: 조선로동당출판사.

_____. 2004c. 「혁명적 군인정신을 따라 배울 데 대하여(1997년 3월 17일)」. 『김정일선집 14』. 평양: 조선로동당출판사.

_____. 2004d. 『김정일선집 14』. 평양: 조선로동당출판사.

_____. 2005a. 「선군혁명로선은 우리 시대의 위대한 혁명로선이며 우리 혁명의 백전백승의 기치이다(2003년 1월 29일)」. 『김정일선집 15』. 평양: 조선로동당출판사, 352~370쪽.

_____. 2005b. 「올해를 새 세기의 진격로를 열어 나가는 데서 전환의 해로 되게 하자(2001년 1월 3일)」. 『김정일선집 15』. 평양: 조선로동당출판사.

_____. 2005c. 「기자 언론인들은 우리의 사상 우리의 제도 우리의 위업을 견결히 옹호고수하는 사상적 기수이다(2001년 11월 18일)」. 『김정일선집 15』. 평양: 조선로동당출판사, 211~213쪽.

_____. 2005d. 「오늘을 위한 오늘에 살지 말고 래일을 위한 오늘에 살자(조선로동당 중앙위원회 책임일군들과 한 담화, 1996년 1월 14일)」. 『김정일선집 15』. 평양: 조선로동당출판사.

_____. 2005e. 『김정일선집 15』. 평양: 조선로동당출판사.

김진환. 2013. 「김정은 시대 지배이데올로기의 특징과 전망: '김일성주의'에서 '김일성-김정일주의'로」. ≪북한연구학회보≫, 17권 2호, 29~56쪽.

김창희. 2013.「북한의 통치이념 '김일성-김정일주의' 분석」. ≪한국정치연구≫, 22집 3호, 187~211쪽.
김철우. 2000.『김정일 장군의 선군정치』. 평양: 평양출판사.
로현석. 2013.「자기 땅에 발을 붙일 데 대한 사상의 본질」. ≪철학연구≫, 3호.
리영섭. 2004.「선군시대에 새롭게 밝혀진 주체혁명위업 완성의 주력군에 관한 사상」. ≪철학연구≫, 1호.
리원철. 2013.「김정일애국주의는 부강조국건설의 힘있는 원동력」. ≪철학연구≫, 1호.
박혁철 외. 2010.「우리당의 선군사상」.『조선사회과학학술집 35 철학편』. 평양: 사회과학출판사.
백병훈. 1989.「중국 사회주의 이데올로기의 탈교조화 경향분석: 마르크스주의의 재해석과 '사회주의초급단계'론을 중심으로」. ≪공안연구≫, 1집, 163~194쪽.
손영수. 2012.「온사회의 김일성-김정일주의화는 온 사회의 김일성주의화의 혁명적 계승이며 새로운 높은 단계로의 심화발전」. ≪철학연구≫, 4호.
안경모. 2013.「선군노선과 북한식 급진주의: 이데올로기, 조직, 정책을 중심으로」. ≪북한연구학회보≫, 17권 2호, 1~28쪽.
엄춘봉. 2013.「애국주의와 사회주의의 호상관계에 관한 선행리론과 그 제한성」. ≪철학연구≫, 1호.
오천일. 2012.「김일성-김정일주의는 주체시대를 대표하는 위대한 혁명사상」. ≪철학연구≫, 4호.
이기동. 2012.「김정은의 권력승계 과정과 권력구조」. ≪북한연구학회보≫, 16권 2호, 1~21쪽.
장달중. 2004.「김정일 체제와 주체비전: 이데올로기, 당, 그리고 군중을 중심으로」. 장달중·이즈미 하지메(伊豆見元) 공편.『김정은 체제의 북한: 정치·외교·경제·사상』. 서울: 아연출판부, 9~58쪽.
정성장. 2013.「통치이데올로기: 마르크스·레닌주의에서 김일성·김정일주의로」. 장달중 편.『현대북한학강의』. 서울: 사회평론, 19~50쪽.

정영철. 2012. 「김정은 체제의 출범과 과제: 인격적 리더십의 구축과 인민생활 향상」. ≪북한연구학회보≫, 16권 1호, 1~24쪽.

조선로동당 중앙위원회 당력사연구소. 2004. 『조선로동당력사』. 평양: 조선로동당출판사.

_____. 2006a. 『조선로동당력사』. 평양: 조선로동당출판사.

_____. 2006b. 『우리당의 선군정치』. 평양: 조선로동당출판사.

조선민주주의인민공화국 외국문출판사. 2012. 『위인 김정일』. 평양: 조선민주주의인민공화국 외국문출판사.

철학연구. 2004. 「선군정치는 시대와 혁명의 요구를 가장 정확히 반영한 과학적인 정치방식」. ≪철학연구≫, 2호.

최성학. 2002. 「선군의 원리는 주체사상을 바탕으로 하고 있는 원리」. ≪철학연구≫, 4호.

탁성일 편. 2012. 『선군-김정일정치』. 평양: 조선민주주의인민공화국 외국문출판사.

≪로동신문≫. 「붉은기는 조선혁명의 백전백승의 기치이다(1996년 1월 9일)」, 「우리 혁명 무력은 총대로 주체위업을 끝까지 완성해 나갈 것이다(1998년 4월 25일)」, 「위대한 선군사상의 기치따라 백전백승 떨치자(2001년 4월 25일)」, 「우리 최고사령관 동지(2005년 8월 24일)」, 「절세위인의 한생의 리념(2012년 5월 12일)」, 「위대한 김정일애국주의는 백전백승의 기치이다(2012년 6월 21일)」, 「당사업을 1970년대처럼 화선식으로 전환시키자(2013년 1월 15일)」.

≪로동신문≫·『근로자』. 「우리 당의 선군정치는 필승불패이다(1999년 6월 16일)」, 「선군의 기치를 높이 들고 주체의 사회주의 위업을 힘있게 다그치자(2001년 12월 21일)」.

조선중앙방송. 「모두 다 김정일애국주의로 심장을 불태우자(2012년 5월 14일)」.

Johnson, Chalmers. 1970. "Comparing Communist Nations," Chalmers Johnson (ed.). *Change in Communist Systems*. Stanford: Stanford University Press, pp. 1~32.

Lowenthal, Richard. 1970. "Development vs. Utopia in Communist Policy." Chalmers Johnson(ed.). *Change in Communist Systems*. Stanford: Stanford University Press, pp. 33~116.

MacRidis, Roy C., and Mark L. Hulliung. 1996. *Contemporary Political Ideologies: Movements and Regimes*, 6th ed. New York: HarperCollins.

Plamenatz, John. 1970. *Ideology*. New York: Praeger.

Schurmann, Franz. 1968. *Ideology and Organization in Communist China*. Berkeley: University of California Press.

Wallace, Anthony F. C. 1961. *Culture and Personality*. New York: Random House.

5

북한경제 호전의 진실

조봉현
IBK 경제연구소 부연구소장

1. 서론

최근 들어 북한경제 상황은 많은 변화 양상을 보이고 있다. 평양을 중심으로 곳곳에 고층 건물이 들어서고, 과거에 없던 시설물들이 생겨나고 있다. 상품의 품질과 포장도 좋아져 서방 세계의 상품과 별다른 차이가 없어 보이기도 한다. 주민들의 경제활동 또한 갈수록 활발한 모습으로 비치기도 한다.

이런 북한경제 현상을 두고 다양한 견해가 존재한다. 북한경제가 실질적으로 호전된 것으로 평가하는 긍정적 입장이 있는 반면, 그렇지 않다는 부정적 평가가 상존하고 있다. 우리가 일반적으로 사물을 볼 때 보는 각도와 비교 대상, 기대 수준 등에 따라 전혀 상반된 입장이 나오듯이, 북한경제를 보는 시각도 각양각색이다.

하지만 경제성장률 등 북한 경제지표가 좋아지고, 실제 북한 내부적으로 투자가 엄청 이루어지고 있으며, 과거와는 다른 활기를 띠는 양상이다. 북한의 계속된 도발로 국제사회의 대북제재가 강화되고 있는데 북한경제가 호전되고 있다는 것은 사실일까? 호전된다면 그 이유는 무엇일까? 겉으로 보기에는 호전되고 있다지만, 내면적으로는 더 악화되고 있는 게 아닐까? 이런 궁금증을 갖게 된다.

우리는 북한경제 상황을 객관적으로 볼 필요가 있다. 여기서는 김정은 정권 이후 북한 경제정책의 변화를 살펴보고, 북한경제 상황에 대해 호전되고 있는지, 아니면 악화되고 있는지, 문제는 없는지 등 그 진실을 분석하고 평가하면서 나름대로 해답을 제시하고자 한다.

2. 북한 경제정책의 변화

김정은 정권 들어와 북한의 경제정책은 김정일 시대와 큰 변화는 없지만 '경제·핵무력 건설 병진노선' 기조하에서 몇 가지 특징적인 경제정책의 변화를 시도하고 있다. 중화학공업의 신규 설비투자를 배제하고 단기적인 성과에 주력하는 실용주의적 산업정책, 시장의 적극적인 활용 기조, 소비재 및 설비·중간재의 국산화 정책, 실질적인 자원배분의 증대를 통한 과학기술 중시정책 등이 김정은 집권 이후 경제정책의 특징이라고 할 수 있다(이석기 외, 2017).

북한은 2011년 초에 10개년 경제개발계획을 수립했다. 경제개발의 방향은 자원개발 및 산업단지 조성 등 산업측면, 철도·도로·항만 등 인프라SOC 개발측면, 금융 및 외자 유치 등의 투자측면 등 3대 분야로 정하고 있다.

북한은 자원개발, 하부구조, 기초산업단지, 농수축산, 토지개발 등에 1000억 달러를 투자하는 10년 경제건설계획을 확정했다.[1] 농업, 산업단지, 에너지 개발, 지하자원 개발 등 크게 12대 개발 분야를 선정했는데, 농업 전반에서의 개발, 8대 공업지구 조성,[2] 국가개발은행 설립, 석유에너지 개발, 2000만 톤의 원유가공, 3000만 킬로와트의 전력 확보, 2000만 톤의 제철 생산, 지하자원 개발, 3000킬로미터의 고속도로 건설, 2600킬로미터의 철도 현

1 북한은 2011년 1월 '국가경제개발 10개년전략계획'을 수립하고 이를 수행하기 위한 정부기구로 '국가경제개발총국'을 설립하기로 했다고 발표했다. 국가경제개발총국은 "국가경제개발전략대상들을 실행하는 데서 나서는 문제들을 총괄하는 정부적 기구"라고 전했다. 또한 "내각은 국가경제개발전략계획에 속하는 주요 대상들을 전적으로 맡아 실행할 것을 조선대풍국제투자그룹에 위임했다"라고 밝혔다. 연합뉴스는 "'국가경제개발 10개년전략계획'에 따라 하부구조 건설과 농업, 전력, 석탄, 연유, 금속 등 기초공업, 지역개발을 핵심으로 하는 국가경제개발의 전략적 목표가 확정되었다"라고 보도했다(연합뉴스, 2011.1.15).

2 나선, 신의주, 원산, 청진, 김책, 함흥, 남포, 평양

그림 5-1 **북한의 경제개발 방향**

자원개발, 산업단지 조성 등	철도, 도로, 항만 등 SOC 개발	금융 및 외자 유치
산업측면	인프라측면	투자측면

그림 5-2 **북한의 경제건설 분야**

전반농업 개발	경제 개발구 조성
조선개발은행	석유에너지 개발
2000만 톤 원유가공	3000만kw 전력
2000만 톤 제철	지하자원 개발
3000km 고속도로	2600km 현대화 철도
공항, 항만	토지 개발 및 도시 건설

자료: 조선대풍국제투자그룹.

대화, 공항·항만 건설, 토지 개발 및 도시 건설 등이다.

이를 위해 북한은 외자를 적극적으로 유치하고자 노력하고 있다. 재정성의 국가투자담보서 제공, 가장 유리한 세금 우대 및 특혜 보장, 기업활동 관련자의 자유로운 입출국 보장, 외화의 입출금 및 대외송금 자유 보장, 유관기관과의 적극적인 협력과 정책적인 편의 및 담보 제공, 기업관계자의 개인소득세 20년간 면제, 수출입 업무수행 보장, 생산·경영·재정·인사 등 기업활동에 대한 독자적 의사결정 보장, 분쟁조정을 위한 국제무역중재기구 설치, 능력별 인사관리와 같은 투자환경 조성 등이다.

국방위원회가 중심이 되어 사업 추진을 위한 조직을 구축했다. 비상설기구로 국가경제발전특별위원회를 구성하고 실제적인 외자유치 업무는 합영투자위원회(2010년 7월 설립)와 조선대풍국제그룹[3]이 맡았지만, 이후 대풍그

룹은 실적이 저조해 합영투자위원회 산하 조직으로 흡수되었으며, 합영투자위원회는 결국 대외경제성으로 통합되었다.

북한은 '새 세기 산업혁명'과 '지식경제'를 강조하면서 경제적 회생을 도모했다. 김정은 위원장은 2012년 4월 6일 노동당 중앙위원회 책임일군들과 한 담화에서 다음과 같이 밝혔다.[4] "새 세기 산업혁명의 불길 높이 우리나라를 지식경제강국으로 일떠세워야 한다. 모든 부문과 단위들에서는 경제사업과 관련한 문제들을 철저히 내각과 합의하여 풀어나가며 당의 경제정책 관철을 위한 내각의 결정, 지시를 어김없이 집행해야 한다."

시장을 기반으로 한 부분적인 경제개혁 조치도 시도했다. 우리식 경제관리방법을 확립한 것이다. 국가의 계획적이며 통일적인 지도 아래 사회주의기업체들의 주동적이며 창발적인 활동을 보장함으로써 과학기술과 생산, 경영활동을 결합, 일체화시켜 경제발전을 이루는 방식이다. 경제지도와 관리에서는 사회주의적 소유를 고수하고 객관적 경제법칙들에 철저히 의거하여 여러 가지 경제적 공간들을 옳게 이용하면서 합리성을 추구하고 있다. 우리식 경제관리방법 확립의 귀착점은 인민생활의 향상이다.

북한은 2016년 5월에 개최된 제7차 노동당대회에서 경제정책방향을 제시했다. 자립성, 주체성, 과학기술을 통한 경제발전을 꾀하겠다는 것이다. 여기에는 인민생활에 필요한 물질적 수단의 생산을 보장하고, 과학기술과 생산을 일체화하며, 첨단기술산업이 경제성장에서 주도적인 역할을 하게 하고,

3 조선대풍국제투자그룹(이사장 전일춘, 총재 박철수) 대외경제협력기관, 국가개발은행에 대한 투자 유치 및 자금원천을 보장하는 경제연합체로 활동하고 있다. 총재 아래 전략기획실, 재정융자부, 자원산업부, 대외법률사업부, 종합관리부, 수출입부 등 6개 부서가 있으며, 이 중 재정융자부는 은행 융자와 국제 금융을, 자원산업부는 지하자원 개발과 철도, 도로, 항만, 공항 등 SOC 투자를, 대외법률부는 각종 입찰 업무를 각각 맡았고 수출입부는 세관, 보세, 통관 검사 등을 전담하고 있다.

4 ≪노동신문≫, 2012.4.19.

표 5-1 **5 · 30 조치 내용**

과학기술과 생산경영관리 결합	- 생산과 기업관리의 모든 공정과 요소에 과학화 - 연구개발 촉진, 기업집약형기업으로 전환
사회주의기업 책임 관리제	- 실질적인 경영권 보장 - 창발적 기업활동
기업경쟁력 제고	- 제품개발권, 품질관리권, 인재관리권 행사
주인의식	- 분조 단위의 담당 책임제(농장, 기업소) - 설비 가동 제고 및 생산성 향상
노동 평가와 분배	- 일한 만큼, 번 만큼 보수
근로자 생활여건 보장	- 건강과 노동안전 - 물질 문화생활 조건 충족
경제사업 지도	- 당위원회의 집체적 지도 - 경영관리지식 습득, 지도관리수준 제고
일꾼 책임	- 경제관리방법 혁신

자료: 김정은, "현실 발전의 요구에 맞게 우리식 경제관리방법을 확립할 데 대하여".

표 5-2 **중점 경제정책**

중점 정책	주요 내용
경제의 자립성과 주체성 보장	- 원료와 연료, 설비의 국산화 - 자체 기술개발
에너지 문제 해결	- 수력 중심, 화력 발전 배합 - 원자력 발전 비중 제고 - 자연에너지 적극 이용 - 에너지 절약형 경제로 전환
식량 자급자족	- 식량 생산 증대 - 농업의 세계 수준으로 개선
중요자원 개발	- 원유 개발 - 마그네사이트, 흑연, 규석, 희토류 등 풍부한 자원 개발
경제의 현대화 및 정보화로 지식경제 전환	- 생산 공정의 자동화·지능화, 공장·기업소의 무인화 - 새 세기 사업혁명: 첨단기술 - 과학기술과 생산의 일체화 - 지식경제 하부구조 구축: 과학, 기술, 지식이 생산 주도하는 경영관리체계 확립 - 첨단기술산업 육성: 정보산업, 나노 산업, 생물산업 등
인민생활 향상 종사자 우대	- 노동생활조건 보장 - 물질적 생활조건 마련

자력자강의 정신을 고취하며, 인민경제의 주체화·현대화·정보화·과학화를 실현하며, 경제 부문의 균형적 성장을 이루겠다는 구상이 들어 있다. 북한은 여전히 과학기술 중시사상을 내세우며 과학기술 발전을 당과 국가의 중요정책으로 삼고, 이를 기초로 한 강성국가 건설을 주창하고 있다. 과학기술을 국방력 강화와 주민생활 향상의 수단으로 여기면서 그 목표를 국산화, 현대화, 정보화로 두고 이에 집중하고 있는 것이다. 국제사회의 대북제재가 강화되면서 북한은 거의 모든 과학기술 및 산업 부문에 걸쳐 국산화의 노력과 성과를 강조하고 있다.

이런 경제정책을 토대로 2020년까지 경제 강국을 이루는 국가경제발전 5개년 전략(2016~2020)을 제시했다. 전략적 목표는 인민경제 전반 활성화와 경제부문 사이의 균형을 보장하여 나라의 경제를 지속적으로 발전시킬 수 있는 토대를 마련하는 것이다. 전략 방향은 핵·경제 병진노선을 유지하고, 에너지 문제를 해결하며, 인민경제를 우선시하고, 기초공업부문을 정상궤도에 올려놓고, 농업과 경공업 생산을 늘려 인민생활을 결정적으로 향상하는 것 등이다.

북한은 2013년 3월 노동당 중앙전체회의에서 경제개발구 설치를 결정했다. 대외무역의 다원화·다양화 실현, 관광활성화를 위한 관광구 설치, 도마다 현지 실정에 맞는 경제개발구 설치를 결정한 것이다. 2013년 5월에는 경제개발구법을 제정했으며, 2013년 11월 경제개발구 창설규정, 관리기관 운영규정, 기업창설 운영규정을 제정했다. 노동규정(2013년 12월), 환경보호규정(2014년 2월), 개발규정(2014년 3월) 등 하위규정을 순차적으로 제정함으로써 법적·제도적 기반을 정비해왔다(장명봉 편, 2015; 임호열·김준영, 2015: 4 재인용).

북한은 2013년 11월 21일 각 도에 외자유치와 경제개발을 목적으로 추진하는 경제개발구의 구체적인 계획에 대해 최고인민회의 상임위원회 정령을 발표했다. 각 도道에 13개의 경제개발구와 신의주 특구 설치를 발표한 것이

표 5-3 **국가경제발전 5개년 전략 요지**

중점 전략	주요 내용
전력문제 해결에 역량 집중	- 발전소 생산공정과 설비 정비 보강, 기술 재건 - 전력생산 원가 절감 - 전력 부분에 설비 및 자재와 자금을 우선적으로 보장하는 대책 마련 - 효과적인 전력 이용, 통합전력관리체계 구성 - 송배전망 보수, 발전소 조기 완공 - 자연에너지 확대: 풍력, 수력, 생물질 및 태양 에너지
석탄공업·금속공업·철도운수공업 획기적 개선	- 석탄공업: 매장량 풍부하고 채굴조건 양호한 탄광 집중 투자, 석탄 증산, 능률적인 채탄방법 수용, 갱내 기계화, 운반의 다양화 - 금속공업: 제철, 제강, 압연공정의 기술 장비 수준 제고 - 원료, 연료, 동력보장 대책 수립으로 철강재 생산 증대 - 철도운수: 유일사령지휘체계 수립, 수송조직의 과학화·합리화, 철도운송의 신속성·정확성·원활성·안전성, 철도수송수단 개발, 철도망 정비, 철길의 중량화·고속도로화, 철도시설 및 장비의 현대화, 관리운영의 정보화 실현
기계공업·화학공업·건재공업 부문의 전환	- 기계공업: 설비 성능 개선, 생산공정 현대화, 측정설비와 공구 문제 해결, 세계적 수준의 설계제작 - 화학공업: 생산설비 정비보수, 생산능력 확충, 촉매의 국산화, 주체비료와 비날론·기초화학 제품 정상화, 새로운 화학제품 생산기지 건설, 탄소하나화학공업 창설 - 건설: 주체적 건축미학 사상, 설계수단과 건설장비 현대화, 건식공법 장려, 건재공업 공장·기업소 현대화, 건재의 다양화·다종화·국산화
농업에서 생산목표 달성	- 우량 품종 육종, 지방종 품종 맞춤별 종자생산계획 수립, 선진 영농방법 수용, 유기농 장려, 고리형순환생산체계 확립 - 축산 사양관리 과학화, 수의방역대책, 풀 먹는 축산 기르기 대중화, 개인축산 발전 - 과수업의 집약화·과학화 수준 제고 - 기계화 비중 60~70%로 증대, 영농공정의 기계화 - 어선 및 어구 현대화, 기상예보·해상지휘·물고기가공체계·설비체계·배수리체계 구축, 바다 양식면적 확대, 양식방법 개선
경공업	- 모범 공장 조성, 원료·자재의 국산화 - 생산증대, 인민들 수요 보장 - 지방경제 발전
국토관리	- 산림복구전투 연차별 계획대로 이행 - 환경보호사업 개선
대외경제관리	- 대외무역 신용 준수 - 가공품 수출과 기술무역, 봉사무역 비중 증대 - 합영·합작 주체적으로 조직 - 경제개발구 투자환경 및 조건 보장
우리식 경제관리방법 전면 확립	- 경제사업에 대한 국가의 통일적 지도와 전략적 관리 - 유령주의 형식주의, 패배주의 결별 - 내각의 역량 집중: 경제사업 작전 및 지휘
사회주의 기업책임관리제	- 공장, 기업소, 협동단체의 사회주의 기업책임 관리제의 요구 준수: 경영전략, 창발적 생산, 경영권 활용

그림 5-3 **북한의 경제개발구**

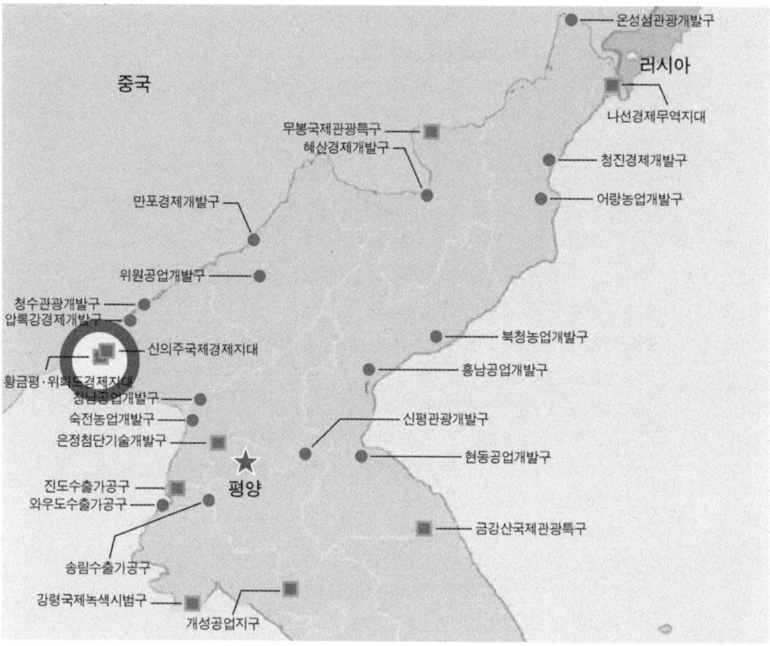

자료: 신의주국제경제지대 투자안내서.

다. 신의주시 룡운리 압록강경제개발구, 황해북도 신평관광개발구, 송림수출가공구, 자강도 만포시 만포경제개발구, 위원군 위원공업개발구, 강원도 원산시 현동공업개발구, 함경남도 함흥시 흥남공업개발구, 북청군 북청농업개발구, 함경북도 청진개발구, 어랑농업개발구, 온성섬관광개발구, 양강도 혜산경제개발구, 남포시 와우도수출가공구 등이다. 2014년 7월 23일에는 경제개발구 6곳을 추가로 발표했다. 은정첨단기술개발구, 강령국제녹색시범구, 청남공업개발구, 숙천농업개발구, 청수관광개발구, 진도수출가공구이다. 2015년 10월에는 함경북도 경원군 류다섬리 일부 지역을 경원경제개발구로 지정했다.[5] 또한 북한은 2017년 12월 21일에 평양시에 강남경제개발구

표 5-4 **경제개발구 추진 일지**

2012.2	김정은 제1위원장 전국 각 시도에 경제개발 설치 지시
2013.3	노동당 중앙전체회의 경제개발구 설치 결정: "도(道)마다 경제개발구"는 대외무역의 다원화·다양화 실현, 관광활성화를 위한 관광구 설치, 도마다 현지 실정에 맞는 경제개발구 설치 결정
2013.5	경제개발구법 제정(최고인민회의 상임위 정령)
2013.10.16	특수경제지대 개발 평양 국제심포지엄 개최: 북한은 도(道)마다 외자유치를 위한 경제개발구 설치를 추진(조선경제 개발협회 윤용석 국장)
	14개 경제개발구 탄생 발표(김일성종합대 법대의 강정남 박사)
	국가경제개발총국을 국가경제개발위원회로결정(최고인민회의 상임위원회 정령)
	민간기구인 '조선경제개발협회' 출범 발표
2013.10.17	외국 기업 국제컨소시엄이 '개성첨단기술개발구' 건설 발표
2013.11.11	'개성고도과학기술개발구' 착공식: 개성첨단기술개발구의 이름을 변경
2013.11.21	13개 경제개발구 발표: "도들에 경제개발구들을 내오기로 결정했다"며 최고인민회의 상임위원회 정령 발표(〈조선중앙통신〉, 2013.11.21)
	신의주 경제특구 발표: "평안북도 신의주시의 일부 지역에 특수경제지대를 내오기로 했다"면서 "특수경제지대에는 조선민주주의인민공화국 주권이 행사"(〈조선중앙통신〉, 2013.11.21)
2014.7.23	경제개발구 추가 지정 발표: "평양시, 황해남도, 남포시, 평안남도, 평안북도의 일부 지역들에 경제개발구를 내오기로 결정"(최고인민회의 상임위원회 정령)
2015.10	함경북도 경원경제개발구 추가 발표

설치를 결정했다.

북한은 경제특구를 추진하기 위한 조직을 구축했다. 2013년 10월에 "국가경제개발총국을 국가경제개발위원회로 하기로 결정했다"라며 최고인민회의 상임위원회 정령을 발표했다. 경제특구 개발을 위한 민간단체인 조선경제개발협회가 출범해 활동을 시작한 사실도 보도했다.[6] 국가경제개발위원

5 연합뉴스, 2015.10.8.

6 〈조선중앙통신〉, 2013.10.16.

표 5-5 나선경제무역지대 개발 계획

구분	개발 계획
6대 육성 산업	- 원자재 공업: 원유, 화학, 야금, 건재 등 - 장비공업: 조선, 배수리, 자동차 등 - 첨단기술산업: 컴퓨터, 통신설비제조, 가정용 전기제품 - 경공업: 농수산물가공 및 일용 소비품, 피복 - 봉사업: 창고보관 및 물류, 관광 - 현대 고효율 농업: 농업 새품종, 새장비시범 도입, 농업생산체계 창조
인프라 건설	〈1중추 3방향 5통로〉 - 1중추: 나진, 선봉, 웅상항을 중추 - 3방향: 북은 중국, 러시아와 연결, 남은 청진, 동은 동해 - 5통로: 훈춘, 도문, 하산, 청진과 통하는 육상통로, 동해의 해상통로
나진항	1~3호 부두시설 개조, 5만 톤급 선박 정박 가능토록 구축
고속도로 신설	나진~원정, 나진~청진, 나진~두만강
철도	나진~선봉~남양 철도 재건, 훈춘~ 훈륭 철도 건설
전력	전기 및 열 발전소 건설 * 풍력 발전 및 태양열 발전소 건설은 향후 연구
정보통신	휴대전화망 건설
비행장	청진시 삼해리 비행장 건설
지원체계 구축	북중공동지도위원회 설립 등

자료: 조중 나선경제무역지대와 황금평 경제지대 공동개발 총 계획 요강(2011.5).

회[7]는 2013년 5월 29일로 제정한 「경제개발구법」에 따라 13개 특별 시·도와 220개 시·군·구에 경제개발구를 총괄 지도하는 새로운 경제 지도기관으로 국가경제개발총국이 승격한 것이다. 북한은 2014년 6월에 내각 무역성에 외자유치, 경제특구 개발 업무를 담당하는 기관들을 통·폐합한 '대외경제성'을 출범시켰다.[8]

7 북한최고인민회의 상임위원회는 2013년 10월16일 정령에서는 "국가경제개발총국을 국가경제개발위원회로 하기로 내각과 해당 기관들은 이 정령을 집행하기 위한 실무적 대책을 세울 것"이라고 밝혔다. 국가경제개발위원회 위원장에는 김기석 전 합영투자위원회 제1부위원장을 임명하고, 부위원장에는 전 합영투자위원회 부위원장인 김철진을 임명.

8 〈조선중앙통신〉은 2014년 6월 18일 북한이 "무역성에 합영투자위원회, 국가경제개발위원회를 통합하고 무역성을 대외경제성으로 하기로 결정했다"라고 보도.

그림 5-4 **나선경제특구 종합개발계획 주요 내용**

산업구 · 관광지 개발투자계획(154억 8068만 달러, 약 18조 원 규모)

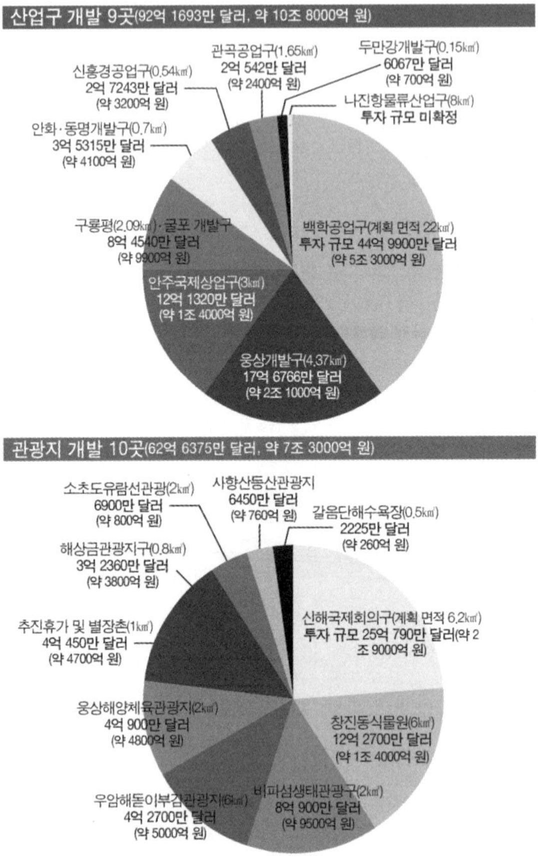

자료: 연합뉴스 기사 참조해서 새로 그림.

북한은 중앙급 경제개발로 나선경제특구와 신의주 경제특구를 개발 추진하고 있다. 북한은 나선특구를 완전 개방하여 국제화 도시로 육성할 계획을 갖고 여러 사업을 추진하고 있으며, 2011년 5월에 「조중 나선경제무역지대와 황금평 경제지대 공동개발 총계획 요강」을 발표했다.

그림 5-5 **신의주국제경제지대 개발 계획도**

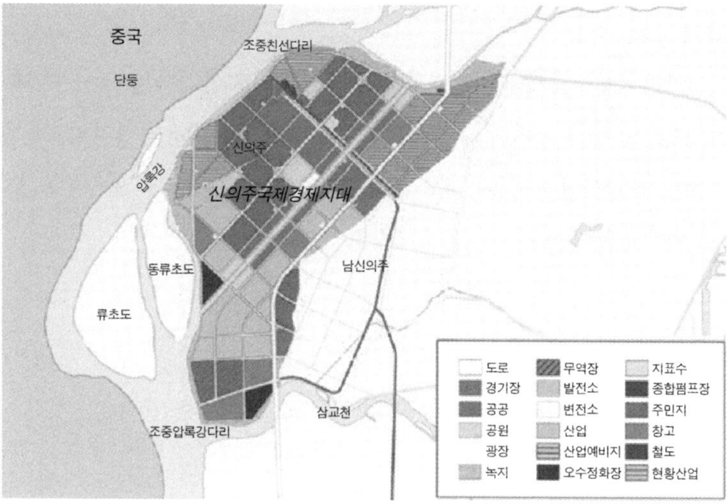

자료: 〈내나라〉 사이트.

북한은 2015년 11월 17일에 나선경제무역지대 관광지 개발 대상을 구체적으로 공개했다. 개발 대상구역별로 육성하고자 하는 산업과 업종을 명시하고 있다.[9]

또한 2014년 7월 23일 북한 〈조선중앙통신〉은 "신의주특수경제지대를 신의주국제경제지대로 결정하였다"라며 이에 관한 최고인민회의 상임위원회 정령이 발표되었다고 밝혔다.[10] 북한의 대외 홍보 매체인 〈내나라〉 사이트 보도에 따르면 조선 신의주국제경제지대가 약 38km² 부지에 35만 명이 거주하는 내용으로 개발계획을 추진 중인 것으로 확인되었다.

사이트 〈내나라〉가 최근 공개한 「신의주국제경제지대 투자안내서」에는

9 북한 〈내나라〉, 2015.11.17.
10 연합뉴스, 2014.7.23.

△ 최신정보기술산업, △ 물류, 무역 및 금융산업 등을 중심으로 한 개발계획 내용이 담겨 있다.

신의주국제경제지대 개발면적은 총 약 38km^{2}로 산업지역 29%, 주민지역 16%, 도로 및 광장지역 13%, 공공건물지역 11%, 공공이용녹지지역 8% 창고지역 8%, 공영시설지역 2%, 기타지역 11%로 구분했으며, 총 인구수는 35만여 명으로 계획되었다.

3. 북한경제의 호전 양상

1) 경제성장률과 국민소득

북한의 경제는 다소 기복은 있지만, 2011년부터 플러스 성장세를 보이고 있다. 한국은행이 매년 추정하는 북한 경제성장률을 보면,[11] 북한의 실질 국내총생산(GDP)은 2011년부터 비록 미미하지만 플러스 성장세를 보였다. 2015년에는 농림어업과 제조업, 전기·가스·수도업 등에서 매우 부진하여 실질 국내총생산은 전년 대비 1.1% 감소했다. 그러나 2016년에는 높은 경제성장을 보였다. 북한의 실질 국내총생산이 전년 대비 3.9% 증가했으며 광업, 제조업, 전기·가스·수도업 등이 성장을 뒷받침했다.

산업별 성장 동향을 보면, 농림어업은 2015년에는 마이너스 성장을 보였

11 한국은행은 1991년 이후 '북한 경제성장률'을 추정하고 있다. 북한 경제성장률은 우리나라의 국민소득 추계방법인 UN의 국민계정체계(SNA: System of National Accounts)를 적용하여 추정하고 있다. 명목통계(산업구조, 1인당 GNI 등)는 북한 가격자료 등 기초자료의 입수가 곤란하여 우리나라의 가격, 부가가치율 등을 적용하고 있다.

지만, 2016년에는 농산물 및 수산물 생산이 늘어 전년대비 2.5% 증가했다. 광업은 석탄, 연 및 아연광석 등의 생산이 늘어 8.4%(2015년 -2.6%)라는 큰 증가세를 보였다. 제조업은 중화학공업을 중심으로 4.8% 성장했는데, 특히 경공

그림 5-6 **북한의 경제성장률 추이**

(전년 대비 증감률, %)

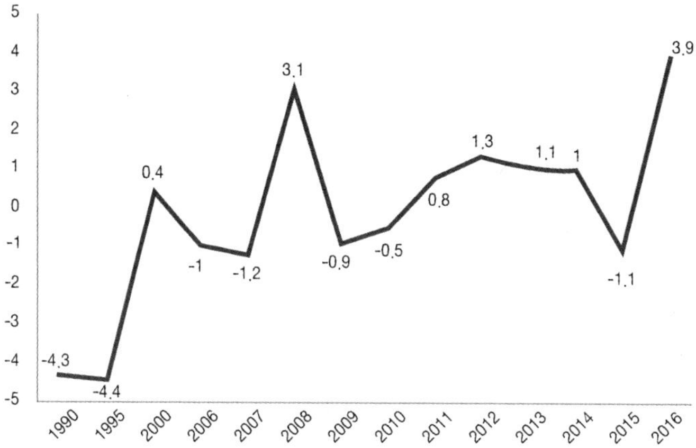

자료: 한국은행.

표 5-6 **북한의 산업별 성장률 추이**

(단위: %)

구분	2016	2015	2014	2013	2012	2011	2010	2009	2008	2007	2006	2005
농림어업	2.5	-0.8	1.2	1.9	3.9	5.3	-2.1	-1.0	8.0	-9.1	-2.6	5.3
광공업	6.2	-3.1	1.1	1.5	1.3	-1.4	-0.3	-2.3	2.5	1.0	0.9	4.3
광업	8.4	-2.6	1.6	2.1	0.8	0.9	-0.2	-0.9	2.4	1.5	1.9	3.1
제조업	4.8	-3.4	0.8	1.1	1.6	-3.0	-0.3	-3.0	2.6	0.7	0.4	4.8
경공업	1.1	-0.8	1.5	1.4	4.7	-0.1	-1.4	-2.1	1.3	-2.2	-0.6	3.8
중화학공업	6.7	-4.6	0.5	1.0	0.2	-4.2	0.1	-3.5	3.2	2.2	1.0	5.4
전기·가스·수도업	1.2	-12.7	-2.8	2.3	1.6	-4.7	-0.8	0.0	6.0	4.8	2.7	4.4
건설업	0.6	4.8	1.4	-1.0	-1.6	3.9	0.3	0.8	1.1	-1.5	-11.5	6.1
서비스업	0.6	0.8	1.3	0.3	0.1	0.3	0.2	0.1	0.7	1.7	1.1	1.3
정부	0.6	0.8	1.6	0.3	-0.2	0.1	0.2	0.5	0.3	1.8	0.8	0.6
기타	0.5	0.6	0.5	0.4	0.8	0.6	0.3	-0.8	1.7	1.5	1.7	2.9

자료: 한국은행.

표 5-7 북한의 경제규모 및 1인당 GNI

구분	북한(A)		한국(B)		B/A(배)	
	2015	2016	2015	2016	2015	2016
명목GNI(한국 조 원)	34.5 (0.8)	36.4 (5.4)	1,568.4 (5.2)	1,639.1 (4.5)	45.4	45.1
1인당 GNI(한국 만 원)	139.3 (0.4)	146.1 (4.9)	3,074.4	3,198.4	22.1	21.9

주: ( ) 안은 전년대비 증감률(%).
자료: 한국은행.

업보다는 중화학공업이1차 금속제품, 화학제품 등을 중심으로 6.7% 증가(2015년 -4.6%) 했다. 전기·가스·수도업은 수력 및 화력 발전이 크게 늘어나면서 22.3% 증가(2015년 -12.7%)했다. 건설업은 2015년에 4.8%라는 높은 성장을 보였지만, 2016년에는 1.2% 증가에 그쳤다. 서비스업은 교육 등 정부서비스를 중심으로 0.6%라는 미미한 성장에 그쳤다.

북한의 경제규모는 비록 크지는 않지만, 최근 들어 약간 증가세를 보이고 있다. 2016년 북한의 국민총소득(명목GNI)은 36.4조 원으로 전년 대비 5.4%나 증가했다. 남북한 경제력 격차를 보면, 북한의 경제 규모는 한국의 경제 규모에 비해 매우 작다. 북한의 국민총소득(명목GNI)과 1인당 국민총소득(GNI)은 각각 한국의 1/45(2.2%), 1/22(4.6%)에 불과하다. 시간이 지날수록 남북한 경제력 격차는 확대되는 양상을 보이고 있다.

2) 무역 규모

북한경제는 자력갱생 발전 전략, 자강력 주의 등으로 대외무역 의존도가 낮은 편이다. 그렇지만 북한 내부적인 자원 조달은 한계가 있어 원유, 원부자

그림 5-7 **북한의 무역 추이**

(단위: 100만 달러)

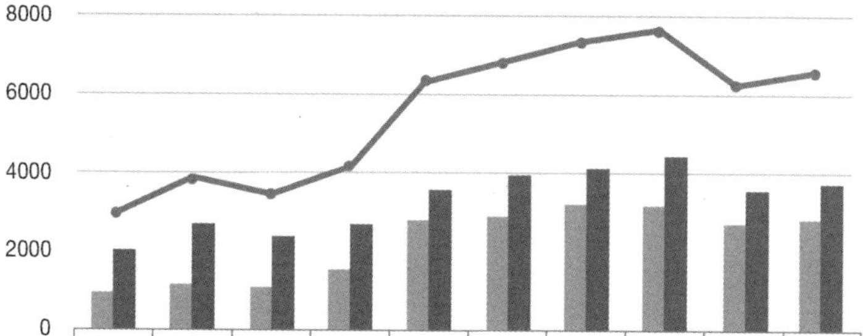

	2007	2008	2009	2010	2011	2012	2013	2014	2015	2016
수출	919	1130	1063	1514	2789	2880	3218	3164	2697	2821
수입	2022	2685	2351	2661	3568	3931	4126	4446	3555	3726
수출입계	2941	3816	3414	4174	6357	6811	7345	7611	6252	6546

자료: KOTRA.

재, 건설 자재 등 상당한 부문에서 수입에 의존하고 있으며, 외화 확보 차원에서 광물과 수산물, 섬유 등을 중심으로 수출 확대를 도모해왔다.

북한 무역은 2010년 이후 급격히 증가해왔다. 2015년에는 증가세가 꺾였다가 2016년에는 다시 증가했다. 2016년 북한의 대외교역 규모(수출+수입, 상품기준)는 65.5억 달러(남북교역 제외)로 전년(62.5억 달러)에 비해 4.7% 증가했다. 수출은 28.2억 달러로 전년 대비 4.6% 증가했고, 수입은 37.3억 달러로 전년 대비 4.8% 증가했다. 2017년 들어서는 대북제재 등으로 무역이 다소 줄어드는 추세이지만, 2010년 이전보다는 상당히 높은 수준을 유지하고 있다.

북한의 수출에서 지하자원이 차지하는 비중이 점차 높아졌다. 수출에서 차지하는 지하자원 비중은 지난 2008년 10%대에서 2013년에는 63.3%까지 높아지기도 했다. 또한 북한의 무역 구조를 보면, 공식 통계상으로는 만성적인 적자 구조를 보이고 있다. 수출보다 수입이 많다는 것이다. 그만큼 광물 등 일부 품목을 제외하고 수출 경쟁력을 갖춘 제품이 별로 없으며, 김정은 체제

표 5-8 북한의 대중국 수출입 현황

(단위: 100만 달러)

연도	수출	수입	합계	무역수지
2008	754	2,033	2,787	-1,279
2009	793	1,888	2,681	-1,095
2010	1,188	2,278	3,466	-1,090
2011	2,461	3,165	5,626	-704
2012	2,480	3,530	6,010	-1,050
2013	2,911	3,663	6,574	-752
2014	2,841	4,023	6,864	-1,182
2015	2,484	3,226	5,710	-742
2016	2,634	3,422	6,056	-788

자료: 한국무역협회, KOTRA.

표 5-9 2016년도 북한의 10대 교역국 현황

(단위: 100만 달러, %)

순위	국가명	북한의 수출		북한의 수입		수출입 합계		비중
		금액	증감율	금액	증감율	금액	증감율	
1	중국	2,634	6.1	3,422	6.1	6,056	6.1	92.5
2	러시아	8.9	46.5	68.0	-13.1	76.9	-8.9	1.2
3	인도	14.7	-35.3	44.3	-17.7	59.0	-22.9	0.9
4	태국	2.9	-57.8	46.8	8.7	49.7	-0.6	0.8
5	필리핀	16.2	170.5	28.8	80.2	45.0	104.7	0.7
6	파키스탄	25.7	23.5	-	-	25.7	23.5	0.4
7	룩셈부르크	-	-	14.9	-	14.9	-	0.2
8	싱가포르	0.1	-90.5	12.9	-54.8	13.0	-56.4	0.2
9	대만	12.2	-59.2	0.5	422.7	12.7	-57.7	0.2
10	스리랑카	9.0	52.8	3.5	160.6	12.5	73.0	0.2

자료: KOTRA.

이후 건설 산업에 대한 대규모 투자와 북한 주민의 해외 상품 선호도 등으로 원부자재를 비롯한 중국산 소비재 상품 수입 등이 급격히 늘어나고 있기 때문이다.

북한의 무역은 약 90%를 중국에 의존하고 있다. 북한의 최대 교역국은 중국으로, 2016년 기준 북중교역 규모는 60.6억 달러로서 전체 교역에서 차지하는 비중이 92.5%로 전년(57.1억 달러, 91.3%) 대비 1.2%p 증가했다. 북한 전체 수출의 93.4%, 수입의 91.8%를 차지하고 있다.

다른 국가들과의 무역은 미미하지만, 인도(3위), 태국(4위), 필리핀(5위), 파키스탄(6위), 싱가포르(8위), 대만(9위), 스리랑카(10위) 등 대부분의 아시아 국가들과 무역을 하고 있다.

3) 식량사정

북한은 최근 들어 양호한 기상조건과 자체의 농업기반 복주 조성 사업,[12] 분조관리제[13]와 포전 담당책임제[14] 같은 농업개선 조치 등으로 400만 톤 이상의 생산량을 확보하고 있다. 2014~2015년에는 북한 식량 생산량이 500만 톤을 넘어섰다. 이에 따라 북한의 식량 부족량은 2012년 이후 연 100만 톤 이하로 떨어졌으며, 2014년에는 34만 톤까지 낮아졌다. 북한은 1990년대의 심각한 기근 상황을 벗어나고 있다고 볼 수 있다.

표 5-10 **북한의 식량 수급**

(단위: 만 톤)

구분	1997	2000	2002	2004	2006	2008	2010	2011	2012	2013	2014	2015	2016
수요량	530	518	536	548	560	540	546	534	540	543	537	549	550
생산량	369	422	395	425	454	401	411	425	445	484	503	507	480
부족량	161	96	141	123	106	139	135	109	95	59	34	42	70

자료: 통일연구원, 「북한 이해」(2016).

12 자연흐름식 물길 공사, 토지정리사업 등.

13 협동농장의 기층조직인 분조를 단위로 실시하는 농장 내부의 운영관리 형태.

14 분조 구성원을 기존 인원보다 작은 인원으로 축소해 운영하는 가족단위 규모(4~6명)의 영농방식.

그림 5-8 **북한의 쌀값 동향(kg당)**

(단위: 원)

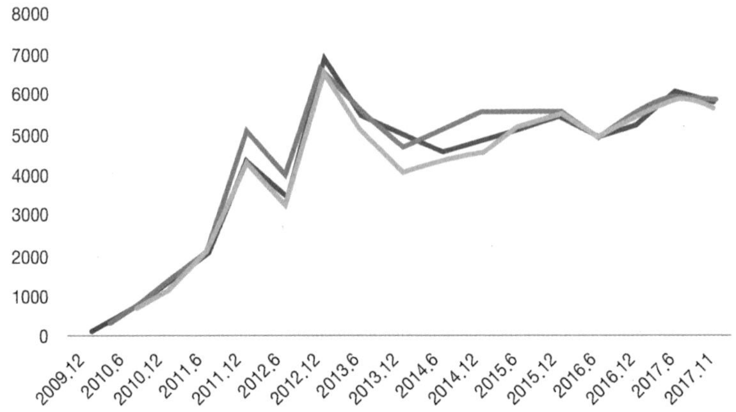

	2009.12	2010.6	2010.12	2011.6	2011.12	2012.6	2012.12	2013.6	2013.12	2014.6	2014.12	2015.6	2015.12	2016.6	2016.12	2017.6	2017.11
평양	44	550	1100	2000	4200	3200	6400	5000	4000	4300	4500	5100	5400	4950	5400	5800	5810
신의주	46	600	1250	2000	4300	3400	6800	5400	4900	4500	4800	5100	5400	4900	5180	6000	5760
혜산	44	570	1300	2100	5000	3900	6500	5500	4600	5050	5500	5500	5500	4850	5520	5900	5600

자료: 데일리NK.

이에 따라 북한의 쌀 가격은 비록 높은 수준이지만, 최근 몇 년 동안 쌀 1kg당 북한 돈 5000~6000원 선에서 안정적이었으며 일시적으로 5000원을 밑돌기도 했다. 이에 대한 해석과 논란이 있다. 곡물수급이 균형을 이루지 못한 상황에서 이처럼 곡물가격이 안정적인 모습을 보인 것은 매우 이례적인데, 북한의 쌀 수확량이 다소 늘은 것과 북한 주민의 대체 식품 소비로 쌀에 대한 수요가 다소 줄어든 측면에 기인하는 것으로 분석되고 있다. 비공식적인 거래를 통해 중국산 곡물이 북한시장으로 대량 유입되었을 가능성도 있다.

이처럼 2013년 하반기부터 4년이 넘도록 북한의 시장 물가 및 환율이 안정적인 모습을 보여주고 있는 것은 북한의 경제위기 이후 25년의 역사에서 매우 이례적인 현상이다. 물론 이러한 안정세의 원인이 ① 비정책적 요인, 즉 달러라이제이션의 진전에 따라 외화가 북한원화를 대체했다는 것과 ② 정책적 요인, 즉 북한 당국이 북한원화 공급 확대를 억제했다는 것 중 어느 요인이 더 강하게 작용했는지에 따라 김정은 시대의 경제정책에 대한 평가는 또 달라질 수 있지만 아직 판단하기에는 다소 무리가 있다. 한편, 2016년에 중국을 비롯한 국제사회의 강력한 경제제재에 대한 소문 속에서도 시장 물가 및 환율이 별다른 동요를 보이지 않았다는 사실로부터 북한시장의 안정성을 확인할 수 있다.

4. 결론

북한경제 호전에 대한 평가

북한경제는 성장성과 안정성 등의 측면에서 보았을 때 이전 시기보다 악화되었다는 증거를 찾기 어렵다. 단정적으로 결론 내기는 어렵지만 전반적으로 보아 이전 시기보다 소폭 개선되었을 가능성이 큰 것으로 평가할 수 있다. 한국은행 추정결과에 따르면 2011년 이후 북한경제는 김정은 정권 초기 3년(2012~2014년)은 소폭의 플러스 성장, 4년차(2105년)는 마이너스 성장, 2016년은 3.9%로 높은 성장세를 보였다. 김정은 정권 6년간은 1년만 마이너스 성장을 나타냈을 뿐 5년 동안 플러스 성장을 기록한 셈이 된다. 통계로 포착되지 않는 현상까지 시야를 넓히면 '상대적 호전'의 가능성은 상당히 큰 것으로 평가 가능하다.

북한경제의 일부에서는 과거와는 다르게 다소 활기를 띠고 있는 경우도 있다. 과거에 없던 일들이 생겨나고, 자동차가 늘어나고 있으며, 값비싼 휴대전화를 사용하는 주민들이 늘어 보급 대수가 400만 대에 육박하고 있다. 각종 상점에서 주민들의 이용도가 높고, 장마당을 중심으로 유통이 활발하게 이루어지고 있다. 분명 북한경제가 꿈틀거리는 모양새다. 경제성장률은 점차 높아지고 있다. 한국은행에서는 2016년 3.9% 성장했다고 분석했지만, 북한경제를 연구하는 중국의 학자를 통해 파악한 결과, 북한은 10% 경제성장을 한다고 자평할 정도다. 특이할 점은 대북제재가 강화되고 있는 상황에서도 북한경제가 성장한다는 점이다. 북한경제가 대외 의존적인 경제가 아닌 자력갱생을 중시하는 내부 지향적 경제이기 때문에 가능하다. 또한 북한경제 호전 양상은 김정은 정권의 경제정책 성과라기보다는 북한 주민들이 스스로 만든 '밑으로부터의 시장화' 바람이 더 크게 작용한 것으로 분석된다.

여기서 우리는 북한경제의 호전 양상을 객관적으로 볼 필요가 있다. 북한경제가 전체적으로 좋아졌다고 평가하기에는 다소 논란이 있다. 북한경제가 상대적으로 성장세를 보이고 평양 등 도시 중심으로 변화를 보이는 것은 맞지만, 전체적으로는 경제난에 시달리고 있다. 엄청난 돈을 버는 돈주(신흥 부유층)들이 있는 반면, 장마당을 통해 겨우 생계를 유지하는 북한 주민들도 많다. 특히 지방에서의 경제상황은 크게 나아지기는커녕 오히려 더 악화된 경우도 있다. 그러므로 북한경제를 볼 때 일부 현상만 갖고 북한경제 전체를 평가해서는 안 된다. 좋아지고 있는 점과 그 이면에 나타나고 있는 좋지 않은 점을 균형 있게 보면서 평가할 필요가 있다.

북한경제를 구성하는 부문 간 편차가 크기 때문에 일부 분야는 개선이 뚜렷하게 감지되는 반면 다른 분야는 개선이 미약하거나 정체·후퇴했을 수도 있다. 또한 일부 분야에서는 문제점을 어느 정도 해결해가고 있지만 일부 분야는 여전히 문제점에 제대로 대응하지 못하고, 더욱이 일부 분야에서는 기존 문제점이 악화되거나 새로운 문제점이 등장하고 있는 것도 사실이다. 사실 김정은 정권의 북한경제에서 최근의 상대적 호조가 ① 중국에 편향된 경제 의존도 증대, ② 빈부격차 확대, ③ 시장화 진척에 따른 정치사회적 변동의 잠재력 확대 등의 부작용을 수반하는 것도 부인할 수 없다. 한편, 최근의 상대적 호전에도 불구하고 북한경제는 중장기적인 성장기반 구축이라는 최대 과제를 여전히 해결하지 못하고 있는 상태로서, 달리 보면 경제문제에 대한 근원적 해결책은 여전히 제시하지 못하고 있는 상태임을 부정하기 어렵다(이석기 외, 2017).

북한의 6차 핵실험 이후 북한의 자금줄을 차단하는 국제사회의 강력한 대북제재가 북한 경제회생의 또 다른 변수로 작용할 것이다. 중국의 지속적인 이행 여부에 따라 달라질 수 있지만 앞으로 북한경제는 회생에서 후퇴도 돌아설 가능성이 높다. 이에 따라 북한은 최근 들어 자력갱생을 계속 강조하면서 대북제재를 극복하려 하고 있지만, 북한 자체적으로 경제문제를 극복하는 데는 한계가 있다.

북한경제가 제대로 성장하고 발전하기 위해서는 과감한 개혁개방 정책으로 근본적인 시스템을 개선해 나가야 할 것이다. 무엇보다 경제 인력을 양성하고, 법과 제도를 국제시각에서 만들어가며, 대외 신뢰도를 높여가야 할 것이다.

참고문헌

이석기 외. 2017.「2016년도 북한경제 종합평가 및 2017년 전망」. 산업연구원(2017.4).
임호열·김준영. 2015.「북한의 경제개발구 추진 현황과 향후 과제」. ≪KIEP 오늘의 세계경제≫, Vol. 15, No. 11.
장명봉 편. 2015.『2015 북한법령집』. 북한법연구회.

6

북한의 청년세대와 주민의식

김성경
북한대학원대학교 교수

이 장은 경남대 극동문제연구소에서 펴낸 『북한 청년들은 “새 세대”인가?: 김정은 정권과 청년 세대의 다중적 정체성』의 연구 자료를 바탕으로 작성되었으며, 이 글의 초고는 중소기업중앙회에서 펴낸 『한반도를 경영하라 1』(2016)에 수록되었다.

1. 서론

어느 사회건 청년은 그 사회의 가늠자이다. 그만큼 청년이 어떠한 가치관과 행동체계를 구축하느냐에 따라 그 사회의 미래 향방이 결정된다고 해도 과언이 아니다. 청년세대가 어떻게 국가정체성을 계승하는지, 기성세대와 어떠한 관계를 구축하는지는 결국 그 사회가 계속 존재할 수 있는지의 문제까지도 확장될 수 있다. 이런 맥락에서 북한의 청년은 중요한 행위 집단이며, 향후 북한사회의 변화 가능성을 논의할 때 반드시 고려해야 할 대상임에 분명하다.

북한사회의 특징을 면밀히 살펴보면, 북한 청년의 삶은 다소 비관적으로 보인다. 김일성-김정일-김정은의 3대세습이 이루어진 상황에서 민주주의는 요원하고, 경제는 여전히 지지부진하며, 선군사상, 핵과 미사일을 내세운 군사력 증강에만 몰두하는 북한에서 상상할 수 있는 삶은 그리 다양하지 않다. 촘촘하게 짜인 규율망 속에서 북한 청년들은 그들만의 상상력이나 기개를 펼치기 쉽지 않고, 국가에 반하지 않으면서도 먹고살 수 있는 경제적 방안을 찾기에는 그들이 가진 사회적·경제적 자원도 그리 넉넉하지 않다. 게다가 체제유지에 사활을 건 북한 정권은 청년들의 열망을 담아내기보다는 체제유지를 강화하기 위한 교육에 몰두하고 있다.

그러나 시장의 확대, 새로운 지도자의 등장 등 급격한 변화를 겪고 있는 북한사회는 그만큼 큰 폭의 변동을 만들어낼 수 있는 사회경제적 토양이 조성되어 있기도 하다. 체제 변환기 혹은 사회 급변기에 어떤 집단이 그 변화에 가장 발 빠르게 대응하느냐에 따라 그 사회의 변화 향방이 정해진다. 이를 상기해봤을 때, 만약 북한의 청년이 이 변화의 흐름에 주요 세력이 될 수만 있다면 청년이라는 생애주기적 특징까지 덧붙여져 북한사회가 크게 변화될 가능성 또한 존재한다. 기성세대의 규범과 가치에 저항하면서 새로움을 추구하는 청년이 이제 꿈틀거리며 만들어지기 시작한 시장 중심의 경제체제에서 좀 더 발빠르게 행동하고, 새로운 방식으로 시장의 주요 세력이 될 가능성은 충분하다.

1990년대 중후반, 고난의 행군기라는 급격한 경제난을 경험한 북한 주민은 국가의 배급경제가 아닌 장마당이라는 원시적 형태의 시장에 기대어 생활하게 되었다. 이후 장마당은 비약적으로 발전했으며 이제 전국에 400여 개의 공식적인 장마당이 있고, 비공식적인 장마당까지 합하면 그 수는 1000여 개에 이른다. 그뿐 아니라 그 규모와 작동 방식 또한 초기 형태를 벗어나 진정한 '시장'으로서의 기능을 수행하고 있다. 이제 북한 주민은 사회주의 경제의 특징인 배급제에 의존하기보다 시장에 기반을 두고 살아간다. 그렇다면 이렇게 급변하는 경제체제를 이끌어가는 새로운 주체는 누가 될 것인가. 이런 질문의 답을 찾아가다 보면 사회주의 경제체제에서 사회화를 구축한 기성세대보다 장마당에서 자란 북한의 청년들이 새로운 주체로 주목받는 것은 어쩌면 당연한 귀결이라고 하겠다.

이런 맥락에서 기존 연구의 대부분은 북한의 청년을 '장마당세대'로 명명하고, 이들을 북한사회 변화의 중심 세력 혹은 책임자로 해석하고 있다. 하지만 연령 집단이 모두 '세대'로서 그들만의 세대적 정체성이나 의식세계를 구축하지 않는다는 사실을 상기해봤을 때 북한 청년에 대한 과도한 기대 혹은 의미 부여는 경계해야 한다. 북한 청년을 주목한 최근의 논의 중 대부분은 충분한 경험적 자료에 기초하기보다는 몇몇 탈북민의 증언이나, 자본주의사회 청년의 경험과 경로를 반추하여 진행된 것이 사실이다. 게다가 북한사회의 긍정적 변화를 염원하는 한국사회의 기대가 무의식적으로 투영되어 북한 청년의 가능성을 확대 해석하는 경향도 눈에 띈다.

이에 따라 이 글에서는 북한의 청년이 어떠한 의식과 행동체계를 지니고 있는지 좀 더 객관적으로 살펴봄으로써, 이들이 만들어낼 수 있는 북한사회의 변화 가능성을 비판적으로 분석해보고자 한다. 과연 북한의 청년이 기성세대와는 구별되는 의식이나 행동패턴을 구축했는지, 이들에게 작동하는 사회구조적 혹은 정치체제적 제약이나 가능성은 무엇인지, 이들이 구성한 세대적 정체성을 바탕으로 적극적인 행위 집단이 될 가능성은 있는지 또한 살펴볼 것이다.

2. 북한 청년, 그 세대적 가능성

북한은 1946년 1월 '조선민주청년동맹북조선위원회'가 결성된 이래 청년 단체조직을 운영하면서 청년의 사상교육에 힘써왔다(곽채원, 2014: 7~68; 김종수, 2013). 북한의 청년동맹은 14~30세의 청년이라면 모두 가입해야 하는 조직으로, 막강한 인원과 정치적 영향력을 지니고 있다. 그만큼 북한체제는 청년조직을 활용해서 북한 청년의 사상교육을 강화하고, 이들이 사회주의적 의식과 더불어 체제 순응적인 가치관을 구축하도록 큰 노력을 기울이고 있다. 김정은은 2016년도 신년사에서 경제발전과 인민생활 향상을 중요하게 언급하면서, 동시에 북한 청년의 역할을 강조했다.[1] 즉, 혁명사상교육을 통해 청년세대가 사상적으로 무장되어야 하며, 주체혁명위업을 계승해야 한다는 것이다. 이는 북한이 현 체제를 유지하기 위해서 청년의 의식과 가치관을 친親체제적으로 구축하는 것이 중요하다고 판단하고 있을 뿐만 아니라 북한사회의 재생산을 위해서 청년의 역할이 중요하다는 것을 충분히 인지하고 있음을 의미한다.

1 ≪노동신문≫, 2016.1.1.

생애주기로 따질 경우 청년기는 아동기와 성인기의 중간단계인데, 독립된 성인으로 이행하는 과정에 있는 일종의 '변환기'로 정의할 수 있다(이인정, 2007: 76~77). 신체적으로는 발달 과정이 완성되어 성인이 되었지만, 심리적인 단계에서는 아직 미성숙한 상태로 혼란을 경험하는 시기이기도 하다. 이 때문에 정체성의 동요가 심하고, 기존의 생활양식이나 규범에 대해 반항적인 성향을 특징으로 갖는다. 게다가 불안정한 상태로 인해 특정한 사회적 경험이나 역사적 사건이 큰 반향을 만들어낼 수도 있고, 이 시기에 각인된 의식이나 행동양식은 오랫동안 지속될 가능성도 존재한다.

청년기의 연령 범위는 각 사회의 교육체계에 따라 약간의 차이가 있다. 예컨대 미국의 경우 의무교육이 끝나는 16세부터 청년기라고 정의하는 경향이 있고, 한국의 경우에는 18세부터 청년기로 정의하는 것이 일반적이다. 의무교육의 대상이 되는 연령까지는 아동기로 보고, 그 이후를 청년기로 정의하는 것이다. 하지만 북한의 경우에는 12년제의 의무교육이 18세에 완료되지만, 그 이후 대부분 10년간의 의무복무 기간을 거치게 된다. 그뿐 아니라 교육제도에 못지않게 촘촘한 조직생활을 하고 있는 북한의 상황을 감안할 때 북한의 청년기 연령을 명확하게 구분하는 데 어려움이 있는 것이 사실이다. 예컨대 청년동맹이라고 불리는 '김일성사회주의청년동맹'은 14~30세에 속하는 모든 북한 청년이 참여하는 조직으로, 주기적인 행사, 노동, 생활총화 등을 통해서 조직원을 규율하고 있다. 생애주기 측면에서의 연령만을 기준점으로 삼기보다는 북한사회의 특성에 따라 아동기를 벗어나는 시점을 탄력적으로 살펴보는 시도가 필요하다.

이 장에서 주목하는 북한 청년은 연령대가 20~35세이다. 이들의 출생연도는 1980년에서 1990년대 후반이고, 유아기 혹은 초기 아동기에 고난의 행군을 겪은 집단으로, 어릴 적부터 시장을 중심으로 사회화를 경험한 이들을 일컫는다. 이들은 경제난으로 인해 사상교육이나 의무교육을 느슨하게 받았고, 대부분의 성장기를 부모가 시장에서 경제활동을 하는 것을 보면서 자랐다. 이들을 주목하는 이유는 북한사회 변화의 가장 주요한 영역인 시장과 함께 성장하며 구축한 국가와의 관계상, 시장 내에서의 역할, 문화적 취향과 성향의 차이 등이 향후 북한사회 향방의 중요한 변수가 될 것이라는 가정 때문이다. 덧붙여 이들이 본격적인 경제 주체로 등장하는 20대 이후에 시장 주도 세력으로 성장하고 있는지 또한 주목되기 때문이다.

북한은 남한보다 인구고령화가 더디게 진행되고 있다. 1990년대의 경제난에도 평균출산율은 2명 정도를 유지했고, 이 때문에 2008년을 기준으로 15세 이하 유소년층의 인구비율은 22.4%로 남한보다 약 6% 높다. 북한의 생산가능인구는 2022년 최대치에 이르게 되는데, 특히 생산가능인구 중에서 젊은 층에 속하는 15~24세 집단은 2022년까지 계속 증가세에 있을 것으로 예상된다(박경숙, 2013; 통계청, 2011). 그만큼 북한의 젊은 층은 수적 측면에서도 북한사회의 주도 세력으로 등장할 가능성이 높고, 거기에 청년기의 세대적 특징인 적극성, 진취성, 기존 체제에 대한 저항성 등이 함께 작동하게 된다면 북한사회의 변화 속도는 빨라질 수 있다.

하지만 여기서 북한사회의 특수성을 고려하는 것 또한 필요하다. 북한 청년은 의무교육을 마치는 만 18세가 되면 10년 동안 군복무를 하게 되는데, 이 시기 동안 대부분의 북한 청년은 '청년으로서'의 삶을 영위하기 어렵다.[2] 청년으로서 사회에 편입하는 시기가 그만큼 늦어질 뿐만 아니라, 그 기간 또한 짧

2 미국 자유아시아방송(RFA)에 의하면 2014년부터 북한의 군복무 기간이 남성의 경우 13년, 여성의 경우 9년으로 늘어났다고 보도했다. 하지만 이러한 기간 연장이 북한 전역으로 확대되었는지는 검증되지 않았고, 탈북자의 진술도 엇갈리는 경향이 있다. 이 때문에 이 글에서는 기존의 군복무 기간인 남성 10년과 여성 7년을 기준으로 한다.

아질 가능성이 있다. 예컨대 상당수의 청년이 군에서 제대한 후 가능한 빠른 시일 내에 결혼을 하게 되는데, 이러한 결혼 문화는 이들이 빠르게 성인기로 진입하게 하는 촉매제 역할을 한다. 북한 여성들도 7년간의 돌격대 혹은 군 복무를 마치고, 20대 중반에 결혼을 하여 가정을 꾸리는 경우가 많다. 즉, 사회구조적 환경과 더불어 문화적 요인들이 북한 청년의 청년기를 상대적으로 짧게 만들고, 빠르게 성인기로 이행하게 한다.

덧붙여 북한의 시장에서 청년의 역할을 살펴볼 때 감안해야 할 점은 시장에서 실제로 '장사'를 할 수 있는 여성이 기혼의 중년 여성으로 제한된다는 사실이다. 북한체제에서는 계획경제의 틀을 유지하기 위한 방편으로 장마당 매대를 기혼 여성에게만 허가했고, 이 때문에 북한 청년이 장마당의 주요 세력으로 자리 잡는 데는 상당한 어려움이 있는 것도 고려해야 한다.

그럼에도 불구하고 북한 청년은 기성세대와 비교했을 때 구별적인 의식과 행동양식을 갖고 있을 가능성을 부인하기 어렵다. 가령 고난의 행군 시기에 청년기를 보낸 기성세대의 경우 사회주의 계획경제, 즉 배급제가 그나마 잘 작동했을 때 사회화를 완성한 집단이다. 이 때문에 갑작스러운 경제난에서 장마당을 개척하고, 생존을 최우선 순위로 인식하고 있으면서도, 과거 사회주의 경제시스템과 김일성으로 표상되는 사회주의 작동 시기에 대한 향수도 있다. 반면, 현재 북한의 청년은 사회주의 계획경제가 사실상 작동하지 않을 때 사회화 과정을 거친 세대이기 때문에 이들은 장마당과 같은 시장을 중심으로 생활을 영위하고 있고, 기성세대와 비교해봤을 때 사회주의적 정치·경제체제에 대한 경험이 적으며 국가에 대해서는 유다른 의식을 구축했다. 이는 정치의식, 경제생활 등의 영역에서 구별적인 의식과 행동양식을 갖게 할 가능성이 높게 하고, 이들의 경험과 인식 속의 국가와 시장은 서로 구분되어 작동하는 것으로 자리 잡혀 있을 가능성이 있다.

이처럼 청년이 기성세대와 구별되는 의식이나 생활양식을 영위하는 것은 어쩌면 당연한 사실이다. 문제는 이렇듯 구별적인 생활방식이 이들만의 세대 의식 혹은 세대적 정체성으로까지 이어지는가 하는 점이다. 세대적 정체성을 구성한 세대는 단순히 구별적인 의식이나 행동패턴에서 한걸음 더 나아가 집단만의 정체성을 구성하여 사회변화를 만들어낼 가능성이 높다. 만약 연령 코호트(특정의 경험, 연령을 공유하는 사람들의 집체)가 그들만의 생활양식을 구축하더라도, 그 연령대만의 특정한 세대 의식이나 정체성을 구축하지 못할 경우 이들은 특정세대라는 집단으로 작동하기 어렵다. 여기서 세대적 정체성을 '세대 엔텔리키entelechy(의식)'로 정의할 수 있는데, 이는 비슷한 연령 코호트 집단을 그들만의 경험, 인식, 공동 운명에 대한 참여의 과정을 거치면서 세대라는 집단으로 묶어내는 힘을 의미한다(만하임, 2013: 77). 앞서 언급한 것처럼 모든 연령 코호트 집단이 반드시 '세대'가 되는 것은 아니다. 자신들만의 엔텔리키를 구성한 코호트 집단만이 세대 의식과 정체성을 공유하게 된다.

세대는 생물학적인 연령으로 구별되기도 하지만 사회문화적인 경험을 기준으로 구분하기도 한다. 예컨대 역사적으로 중요한 사건이나 상황을 동일하게 경험한 세대는 그에 걸맞은 세대의식을 구성하게 되고, 이에 바탕을 둔 정체성을 구축하게 된다. 이것이 핀터Wilhelm Pinder가 주장한 '동시적인 것의 비동시성'을 의미하는 것인데, 동시대의 역사적 경험을 각 세대가 다르게 경험하게 되면서 그들만의 특정 세대의식을 구성하게 되는 것을 의미한다(유라이트·빌트, 2013: 51). 특히 만하임Karl Mannheim은 17~25세 연령층을 주목했는데, 생애주기에서 가장 역동적인 이 시기에 특정한 역사적 사건에 영향을 받게 되면 그에 바탕을 둔 의식을 구축하여, 평생 동안 지속하게 되는 경향이 있다고 주장했다(만하임, 2013: 77). 예컨대 한국의 386세대는 청년기에 민주화라는 사회문화적 사건을 경험하면서 세대만의 동일한 정체성을 구축한 후 이러한 세대의식을 일생 동안 실천한 사례라고 하겠다.

고난의 행군 시기에 청년기를 보낸 집단의 경우 갑작스런 경제난을 통해 가치관의 변화를 경험하게 되었고, 생존이라는 절체절명의 과제를 최우선시하는 세대의식을 구축하고 있다. 그만큼 이 연령집단은 고난의 행군을 겪어내는 과정에서 그들만의 정체성이나 의식체계(엔텔리키)를 구축하고 있다. 하지만 지금의 북한 청년이 이와 같은 구별적인 세대의식을 공유하고 있는지는 조금 더 면밀하게 살펴봐야 한다. 이들이 청년기에 공통적으로 경험한 북한사회는 이미 1차 경제와 2차 경제가 구분되어 작동한 지 오래였고, 정치적으로는 김정일과 김정은으로 이어지는 독재체제가 계속 유지되고 있으며, 국가는 2009년 화폐개혁을 통해 시장을 통제하고자 했지만 결국 시장의 확장세는 되돌릴 수 없는 상황이었다. 그만큼 이들이 경험하고 인식하는 북한사회는 특정한 사건이나 역사적 변화보다 국가와 시장이라는 이중구조가 좀 더 안정화되는 과정에 있었다. 다시 말해 이들이 특정한 세대 의식을 구축할 수 있을 만한 역사적 사건이나 정치경제적 변화는 뚜렷하게 존재하지 않는다. 이 때문에 지금의 북한 청년이 '세대', 즉 집단만의 독특한 의식과 정체성을 구성하기 위해서는 단순히 연령 집단의 공통된 경험이나 인식에서 더 나아가 '새로운 세대 엔텔리키entelechy'를 만들어내야 한다.

한편, 북한에서 공식적으로 언급되는 세대 구분은 주로 국가위기 시에 청년을 적극적인 행위주체로 호명하기 위한 방식으로 활용되는 경향이 있다. 혁명 1세대로 불리는 빨치산 세대는 청년기에 독립운동에 적극 가담한 세대를 가리킨다. 김일성이 젊은 나이에 항일운동을 이끌었음을 강조하면서, 김일성과 비슷한 시기에 항일운동의 경험이 있는 집단을 혁명 1세대로 명명하고, 이들의 업적을 체제유지에 적극 활용한 사례이다. 그 이후에는 6·25전쟁과 전후복구, 국가 건설기의 경험을 공유한 혁명 2세대가 있고, 1970년대 3대

혁명소조운동과 3대 혁명붉은기쟁취운동을 주도한 혁명 3세대가 있다. 그다음 시기가 바로 1990년대 중후반 고난의 행군 시기에 청년기를 보낸 집단인데, 이들은 혁명 4세대로 명명되면서 국가의 위기상황을 극복하는 데 적극적인 역할을 수행한 청년을 일컫는 말로 활용되었다. 이처럼 북한에서 사용하는 세대는 국가위기 국면에 청년을 적극적인 행위주체로 호명하기 위한 방편으로 활용되고 있다.

김정은이 집권한 이후 북한체제는 다시 한 번 북한의 청년을 친親 국가적인 집단으로 호명하려는 시도를 하고 있다. 일례로 김정은은 2012년 최고인민회의 제12기 6차 회의에서 「전반적 12년제 의무교육을 실시함에 대하여」라는 법령을 제정함으로써 의무교육 개혁에 힘쓰고 있고, 2014년 9월 5일에 발표한 제13차 전국교육일꾼대회의 담화문에서는 "새 세기 교육혁명을 일으켜 우리나라를 교육의 나라, 인재강국으로 빛내이자"라고 주장하며 교육을 강조하고 있다(경남대 극동문제연구소 편, 2015: 196). 그만큼 교육의 중요성을 인정하고 있는 것이고, 여기서의 교육은 인재양성뿐만 아니라 사상교육까지도 포함하는 전방위적인 교육을 의미한다.

또한 김정은은 사상교육의 중요성을 2015년 7월 25일에 개최된 제4차 전국노병대회에서 다시금 강조했다. 그는 노병의 사상성과 노력을 치하하면서, 새 세대들이 이러한 노병의 정신을 계승발전시켜야 한다고 강조했다. 김정은은 "우리 당은 자라나는 새 세대들, 청년들을 조국수호정신으로 무장시키는 데 특별한 주목을 돌리고 있다"라고 강조하면서 "청년들은 선열들이 피로써 창조한 조국수호정신을 뼈에 새겨 안고 1950년대의 영웅 전사들처럼 조국의 부름 앞에 한몸 서슴없이 내대야 하며 선군청년전위의 용맹과 기상을 남김없이 떨쳐야 한다"라고 말했다.[3] 그만큼 북한체제는 청년이 혁명사상을 내면화하여, 국가에 순응적이고 체제를 위해서 희생을 감수할 수 있는 집단으로 만들기 위해 다양한 노력을 경주하고 있다.

3. 북한 청년

새로운 정치세대 구성의 가능성

서울대 통일평화연구원이 2011년부터 2015년까지 5년간 남한으로 이주한 탈북자 660명을 대상으로 설문조사를 한 결과를 살펴보면, 35세 미만의 응답자 299명 중 69.2%인 207명이 '북한 주민 50% 이상이 김정은 정권을 지지한다'고 응답했다. 이 문항에 다른 연령 집단의 응답률을 살펴보면 35~44세는 59.4%, 45~54세는 60.2%, 55세 이상은 48.1%를 나타낸다. 북한 청년의 이러한 응답은 흥미로운데, 북한의 젊은 층이 기성층보다 북한사회의 체제 통합도에 대해서 더 확고한 믿음이 있다는 해석이 가능하기 때문이다. 설문조사 결과에 따르면 북한 청년들은 김정은 정권에 대해서도 기성세대에 비해 좀 더 보수적인 입장을 보여준다.

한편, 북한 정권의 지속성을 묻는 질문에서는 '10년 이내에 북한 정권이 붕괴할 것' 이라는 답변을 한 응답자는 35세 미만 집단에서 29.3%에 머물렀다. 반면에 연령이 높은 55세 이상 집단에서 오히려 북한 정권의 붕괴 가능성을 높게 보고 있는 것으로 나타났다. 그뿐 아니라 북한체제가 핵무기를 보유하는 것에 대해서 35세 미만 집단의 경우 51.9%가 찬성한다고 응답했다(서울대 통일문화연구원, 2015). 이는 북한 청년이 김정은 정권에서 강조하는 핵무장노선에 대해서 상대적으로 더 우호적일 뿐만 아니라, 북한체제가 강조하는

3 김정은, "제4차 전국노병대회 연설문"(2015).

선군정책에 대해서도 기성세대보다 높은 수준의 지지율을 나타냄을 의미한다. 청년이라는 생애주기적 특성상 기성세대보다 좀 더 진보적일 것이라는 추측이 가능해보이지만, 북한 청년의 정치의식은 기성세대보다 오히려 더 보수적이고 체제 순응적이다. 이러한 특성은 단순히 생애주기적 특성이 모든 사회에서 동일하게 나타나지 않을 수 있음을 의미한다. 또 북한 청년의 경우 정치 영역을 제외한 다른 영역에서는 기성세대에 비해 좀 더 진보적이고, 구별적인 행동양식을 보여주지만 정치 영역에서의 의식이나 행동양식의 측면에서는 북한 청년만의 세대적 정체성을 구축하지 못했다는 해석 또한 가능해 보인다.

이런 결과는 다른 연구에서도 비슷하게 나타났다. 경남대 극동문제연구소는 '북한의 새 세대 연구'에서 2015년 20~35세 청년층의 탈북민 54명을 설문조사했고, 심층면접으로 20~35세 7명, 40대 이상 17명을 조사했다. 설문조사의 내용은 북한의 청년이 세대의식 혹은 세대적 정체성을 구성했는가의 여부이다. 연구 결과에서는 북한 청년이 새로운 정치세대를 구성했는지 여부를 이들의 '정치적 자기범주화'와 정치의식, 정치적 실천, 그리고 정치적 아비투스(성향), 이렇게 세 영역에서의 의식과 행동양식을 살펴봄으로써 분석하고자 했다(경남대 극동문제연구소 편, 2015: 60~71).

첫째, '정치적 자기범주화'는 특정 개인이 정치 이데올로기, 정치집단 또는 정치조직에 대한 소속감, 충성심, 정치적 언명 등을 통해 귀속감이나 연대의식을 갖는 것을 의미한다(경남대 극동문제연구소 편, 2015: 62). 김정은에 대한 북한 청년의 의식과 평가 등이 이에 해당하는데, 김정은 체제에 대해서 긍정적으로 평가하거나, 3대세습을 정당하게 받아들이는 경우, 북한 청년은 정권과 자신들을 연계해서 생각하는 습성을 유지하고 이는 상당히 공고한 정치적 자기 범주화를 구축하고 있는 것이다. 하지만 만약 김정은 체제에 대해서 혼종적인 평가 혹은 모순적인 소속감 등이 나타난다면, 이는 북한의 청년이 세대만의 일관된 정치의식보다는 다중적이면서 혼재된 정치의식을 구성하고 있음을 의미한다. 비슷하게 북한 청년의 정치의식은 정치 전반에 대한 개인의 평가를 통해서 확인할 수 있는데, 북한사회의 주요 정치 세력이 누구인지, 사회 변동을 만들어낼 수 있는 주요 행위주체는 누구인지 등의 질문을 통해서 확인해볼 수 있다. 만약 북한 청년이 신흥 자본가(혹은 돈주)를 북한사회의 주요 세력으로 판단하거나, 사회 변동의 주요 행위주체로 당이나 지도자가 아닌 시장 세력을 꼽는다면 이는 북한 청년의 정치의식에 상당한 변화가 있는 것으로 판단해볼 수 있다.

앞서 실시한 설문 문항과 심층면접 결과는 북한 청년이 '정치적 자기범주화'와 정치의식 측면에서 뚜렷한 세대의식이나 정치적 정체성을 구축하지 못했다는 결론에 이른다. 북한 청년은 국가권력에 대한 절대성을 인식하고 있지만, 김정은 정권에 대한 평가, 후계체제의 정당성 수용, 사회적 불평등에 대한 반응을 묻는 문항에서는 이들만의 정치적 자기범주화와 유기적인 연관성을 찾기가 어려웠다. 그만큼 이들의 정치적 정체성은 상당히 유동적이면서 동시에 다중적으로 표출되고 있었다. 한편, 북한의 청년은 국가의 절대성을 뚜렷하게 인지하고 있는 것으로 나타났다. 하지만 여기서 조심스럽게 살펴봐야 할 점은 이러한 국가에 대한 절대적 복종과 신뢰는 단순히 북한의 젊은 층에만 국한된 정치의식은 아니라는 사실이다. 그 이유는 북한 주민 대부분이 여전히 국가권력에 대한 절대성을 인지하고 있기 때문이다. 특히 기성세대의 경우에도 시장의 중요성을 강조하면서 국가권력의 강력한 작동을 인정하고 있었고, 북한사회의 변화는 돈주나 시장 세력에 의해서 가능한 것이 아니라 지도자의 결심이 가장 중요한 역할을 한다고 응답했다.

한편, 북한 청년의 정치적 실천이 과연 세대적인가를 살펴보았다. 입당에 대한 태도, 군사복무와 조직생활 참가 여부 등 이들이 기존의 정치적 실천을 어느 정도 수행하는지, 혹은 이들만의 구별적인 정치 실천을 만들어내고 있는지를 확인할 수 있는 설문 문항이었다. 예컨대 설문의 응답자 중 72%는 입당에 적극적인 태도를 보여주었는데, 입당을 하고자 하는 이유는 '지도자와 당에 대한 충성심'보다 본인의 정치적 발전이나 결혼, 미래 등 '실리적 이유'에 근거를 두었다. 군사복무를 하는 이유도 '입당을 하거나 간부가 되기 위해서'라는 응답이 31.7%이고, '응당해야 하는 것이니까'라는 응답이 25%, '사회생활을 할 때 남보다 빠지지 않기 위해서'라는 응답이 13.5%로 그 뒤를 이었다. 군사복무를 체제나 당에 대한 충성심이나 조국을 지킨다는 사명감에서 수행하기보다 좀 더 나은 미래를 위해서 선택하거나, 다른 한편으로는 사회적 규범을 따르는 양상이 함께 혼재되어 나타난다. 그만큼 국가에 대한 충성의 의미가 상당히 변화한 것으로 볼 수 있다. 국가에 대한 직접적인 충성심에서 군사복무를 수행하기보다는 북한사회에서 공유하는 가치의 측면에서 군사복무를 받아들이는 것으로 해석이 가능하다. 그뿐 아니라 군사복무를 앞으로의 사회생활을 하는 데 꼭 필요한 것으로 인식하는 것은 그만큼 국가 중심의 사회구조와 체계가 여전히 작동하고 있고, 이러한 체계에 편입되는 것이 사회적으로 안정되게 살 수 있다는 것을 북한 청년이 충분히 인지하고 있음을 의미하는 것이다.

하지만 이러한 성향이 청년만의 세대의식이나 정체성이라고 결론짓기에는 석연치 않은 구석이 많다. 예를 들어, 기성세대의 경우 입당을 하고자 하는 이유가 국가와 당에 대한 충성심이기보다는 '장사를 하는 데 필요해서'라는 응답이 압도적으로 많았다. 그만큼 국가보다는 시장을 중심으로 한 물질주의적 가치관을 구축하고 있음을 나타낸다. 하지만 북한의 기성세대는 시장과 국가를 단순히 이분법적으로 인식하기보다 시장에서의 성공과 부의 축적을 위해서는 반드시 국가와 결탁해야 한다고 믿는 경향이 존재한다. 즉, 고난의 행군이라는 극한의 경제난을 경험한 북한의 기성세대는 살아남기 위해서 국가에 복종하는 것이 좀 더 안정적으로 경제활동을 가능하게 함을 잘 알고 있다. 이러한 기성세대의 정치적 실천 양상은 북한 청년의 정체성과도 상당한 연관성이 있는 것으로 보인다.

마지막으로 북한 청년들의 정치적 아비투스를 주목해볼 필요가 있다. 아비투스란 행위자의 몸과 의식 깊숙이 각인되어 있는 특정한 성향체계를 의미하는 것이다. 즉, 행동이나 의식으로 표출되지는 않지만 행위자의 정체성 근간이 되는 문화적 습성의 총체이다. 북한 청년의 정치적 아비투스란 정치적 자기 범주화와 정치적 실천의 영역에서는 뚜렷이 표출되지 않지만 이들의 정체성 심층에 존재하는 정치적 정향을 확인하게 한다는 점에서 의미심장하다. 이는 향후 북한 청년들이 만들어가는 북한사회 변화의 향방을 짐작하게 하는 중요한 나침반 역할을 할 수 있다.

북한 청년들의 정치적 아비투스를 확인하기 위해서 활용한 설문 문항은 '고난의 행군과 같은 식량 위기 혹은 전쟁이 발발했을 경우 어떤 선택을 하는지'에 대한 질문이다. 응답자 중에 '전장에 나갔을 것'이라고 응답한 응답자는 총 53명의 응답자 중에 17명이고, '숨거나 도망가려고 했을 것'이라고 답한 응답자는 16명으로 비슷한 수준이었다. 이를 입당 관련 태도와 연관시켜 분석해보면 입당에 적극적인 응답자일수록 '전장에 나가겠다'고 응답한 응답자의 비율이 증가했다. 하지만 입당에 적극적인 응답자 19명 중에 8명이 '전장을 피했을 것'이라는 답을 했다는 것은 입당에 적극적이더라도 전쟁이나 고난의 행군과 같은 국가적 위기상황에서 국가에 충성하는 것보다는 개인의 안위에 더 신경 쓰고 있음을 짐작케 한다.

비슷하게 고난의 행군과 같은 국가적 위기상황의 대처를 묻는 질문에서는 '비(불)법적인 장사를 해서라도 식량을 구할 것이다'라고 답한 응답자가 가장 많았고, 그다음으로 '죽을 각오로 탈북을 할 것이다'라는 응답이 그 뒤를 이었다. 다시 말해 국가적 위기상황에서 북한 청년의 대응은 현실적 상황에서 답을 찾는 것(비법적인 장사) 혹은 체제에 반하더라도 개인의 안위에 집중하는 것(탈북)을 더 중요하게 생각하는 것으로 나타났다. 그만큼 북한 청년의 정치적 아비투스 수준에서는 체제보다 개인의 삶에 대한 열망이 조금씩 꿈틀거리고 있다는 것을 확인할 수 있었다. 이들의 정치적 아비투스는 사실상 정체성이나 행동으로 바로 표출되지는 않지만, 앞으로 이들의 삶에 중요한 지표가 된다는 점에서 중요하다.

문제는 변화 가능성을 내포한 이들의 정치적 아비투스가 실제 행동이나 실천으로 연결되기에는 사회 구조적인 제약이 여전히 촘촘하게 작동한다는 점이다. 북한 청년들은 기성세대처럼 정치문제, 특히 지도자에 관해서는 자유롭게 논하는 것을 꺼린다. 혹여나 자신들의 행동이 북한의 감시체계에 걸릴 수 있다는 것을 정확하게 인지하고 있는 것이다. 이중 삼중으로 잘 짜여진 감시체계는 김정은 정권이 들어서면서 더욱 광폭해지고 있기 때문에 북한 청년들은 정치적 문제에 대한 공론화를 상상조차 못하고 있다. 결국 변화를 반영하여 꿈틀거리고 있는 이들의 정치적 아비투스는 청년만의 정치적 정체성이나 실천으로 확장되지 못하고 있다. 이러한 상황 때문에 북한 청년이 그들만의 정체적 세대를 구성하는 데 상당한 어려움이 존재하는 것으로 보인다. 발화되고, 실천되지 않는 정치적 성향이 이들만의 세대적 의식으로 구성되는 것에는 한계가 있다.

4. 북한 청년

부상하는 시장 주도 세력?

북한 청년의 가장 뚜렷한 특징은 배급을 경험하지 못한 세대라는 것이다. 즉, 사회주의적 경제체제에 대한 경험이 일천하고, 그 대신 초보적이기는 하지만 장마당이라는 시장 경제적 환경에서 사회화를 경험한 세대라는 특징이 있다. 반면, 북한의 기성세대는 배급체제 내에서 사회화를 완성했고, 이후 성인기에 접어들면서 '미공급(식량 배급의 중단)'의 상황에 직면했다는 특징이 있다. 기성세대는 최악의 경제난을 겪은 세대이면서, 살아남기 위해 자생적으로 장마당을 개척한 집단이다. 그뿐 아니라 이들은 북한체제만의 독특한 조직생활문화를 체득하고 수행하면서 성인기에 진입한 이들이다. 때문에 이들은 '제2, 제3의 대안을 찾는 사회의식이 결손된' 집단이다(경남대 극동문제연구소 편, 2015: 121). 살아남기 위해서 시장을 개척하기는 했지만 이미 체득된 조직 생활의 문화로 인해 이들은 사회 변혁을 만들어내는 적극적인 의식을 구축하는 데 한계가 있는 세대라고 할 수 있다.

지금 시점에서 40~50대 장년층을 이루는 북한의 기성세대는 최악의 식량난인 고난의 행군 시기에 청년기를 보냈기 때문에 생존에 대한 기본적 욕망을 추구하는 의지, 생존에 대한 집착과 불안 심리, 개인의 안위만이 중요한 개인화된 가치를 체득한 세대라고 할 수 있다. 살아남기 위해서라면 사회 규범이나 윤리적 삶이라는 가치를 쉽게 버릴 수 있고, 생존을 위해서라면 사회주의적 생활양식을 버린 채 비사회주의적인 행동이나 실천을 감행할 수 있다는 의식이 팽배하다. 장마당을 처음으로 개척한 선구자적인 집단이라는 것은, 즉 지금까지 사회의 근간이 되는 가치 체계에 반하는 행동을 시도했다는 것을 의미하고 이들이 지금까지도 북한체제나 정권에 가장 반하는 의식구조를 구축하게 하는 데 절대적인 배경이 된다. 비록 원시적 수준이기는 하지만 장마당을 시작했다는 것은 단순히 '비사회주의적 행위'를 시도했다는 것에 머무는 것이 아니라 기존의 북한사회의 규범에 의문을 제기한 세대라는 측면에서 의미가 있다. 경제적인 측면에서의 '시장'을 활성화했다는 사실 못지않게 사회적 측면에서 '시장'을 구축했다는 의미가 있는 것이다.

기성세대의 이러한 의식 저변에는 1989년에 충격적으로 경험한 자유주의의 영향이 존재한다. 대부분의 북한 40~50대는 임수경으로 표상되는 자유주의 문화를 아직까지도 선명하게 기억하고 있다. 평양학생축전에 남측 대표로 참가한 임수경의 자유분방한 패션과 행동 등은 북한 청년들의 뇌리에 깊게 각인되었지만 정권의 적극적인 규율로 인해 더 확장된 형태의 행동이나 실천으로 연결되지는 못했다. 그 당시 김정일은 "반동적인 사상문화와 퇴폐적인 생활양식과 제국주의자들이 퍼뜨리는 자유화 바람과 날라리풍의 유혹을 경계해야 한다"라고 강조하면서, 젊은 층에 퍼져나가는 자유주의적 문화를 경계했다(김정일, 2000: 474). 하지만 이들이 청년시기에 경험한 문화적 충격은, 고난의 행군을 거치면서 비사회주의적인 행동을 서슴없이 수행하게 되고 비공식 경제영역에서 활발하게 활동하게 되면서 사회주의적 이데올로기와는 구별되는 의식과 일상을 구축하게 하는 중요한 자원이었다.

경제적 측면에서 기성세대는 장마당을 개척하면서 동시에 확장하는 주요 행위자 집단이다. 처음에는 생존을 위한 물물교환에 머물렀던 경제 행위가 점차적으로 상거래 수준으로 확장되었고, 이제는 물류 교환뿐만 아니라 신용거래와 같은 개념 또한 통용되기에 이른다. '돈주'라고 불리는 초기적 형태의 자본가 계급이 등장하기 시작했고, 이들은 조금이라도 더 많은 이익을 위해서 투자를 하기도 하고, 거래 품목을 다변화하기도 한다. 게다가 기성세대는 자신들의 경제적 행위를 위해서는 국가와도 적절하게 결탁하는 유연함 또한 보인다. 그만큼 이들은 국가의 지원이나 묵인 없이 장마당에서 경제활동을 하는 것이 사실상 불가능하다는 것도 잘 알고 있다. 특히 2009년 화폐개혁의 경험은 장마당에서 활발하게 경제활동을 한 기성세대에게 아픈 기억인데, 자본을 모은 상당수의 북한 주민이 화폐개혁으로 인해 자신의 전 재산이 휴지조각이 되는 경험을 하게 된다. 이 때문에 기성세대는 국가, 특히 시장에 대한 국가의 검열이나 규율에 상당히 비판적인 의식이 있다. "국가만 내버려 둔다면 더 잘살 자신이 있다"는 기성세대 탈북자의 주장은 이들이 국가를 어떻게 인식하고 있는지 짐작하게 한다.

반면에 시장에서 자라난 북한 청년의 경우에는 사회화의 경험이 시장을 중심으로 이루어졌고, 그만큼 상대적으로 약화된 조직생활을 수행했다는 측면에서 기성세대보다는 좀 더 의식적이고 시장적인 세대일 가능성이 존재한다. 조정아 등(2013)은 새 세대의 특징을 시장과 화폐로 정의하면서 이들은 국가에 기대하는 것이 없고 오직 돈만을 믿고 추종하는 물신화된 정체성을 구축한 집단으로 분석한다. 기성세대가 먹고사는 문제를 해결하기 위해 제한된 방식으로 장마당을 경험했다면, 새 세대는 처음부터 장마당에 기대서 모든 것을 해결한 집단이라는 것이다(조정아 외, 2013). 비슷하게 노귀남(2014)은 기성세대와 새 세대를 구분 짓는 결정적인 요인으로 시장과 국가 배급 간의 관계성을 설정하고 있다. 즉, 기성세대들이 시장 1세대로 국가의 배급 부족분을 시장으로 메워가며 살아간 세대라면 새 세대로 명명되는 시장 2세대는 국가의 배급에 더 이상 기대지 않고 시장에 전적으로 의지하면서 삶을 영위하는 세대를 말한다(노귀남, 2014). 이 때문에 이들은 기성세대보다 개인의 부에 대한 열망이 더 간절하고, 이를 위해서는 조직생활의 울타리를 쉽게 뛰어넘기도 한다.

노귀남의 연구에 따르면 북한 청년의 시장에 대한 인식과 실천의 수준은 복합적이면서 상당히 낮은 수준에 머물러 있다. 시장을 개척한 기성세대와 비교해봤을 때 좀 더 높은 수준의 시장에 대한 이해 혹은 시도가 분명이 포착되기는 하지만, 그렇다고 시장의 구조를 바꿀 수 있을 정도의 의식에까지는 아직 이르지 못한 것으로 보인다(경남대 극동문제연구소 편, 2015: 127~139). 설문조사의 결과를 좀 더 자세히 살펴보면 장사를 할 때 신용에 대해서 어느 정도 알고 있었는지, 회사나 기업을 만드는 일을 했던 경험이 있는지, 도매와 소매의 상업구조에 대해서 이해하고 있는지, 이윤, 임금, 지대(장소 사용료), 이자 등 상품 가격요소를 알고 있는지, 그리고 마지막으로 경제활동의 목적이 무엇인지를 묻는 질문에 대해서 기성세대와 유사한 정도의 시장 인식 수준 비율이 약 20%, 과도기적 수준 비율이 약 36%, 마지막으로 시장에 대해서 발전된 의식과 경험을 한 청년의 비율은 약 44%로 분포되어 있었다. 이는 북한체제와 경제의 특수성에서 비롯된 것으로 보이는데, 특히 대북제재가 더욱더 강력하게 작동하는 현 상황에서 북한의 청년들이 그들 스스로 시장에 대한 인식과 실천의 수준을 높이는 것에는 큰 한계가 있음을 짐작하게 하는 대목이기도 하다. 설사 이들이 자생적으로 시장적 경험을 확대해 나간다고 하더라도 그 수준과 속도는 자본주의사회 청년의 경험과는 상당한 거리가 있는 것으로 보인다.

그럼에도 불구하고 북한 청년들의 시장적 경험이 기성세대와 같은 것이라고 폄하하기에는 무언가 석연치 않은 점이 많다. 우선 부모가 장마당에서 장사를 한 경우에는 그것을 옆에서 지켜보며 자란 북한 청년의 사고가 훨씬 더 시장 중심적일 확률이 높기 때문이다. 부모가 주도적으로 수행한 장마당의 확산과 이에 따른 국가의 규율 강화 등을 지켜본 북한 청년들은 가능한 국가의 통제에 저촉되지 않으면서도 시장활동을 좀 더 활발히 할 수 있는 방안에 골몰할 가능성이 높다. 그뿐 아니라 이들의 가치 정향이 국가나 지도자에 대한 충성보다는 물질적 욕망이나 개인적 안위에 더 집중되어 있을 확률 또한 높다.

여기서 다시금 청년들의 코호트(연령)적 특징을 고려해볼 필요가 있다. 예컨대 새로운 문물에 대해서 좀 더 개방적인 태도와 인식을 갖고 있는 젊은 층은 휴대전화, 외국 문물, 남한과 중국의 대중문화에 더 많이 노출될 수밖에 없고, 이들의 경제적 의식을 발전시키는 데 결정적인 역할을 할 확률이 높다. 부모세대가 지역과 지역을 직접 이동하면서 장사를 했다면 이제 이들은 휴대전화 및 다양한 기기를 활용하여 장사를 하고 있다. 비슷하게 윤인주(2014)는 북한 청년의 특징을 중국, 영상매체, 휴대전화, 돈, 개인이라는 5개 키워드로 분석했다. 시장에 기대어 살고 있는 북한 청년에게 중국은 선망의 대상이 된다. 북한 전체 교역에서 중국과의 교역은 90%에 육박하고 있고, 5·24조치 이후 고립된 북한의 경제는 더욱 중국에 의존하는 양상이다. 그뿐 아니라 중국 혹은 해외지역으로 노동이주를 온 북한 청년의 수가 점차적으로 늘고 있다는 것을 감안할 필요가 있다. 비록 촘촘한 감시체계 내에서 단체생활을 해야만 하는 해외생활이지만 해외에서 노동을 한다는 것 자체가 새로운 문물에 노출되고 있음을 의미한다. 그만큼 북한 청년은 자본주의와 시장이 작동하는 방식을 몸으로 체화할 확률이 높고, 돈벌이가 되는 일에 더 발 빠르게 대처할 가능성이 높다.

한편, 남한 불법 녹화물이나 외래문화는 시장을 통해서 유통되고 그만큼 북한사회 곳곳에 퍼져 있다. 북한의 새 세대 상당수는 이렇게 유통되는 대중문화를 통해 외부 세계를 동경하기도 하고, 화려한 소비 생활을 욕망하기도 한다. 예컨대 최근 김정은 정권이 자랑하는 모란봉악단의 음악이나 퍼포먼스를 살펴보면 무대를 꾸미는 데에 변화하는 인민의 눈높이를 감안하여 외래문화를 한껏 받아들이는 것을 확인할 수 있다. 다시 말해 외래문화에 노출된 북한 청년들의 관심을 끌기 위해서 북한 정권의 매체 또한 변화하고 있음을 의미한다. 북한의 청년은 더 이상 고립된 집단이라고 단순화하기 어려울 정도로 외부문화에 노출되어 있고, 이를 통해 좀 더 시장주의적이고 소비적인 성향을 구축할 가능성이 높다.

새로운 기기로 인한 북한 청년세대의 변화 가능성 또한 무시하기 어렵다. 북한의 청년세대들은 휴대전화를 활용하여 경제활동을 하고, 휴대전화를 패션 액세서리로 구입하기도 한다. 북한 내 이동통신 가입자 수는 300만 명이 넘어섰는데, 이는 북한 주민 10명당 1명이 휴대전화를 사용하고 있음을 의미한다. 불법적으로 중국 휴대전화를 사용하는 북한 주민까지 포함한다면 이제 북한에서도 휴대전화가 빠른 속도로 일상화되고 있다는 잠정 결론을 내릴 수 있다. 특히 청년세대는 휴대전화를 이용하여 좀 더 빠르게 정보를 얻고, 이를 바탕으로 수익률이 높은 사업 아이템을 발굴하기도 한다. 한 청년 탈북자는 중국 휴대전화와 북한 휴대전화를 모두 다 사용했는데, 이를 통해서 중국의 환율을 매일 확인하여 환차익을 얻는 장사를 했었다고 증언했다. 또한 휴대전화를 이용하여 사적 송금이 가능하게 되면서 휴대전화는 일종의 전자 금융의 역할을 하고 있음이 확인된다(김연호, 2014). 즉, 부족한 교통시설로 인해 국내에서 주민들의 이동이 제약을 받았다면, 휴대전화가 물질적·지정학적 공간의 장벽을 허물고 있음을 알 수 있다.

북한의 청년은 기성세대보다도 더 돈을 중시 여기는 특징이 있다. 과거 사회주의 체제를 경험하지 못한 북한 청년에게 국가는 오직 통제와 규율로만 인식된다. 하지만 이렇게 폭압적인 국가도 돈만 있다면 자신들의 일상을 크게 침범하지 않을 것이라는 확신이 존재하기도 한다. 북한의 청년들은 돈만 있으면 국가의 통제에서 어느 정도 벗어나 안락한 삶을 꾸릴 수 있다고 생각한다. 또한 고난의 행군기를 거치면서 무너진 사회 시스템과 국가 통제 구조는

'돈만 있으면 다 해결할 수 있다'는 믿음을 북한 주민에게 심어주었다. 비(불)법적인 밀수나 장사를 하다가 적발되더라도 보위부나 당 간부에게 돈을 상납하면 다 해결될 수 있다는 것이 탈북자들의 증언이다. 물질주의적 가치관이 사회주의 체제를 표방한 북한에서 기승을 부리게 되었고, 이는 북한 청년에게서 더욱 명확하게 확인된다. 이런 맥락에서 북한 청년세대는 국가에 순응하는 인민에 머물지 않고, 개인의 욕망을 적극적으로 표출하고 실현해가는 개인으로 조금씩 변모해가고 있다. 국가가 책임져주는 것이 아무것도 없는 상황에서 개인이 결국 자신의 안위를 책임져야 하고, 이는 국가, 집단, 가족보다도 '나만 잘살면 된다'는 개인주의적 사고를 확산시키는 역할을 했다.

하지만 이러한 구별적인 성향 체계를 구축한 북한의 청년세대가 기성세대와 확연히 구별되는 경제적 세대로 변모했는지는 좀 더 찬찬히 살펴볼 필요가 있다. 예컨대 장마당을 통한 경제 경험이나 작동 방식이 그 규모와 속도 측면에서 확대된 것은 분명하지만 북한 청년이 이러한 시장의 주요 행위 집단이 되었다고 주장하기에는 이들의 사회적 위치에 한계가 분명하다. 앞서 설명했던 것처럼 북한의 청년은 군복무(돌격대)에 이들의 20대 대부분을 보내게 되면서 시장 주체로 본격적인 활동을 하는 데 어려움을 겪게 된다. 군복무를 하지 않는 북한 여성의 경우에는 부모, 친척, 지인을 돕는 역할을 하는 정도에서 경제활동을 하게 되고, 이는 이들이 경제적 세대로서의 확고한 의식이나 실천양식을 구축하는 것을 어렵게 한다. 이런 맥락에서 북한의 청년들이 기성세대와 구분되는 새로운 경제적 세대로 구성되었다고는 보기 어렵지만, 장마당이라는 새로운 경제체제에서 기성세대보다는 좀 더 적극적으로 행동할 가능성을 갖고 있는 집단이라고 보는 것이 타당하다.

5. 결론

북한 청년의 문화적 실천과 의미

경남대학교의 설문 결과를 살펴보면 북한 청년은 소비문화적 실천을 조금씩 경험하고 있지만 아직까지 이들의 생활세계는 기존 문화체계의 영향권에 있는 것으로 보인다. 그 이유는 이들의 경제적 여건이 소비적 주체가 되기에는 미성숙해 있을 뿐만 아니라 기존의 가치관이나 의식이 여전히 강력하게 작동하고 있기 때문이다. 이들에게 국가는 멀리 존재하지만 동시에 강력한 두려움으로 작용한다. 많은 수의 북한 청년이 국가를 부정적으로 인식하기보다는 순종하거나 혹은 가치판단을 하지 않는 소극적 태도를 보이는데, 그 이유는 이들이 국가를 비판할 수 있는 경험이나 자원이 충분하지 않기 때문이다. 기성세대의 경우 사회주의가 잘 작동했을 때와 고난의 행군 시기 이후를 비교하면서 지금의 체제나 국가에 대해서 비판적으로 의식하기도 하지만, 북한 청년이 경험하는 국가는 무조건 복종해야만 하는 대상이면서 동시에 마음만 먹으면 이들이 가진 모든 것을 송두리째 빼어갈 수 있는 두려운 존재이다. 북한 청년들에게 2009년의 화폐개혁은 국가가 얼마나 강력하게 작동할 수 있는지를 확인할 수 있는 기회였다. 이런 맥락에서 북한 청년들은 오히려 기성세대보다 더 국가나 체제를 극복하지 못한 세대이다.

시장에 대한 북한 청년들의 태도 또한 상당히 모호하고 혼종적이다. 예컨대 시장에서 좀 더 적극적이고 활발하게 활동할 수 있음에도, 이들은 국가가 허용하는 범위 내에서 적절하게 시장에 기대어 살고자 한다. 국가를 뛰어넘어 시장의 주요 세력이 되기에는 이들의 경제적 위치가 아직은 제한적이고, 자본 또한 충분치 않고, 무엇보다 사회문화적 구조가 젊은이들에게 그렇게 개방적이지 않다. 이런 측면에서 이들은 자신들의 사회적 위치를 정확하게 간파하면서 그 속에서 최대한 살아남으려고 노력하는 '전략적' 세대이다. 즉, 사회주의적 문화와 외래문화 사이, 국가와 시장 사이, 집단주의와 개인주의 사이, 적극적 행위주체와 수동적 군중 사이에 양면적으로 존재하는 '사이 in-between세대'이다(김성경, 2015).

사이세대의 양면적 위치는 이들이 향유하는 문화적 실천에서 더 명확하게 드러난다. 상당수의 북한 청년들은 남한의 대중문화를 포함한 외부문화를 접해본 경험이 있는데, 설문조사 결과 약 80%에 이르는 응답자가 적어도 한 번 이상 남한의 대중문화를 접해본 경험이 있다고 답했다. 하지만 이 중에서 '적극적으로 구해서 대중문화를 소비했다'는 응답자는 약 10%에 미치지 못할 정도였고, 대부분의 응답자는 '믿을 만한 사람이 구해주었을 경우 봤다'는 소극적 시청자였다. 계급적으로는 중상위 계층의 북한 청년들이 남한의 대중문화에 더 많이 노출되는 경향이 있었고, 하층을 이루는 대부분 노동자 계층의 청년은 경제적 어려움으로 인해 상대적으로 남한의 대중문화를 접한 기회가 적었다. 이러한 계급적 차이는, 남한의 대중문화가 북한 청년의 의식을 바꾸고 체제 비판적인 의식을 고양할 수 있다는 주장들이 내부의 차이를 충분히 고려하지 않은 채 외래문화가 일방적으로 이들에게 영향을 미친다는 '미디어 주입' 모델을 단순화하여 적용했다는 문제점이 있다. 가령 중상위층 북한 청년의 경우에는 남한의 대중문화를 정치적 메시지로 해독하기보다는 단순한 재미로 소비할 확률이 있고, 상대적으로 덜 노출된 하층 청년의 경우 이러한 문화적 코드를 충분히 정치화할 문화적 자원이 부족할 가능성이 있다. 이런 측면에서 북한 청년들 사이의 남한 대중문화 확산은 이들의 계급적 위치를 고려함과 동시에 미디어 영향력의 여러 면을 조심스럽게 해석해야 할 필요가 있다. 북한 청년들은 외래문화를 분명 자신의 사회적 위치에서 적절하게 해독하고 수용할 것이다. 다시 말해 이들이 지금껏 익숙한 북한의 매체와 기존 이데올로기의 영향 내에서 외래문화를 받아들일 확률 또한 존재한다.

북한 청년들이 남한의 대중문화를 '보는 것'의 의미가 무엇인지도 분석해 볼 필요가 있다. 윤선희(2011)의 연구에 의하면 북한 청년들은 폐쇄적 환경의 돌파구로서 일상의 놀이문화로 남한 영상물을 소비하고 있다고 주장한다. 당국의 감시망을 피해서 청년들이 남한의 대중문화를 본다는 것은 이들이 국가의 감시체계를 잠시나마 무력화하는 행위로 대중문화를 소비하고, 이들이 '본다'는 행위를 통해서 경험하는 것은 일상의 저항에 따른 쾌감일 수 있다는 것이다(윤선희, 2011: 449). 국가의 힘이 미치지 않는 자신들만의 영역이 바로 몰래 남한의 대중문화를 보는 것이 된다는 것이다. 이는 공식적 영역과 대부분의 일상에서 국가에 수동적으로 복종하는 이들에게 저항과 일탈의 경험을 가능하게 한다는 측면에서 의미가 있다.

이런 측면에서 청년들은 국가와 시장, 사회주의와 자본주의, 그리고 집단주의와 개인주의 사이에서 양면적으로 존재하면서, 이 두 개의 다른 항 사이를 넘나들면서 자신들의 취향을 구축한다. 이들이 향유하는 유행은 기존의 문화 양식과 외부의 영향, 국가와 시장, 기성세대의 가치와 청년세대의 변화 등 다양한 힘이 복합적으로 얽혀 구성된다. 그만큼 이들의 삶은 단순히 국가 혹은 시장이라는 이분법으로 설명될 수 없는 복잡성을 내포하고 있다. 그런 맥락에서 이들은 어느 쪽에서 완전히 '소속되지 못한 자'들의 혼란함과 불안의 심리, 그리고 그만큼 혼종적인 가치를 내면화하고 있다.

참고문헌

경남대 극동문제연구소 편. 2015.『북한 청년들은 "새 세대"인가?: 김정은 정권과 청년 세대의 다중적 정체성』. 경남대학교 출판부.

곽채원. 2014.「북한 청년동맹의 초기 성격 연구(1946~1948): 조직, 당과의 관계, 역할을 중심으로」. ≪현대북한연구≫, 제17권 3호.

김성경. 2015.「북한 청년의 세대적 '마음'과 문화적 실천: 북한 '사이(in-between)세대'의 혼종적 정체성」. ≪통일연구≫, 제19권 1호.

김연호. 2014. "북한의 휴대전화 이용 실태: 북한의 통신혁명은 시작됐는가?" http://uskoreainstitute.org/wp-content/uploads/2014/08/Kim-Yonho-Cell-Phones-in-North-Korea-Korean.pdf

김정일. 2000.『김정일 선집 14』. 평양: 조선노동당출판사.

김종수. 2013.「북한 김정은 시대 청년동맹 연구」. ≪통일정책연구≫, 제22권 2호.

노귀남. 2014.「북·중접경지역의 인문학적 이해」.『국제고려학회 논문집』, 제15호.

만하임, 카를(Karl Mannheim). 2013. 이남석 옮김.『세대문제』. 서울: 책세상.

박경숙. 2013.『북한사회와 굴절된 근대: 인구, 국가, 주민의 삶』. 서울: 서울대학교출판문화원.

서울대 통일평화연구원. 2015.『북한의 사회변동과 주민의식 변화 자료집』. 서울대 통일평화연구원.

유라이트, 울리케(Ulrike Jureit)·빌트, 미하엘(Michael Wildt). 2014. 박희경·김연수·탁선미 외 옮김.『'세대'란 무엇인가?』. 서울: 한울아카데미.

윤선희. 2011.「북한 청소년의 한류 읽기: 미디어 수용에 나타난 문화정체성과 사회변화」. ≪한국언론학보≫, 제55권 1호.

윤인주. 2014.「북한 시장 신세대와 향후 북한의 변화 방향: 키워드와 사유화를 중심으로」. "시장 신세대를 통해 본 북한의 변화" 경남대 극동문제연구소 학술회의, 2014년 10월 30일.

이인정. 2007. 『북한 '새세대'의 가치지향 변화』. 서울: 한국학술정보.
조정아 외. 2013. 『새로운 세대의 탄생: 북한 청소년의 세대경험과 특성』. 서울: 통일연구원.
통계청. 2011. 『북한 인구와 인구센서스 분석』. 서울: 통계청.

7

김정은식 수령독재 정권유지 전략의 전개와 전망

박형중
통일연구원 선임연구위원

1. 서론

모든 정치가는 자신의 권력 유지를 최우선으로 하는 권력 유지 전략을 선택하여 실행한다(메스키타·스미스, 2012). 그러나 권력 유지를 위해 어떠한 전략이 선택되는가는 그 정치가가 활동하는 정치체제에 따라 다르다. 다시 말해 민주국가의 정치가와 독재체제의 독재자는 매우 다른 방식의 권력 유지 전략을 선택해야 살아남을 수 있다. 김정은도 개인적 권력 유지라는 전략 목표를 최우선으로 추구한다는 점에서 다른 모든 정치가의 경우와 동일하다. 그러나 김정은 권력이 기반을 둔 권력체계의 특성이 다르기 때문에, 김정은은 다른 정치가와는 다른 방식으로 권력 유지 전략을 수립하고 실행해야 한다.

김정은의 권력 유지 전략을 다른 경우와 비교하면 그 차별성의 핵심은 수령독재라는 권력구조가 재생산되어야 한다는 것이다. 그러면 수령독재란 무엇인가? 비교 독재연구에서 독재정권을 분류하는 방법은 다양한데, 그중 하나는 독재자와 주변 엘리트 간의 권력투쟁 발생 유무를 기준으로 분류하는 것이다(Svolik, 2012). 이 기준에 따르면 독재정권에는 두 가지 유형이 존재한다. 첫째, 보다 일반적인 독재 유형으로 독재자와 주변 엘리트 간에 권력투쟁이 존재하는 경우이다. 독재자와 주변 엘리트들 간의 권력 격차는 그리 크지 않으며 독재자는 주변 엘리트로부터 도전을 받는다. 독재자의 60% 이상이 이런 권력투쟁 때문에 실각한다. 둘째, 독재자와 주변의 엘리트 간에 권력투쟁이 부재한 유형이 있다. 한국학계에 친근한 표현을 빌려서 표현하면 이런 유형의 독재를 수령독재라 부를 수 있다. 수령독재에서는 최고지도자와 주변 엘리트 간의 권력 격차를 매우 큰 상태로 유지하는 권력 체계가 성공적으로 운영된다. 따라서 주변 엘리트가 수령의 지위와 권력에 도전하는 것은 불가능할 정도로 매우 어려우며, 그 결과 주변 엘리트와의 권력투쟁 때문에 수령이 실각하지 않는다. 역사적으로 이런 유형의 권력 체제를 건설했던 사례로 스탈린, 마오쩌둥, 히틀러, 차우셰스쿠, 사담 후세인, 김일성, 김정일을 거론할 수 있다.

수령독재라고 해도 수령의 권력이 자동적으로 유지되는 것은 아니다. 그 유지를 위해서 끊임없이 단기적·장기적으로 또한 대내외적으로 다양한 정치적·정책적 조치가 취해져야 한다. 그런데 독재 정권에서 일반적으로 권력승계의 기간은 정치적 혼란 잠재력이 매우 큰 시기이다. 김정일에서 김정은으로의 권력세습 과정도 그런 위험스러운 시기였다. 권력승계의 과정에서는 수령 독재를 단순하게 유지하는 도전에 추가하여, 아버지의 수령독재를 아들의 수령독재로 재편하여 재수립하는 과정이 진행되어야 하기 때문이었다. 일단 김정은은 이러한 어려운 과정을 성공적으로 수행한 것으로 볼 수 있다. 현재 김정은에게 가장 중요한 전략적 사업은 현존하는 김정은식 수령독재의 기본 틀이 손상됨이 없이 앞으로 훨씬 더 안정적이고 강해지는 것을 목표로 자신의 권력을 유지하는 것이다. 그런데 이 전략적 사업은 성공할 수도 실패할 수도 있으며, 그 성패에 따라 김정은식 수령독재의 존속 여부가 영향을 받는다.

다시 말해 김정은을 포함하여 어느 수령도 다른 정치가와 마찬가지로, 변화하는 상황에 맞추어 주기적으로 정권유지를 위한 대내외 전략을 세워야 하며 성공시켜야 한다. 이러한 수령독재 정권유지 전략은 주요하게 네 가지 사항으로 구성되어 있는 것으로 볼 수 있다. 첫째, (수령독재에 부합하는 방식으로) 통치연합을 꾸리고 유지하는 것이다. 둘째, 정권의 대사회 장악과 관리를 보장하는 것이다. 셋째, 대외적으로 정권의 안전을 보장하는 것이다. 넷째, 경제적 차원에서 물질적으로 앞의 세 가지 사항의 성취를 보장하는 것이다. 수령이라는 지위, 수령독재라는 정치체제는 이 네 가지 사업을 성공시키는 정권유지 전략을 입안하고 실행하는 데서 다른 경우와 비교할 때 독특한, 유리한 측면과 불리한 측면을 제공한다.

이 장의 제2절은 북한에서 수령독재와 관련하여 네 가지 각개 분야의 특성 그리고 분야별로 주요한 구조적 추세를 서술한다. 제3절은 앞의 네 가지 사항을 중심으로 2009년 김정은으로의 권력세습 시작 이후 수령독재 정권유지 전략이 어떻게 설정되었는지를 서술한다. 이와 관련하여 이 장은 세 가지 단계를 구분한다. 첫째, 2009~2011년 권력승계 단계, 둘째, 2012~2015년 수령독재를 김정은식으로 재편하는 단계, 셋째, 2016년 이래 김정은식 수령독재 출범 단계이다. 이 장은 이러한 단계마다 수령독재 정권유지 전략이 상황 변화에 맞추어 재설정되었음을 보여줄 것이다. 제4절은 앞으로 김정은식 수령독재의 정권유지 전략이 직면하는 환경과 도전의 내용, 설정된 전략 목표와 관철 방법, 그리고 이에 따른 남북관계 및 동북아 국제질서에의 여파와 그 성패 여부에 대해 서술한다.

2. 네 가지 분야

비교 독재론적 관점에서 보았을 때 수령독재는 독재정권의 한 가지 유형이다. 독재정권의 한 유형으로서 수령독재도 정권유지와 관련하여 독재정권 일반에게 제기되는 네 가지 과제를 완수해야 한다. 그러나 수령독재와 일반 독재와의 차이 때문에 이러한 네 가지 과제의 성격, 그것을 완수하는 환경과 전략에서도 양자 간에 차이가 존재한다. 여기서는 양자 간의 차이를 비교서술하고, 다음으로 북한의 수령독재 유지를 위한 전략과제와 관련하여 네 가지 분야에서 전개되었던 과거의 일반적 추세를 서술한다.

1) 네 가지 분야의 수령독재적 특성

어떠한 독재자도, 어떠한 독재 정권도 정권을 유지하자면, 네 가지 과제에서 성공을 거두어야 한다. 첫째, 상층통치연합의 안정적 유지, 둘째, 정권의 사회 장악, 셋째, 대외관계에서 안전 확보, 넷째, 경제 및 자원동원이다. 다만 이러한 문제가 해결되어야 하는 환경, 즉 상층 엘리트 내부 관계, 정권 대 사회 간의 갈등의 내용과 수준, 대외관계의 환경 그리고 경제 및 자원 동원에서의 환경은 각 정권마다 또한 시기적으로 다를 것이다.

그런데 여기서 언급한 네 가지 사항은 각자 독자적 영역이며 독특한 동태성을 갖지만 서로 연계되어 있고 서로 영향을 주기도 한다. 한 가지 영역에서의 실패와 위기는 다른 영역에서의 실패와 위기로 파급될 위험이 있다. 역으로 한 영역에서의 성공과 돌파는 다른 영역에서의 성공과 돌파에 도움이 될 수도 있다. 경우에 따라 모든 분야에서 성공이 동시에 진행될 수도 있고, 어떤 분야는 위기이지만 다른 분야에서는 안정이 유지될 수도 있다. 정권에게 가장 나쁜 경우는 복수 영역에서 위기가 동시 진행하는 경우일 것이다. 이처럼 영역들에서의 성패가 독립적이기도 하지만 서로 얽혀 있기도 하기 때문에 독재자는 이를 종합적으로 관리하거나 해결하기 위한 종합 대책과 전략이 필요하다. 이를 독재정권 유지 전략이라고 부를 수 있다. 북한에 성립해 있는 독재는 독재 유형별로 구분해보자면 앞서 지적했듯이 수령독재이기 때문에 북한에서 독재정권 유지 전략은 수령독재 정권유지 전략이라 할 수 있다. 이 경우 주어진 정세를 제대로 판단해야 정권유지에 기여하는 올바른 전략을 세울 개연성이 높아지고, 올바른 전략이 세워져야 그 실행에서 성공할 개연성도 높아진다. 2009년 권력승계 시작 이후 2017년 중후반 이 글의 서술 시점까지 김정은이 수령으로 군림하는 북한 정권이 존속한다는 것은 김정은의 수령독재

유지 전략이 적어도 이 시점까지는 성공했음을 보여준다.

그런데 수령독재는 일반독재에 비해 개인에의 권력집중이 훨씬 강하다. 이 때문에 일반독재와 비교할 때 수령독재의 정권생존전략은 다음과 같은 네 가지 특징을 갖는다.

첫째, 통치연합과 관련해서 보자. 우선 수령독재에서는 엘리트에 대한 감시와 억압체계가 현저히 증가해야 한다. 이는 엘리트 내부에서 수령에 도전할 만한 대항 권력이 등장하는 것을 방지하기 위해 필요하다. 다음으로 독재정권의 상층을 이루는 엘리트 집단의 규모가 훨씬 줄어들 수 있다. 이러면 수령이 엘리트의 특권 보장과 충성 확보를 위해 지출해야 하는 매수 비용이 줄어들고, 적은 비용으로 특권 향유 엘리트와 일반 주민 간의 양자 간 생활 격차를 더 넓힐 수 있다. 또한 수령은 엘리트 선발과 관련하여 더 많은 선택지를 가질 수 있고 엘리트 개인의 수령 개인 의존도가 높아져 엘리트의 개인별 지위가 훨씬 불안정하다. 개별 엘리트가 독자적인 세력과 지위를 가지고 있지 않기 때문에, 수령은 시간이 지나면서 상황이 바뀌고 그리하여 권력 유지에 필요한 인물 및 기관의 수요에 변화가 생기면 보다 손쉽게 자신을 보좌하는 엘리트 집단 또는 기관 체계를 재편할 수 있다.

둘째, 권력, 부와 기회가 수령과 소수 엘리트 집단에 높은 수준에서 집중하는 것을 정당화하고 유지하고 불만을 억제하자면, 사회 및 일반 개인에 대해 보다 높은 수준의 사상적 세뇌, 감시와 억압이 불가결하다.

셋째, 대외 안전과 관련하여 이러한 체제는 보다 포괄적이고 강력한 대외 차폐, 그리고 군사 및 사상과 정치에 걸쳐 강력한 대외 대항력을 건설하고 유지해야 한다. 그 이유를 보자. 북한에서는 권력과 부와 기회가 극소수에 극도로 집중되어 있다. 그 동전의 이면으로서 주민 대부분이 대부분의 권리를 박탈당한 상황이 지속하고 있다. 이러한 상황은 높은 수준의 감시 그리고 통제와 억압이 유지될 때만 지속가능하다. 이와 같은 내부 취약성 때문에 이러한 체제는 주변 환경과의 접촉에서 발생할 수도 있는 체제 위협적 영향이 내부로 파급되는 가능성에 대해 극도로 경계하고 적대한다. 따라서 국제사회와 주변 국가가 수령독재를 의도적으로 적대하지 않더라도 이러한 체제는 그 내부 취약성 때문에 주변 환경에 대해 높은 수준의 적대성과 공격성을 견지한다.

넷째, 경제의 불모성 때문에 독자적 경제력만으로는 정권과 국가를 유지하기 어렵다. 북한의 경제는 수령과 소수집단의 특권 보장, 그것을 유지하는 제도와 질서, 그리고 대외 차폐와 적대관계를 기반으로 유지된다. 이 때문에 수령독재 치하에서 경제의 생산성은 매우 낮은 수준에 머무를 수밖에 없다. 그리하여 북한 정권 수립 이래로 북한경제는 결국에 다양한 방식의 외부의 지원에 의해서 그리고/또는 주민 수탈 강화를 통해서만 지탱될 수 있었다.

이와 같이 네 가지 사항에 주목하는 것은 북한정치의 안정과 불안정, 그리고 이에 대응하는 정권의 정책과 전략을 판단하는 데 있어서 개선된 관점을 제시할 수 있다.

2) 북한 수령독재에서 네 가지 전략 분야별 추세와 내용

여기서는 수령독재 정권유지와 관련하여 언급한 네 가지 분야를 중심으로 북한에서 전개되었던 분야별 구조적 추세와 내용을 보다 구체적으로 서술한다(박형중 외, 2009; 박형중 외, 2012). 다음 절에서 이 네 가지 분야의 전략과제가 김정은 집권 과정 및 집권 이후의 경우, 어떠한 방식으로 총전략 그리고 분야별 전략으로 설정되었는가를 서술한다.

(1) 상층통치연합 관련

북한정치에서 핵심 중의 핵심은 수령독재 권력을 재생산하는 것이다. 이는 저절로 단순하게 유지되는 것이 아니다. 안정적 재생산은 끊임없는 개입을 통해서만 가능하다.

수령독재에서 수령의 지위는 절대적이며 주변 엘리트로부터 도전받지 않지만, 수령도 혼자 통치할 수 없다. 수령은 자신의 권력을 뒷받침하고 분야별로 업무를 처리할 핵심 엘리트 집단을 필요로 한다. 이것을 여기서 상층통치연합이라고 칭한다. 그런데 이러한 상층통치연합의 인물적 구성 및 권력기관의 구조와 배합은 일정하지 않고 변화해왔다. 그 이유는 수령독재의 생존조건이 변화하면, 수령독재의 유지를 위해서 필요한 핵심 기능과 정치적 가치가 달라지고 그에 따라 인물 구성과 권력기관의 비중과 서열이 변화해야 하기 때문이다. 간략히 역사적 변화를 보면 다음과 같다. 1990년대 중반 이후 선군정치 시기에는 국방위원회와 군부가 통치연합의 핵심 그룹이었다. 선군 통치연합은 대내외적으로 정권 안전 유지 및 수령경제 자금 확보를 주목적으로 운영되었다. 이는 2009년 김정은으로의 권력세습이 시작되면서 김정일 주도하에 개편되었다. 새로운 통치연합의 존재 이유는 권력세습의 성공 및 대내외 위기 돌파를 위한 강경 노선의 추진이었다. 2010년 3차 당대회 이후 상황을 보면, 국방위원회와 군부, 중앙당 행정부, 그리고 당중앙군사위원회가 주요 권력기관으로 등장했다. 2012년 집권 후 김정은은 아버지가 만들어준 권력세습 후견 통치연합을 단계적으로 파괴하고 독자적 상층통치연합을 만들어갔다. 김정은식 독자 통치연합은 2016년 5월 7차 당대회를 전후하여 구성 완료되었다. 김정은식 통치연합은 표면상 당의 역할을 높이면서 중앙당의 기구를 핵심 축으로 하여 구성되었다. 이 통치연합은 세 가지 전략 목표 완수에 적절하게 구성되고 운영되고 있다. 그 첫째 전략 목표는 김정은식 수령독재의 내부적 공고화이고, 둘째 전략 목표는 대륙간탄도핵미사일 능력의 완성이며, 셋째 전략 목표는 이 과정에서 등장하는 극도의 대외 긴장 및 대내 악영향을 관리하는 한편, 핵보유국의 위상을 국제적으로 기정사실화한다는 것이다.

이처럼 수령독재에서 수령의 위상에는 변함이 없더라도 변화된 상황에서 이를 유지하자면 정권유지의 변화된 필요에 맞게 상층통치연합이 주기적으로 재편되어야 한다. 그런데 이러한 재편은 상당히 높은 정치적·경제적 비용이 수반되는 위험스러운 과정이다. 통치연합의 재편은 인물적 재편, 기관들의 위상 재편, 그리고 충성을 유지하기 위한 특권 배분에서의 재편을 수반하기 때문이다.

(2) 정권의 사회 장악

상층통치연합이 엘리트 재편의 문제라면, 다음 문제는 정권의 대 사회 통제의 문제이다. 이 두 가지는 내부정치 안정을 위한 핵심 사항이다.

북한 정권의 사회 통제에서 일차적인 것은 정권의 사회에 대한 매우 높은 수준의 억압이다. 북한에서는 일련의 요인이 결합하여 사회에 대한 정권의 매우 높은 수준의 억압을 불가피하게 만든다. 첫째, 주민 개인이 누릴 수 있는 자원과 기회를 성분제라는 정치신분제에 의거하여 당-국가가 거의 전반에 걸쳐 불평등하게 배분한다. 이처럼 개인의 자유를 속박하고 불평등 배분에 대한 저항을 억제하자면 높은 수준의 억압이 필요하다. 둘째, 북한경제는 기본적으로 정치적·사상적 유인을 발동하여 생산성을 높이고자 하며, 소비는 억제하는 것을 기본으로 운영되어왔다. 물질적 보상을 하지 않으면서 더 열심히 일을 시키자면 간접적·직접적 강제가 강화되어야 한다. 셋째, 수령독재와 개인숭배를 유지하는 데 필요한 감시와 억압이다. 통상적 독재는 일반 주민의 정치적 자유는 현저히 제한하지만 엘리트 간에 과두적 경쟁은 제한적일지라도 얼마간 보장한다. 그렇지만 수령독재, 개인절대 독재는 상층 엘리트들 간에조차 경쟁을 금지한다는 차원에서, 상층 엘리트 구성원에 대해서 그리고 일반 주민에 대해서도 감시와 억압이 한 단계 더 높이 투입되는 체제이다.

북한에서는 체제유지에 필요한 이처럼 높은 수준의 억압을 유지하기 위해 다양한 방식의 제도가 정착해왔다. 일차적으로 당조직의 조직사상 사업을 통해 정치적 통제가 중요했고, 여기서 실패하는 경우 숙청과 수용소가 기다리고 있었다. 그런데 1990년대 계획경제 붕괴와 당조직의 약화가 발생하면서, 약화된 정치적 통제를 보완하는 차원에서 사법적 통제가 강화되었다. 그때부터 인민보안부와 법원과 검찰 그리고 형법과 처벌 체계가 개선되고 강화되었다. 어찌되었든 북한 정권은 높은 수준의 억압을 행사할 수 있는 제도체계를 통해 주민들의 공개 봉기를 억제하는 데는 성공했다. 그러나 계획경제의 붕괴와 당을 통한 정치적 통제의 약화, 시장화에 따른 주민 자율성 증가 및 외부 정보 유입의 증가에 따라 정권의 사회 통제는 점점 더 큰 도전에 직면하고 있다.

1990년대 이래 시장 확산은 정권의 대사회 관계에도 영향을 미쳤다. 일반적으로 보자면, 정권이 시장 억압 정책을 추진할 때, 정권과 사회 간의 갈등은 상승하는 경향이 존재한다. 정권이 배급을 주지 못하는 상황에서 시장억압은 일반 주민의 생존권을 위협하기 때문에, 일반 주민은 자신의 생계보장 차원에서 다시 말해 비정치적 차원에서 정권의 조치에 저항한다. 반대로 정권이 시장 허용적 정책을 추진하면 정권 대 주민 간의 긴장이 완화되는 경향이 있다. 북한 정권은 2005~2009년 사이에 시장 억압정책을, 2011~2015년 사이에 시장 허용적 정책을 추진했다. 2016년부터 정책의 방향이 다시 바뀌었다. 북한 정권은 2016년 70일 전투, 200일 전투 등 전국적이고 대중적인 노력동원 정책을 시행했다. 이런 정책은 주민의 시장활동에 상당한 제약을 수반한다.

(3) 핵정책 및 대남정책

북한은 그 태생에서부터 주요 주변국가와 갈등적 관계를 가져왔다. 가장 중요한 갈등 대상은 한국과 미국이었지만, 우방국이라 할 수 있는 중국 및 소련/러시아와도 주기적으로 소원한 또는 갈등 관계를 가져왔다.

이러한 갈등 상황은 냉전 이후, 그리고 북한의 핵개발과 함께 더욱 강화되었다. 냉전 이후 북한의 상황은 마치 생태계가 급변한 이후에도 살아남은 구 생태계의 생물과 같은 처지였다. 북한이 살아남자면 두 가지 방안이 존재했다. 첫째, 스스로가 변화하여 새로운 생태계에 적응하는 것이다. 둘째, 살아남기 위해 (이제는 북한 현존 정권의 존속에 적대적이게 변해버린) 생태계 자체를 북한의 생존에 적합하게 뜯어 고치는 것이다. 첫 번째 방법은 경제적으로는 이른바 '개혁개방' 그리고 정치적으로는 (개인숭배와 수령독재의 포기를 의미하는) 탈스탈린화를 통해 새로운 생태계에서 생존이 적합하도록 스스로를 바꾸는 것이다. 그러나 이러한 방법은 수령독재의 존속과 갈등했다. 그래서 북한이 주력을 기울였던 것은 두 번째 선택을 실현시키는 것이었다. 북한은 핵무기 개발을 수단으로, 남북관계와 동북아 국제질서의 기본 구조를 뜯어고침으로써, 지금 현재 있는 그대로의 북한 정권이 존속할 수 있는 환경을 만들어내고자 시도했다.

이러한 측면에서 보면 북한 핵개발은 방어적인 동시에 공격적이다. 자신의 안전을 지켜낼 목적으로 핵개발을 감행한다는 점에서 방어적이지만, 핵개발을 지렛대로 생태계 자체를 변화시키고자 한다는 점, 즉 핵무기를 활용하여 남북관계와 동북아의 현상을 수정하려 한다는 점에서 수정주의적 또는 공격적이다. 북한의 이러한 모험적 생존추구는 끊임없이 한국과 미국뿐 아니라 중국과 러시아와도 위험스러운 갈등 상황을 만들어냈다. 아울러 북한의 의도는 핵능력의 증가에 따라 확대해온 것으로 볼 수 있다. 다시 말해 북한의 핵개발의 목적에는 방어적 측면과 공격적 측면이 항시 공존했지만, 특정 시기에 도달해 있던 핵능력에 따라 그 비중이 변해왔다. 핵능력이 저급한 단계에서는 방어적 성격이 더 강했다. 이 시기의 북한 능력으로는 공격적이고 수정주의적인 목표 설정은 달성이 불가능했다. 그러나 핵능력이 증가하면서 보다 공격적이고 수정주의적인 전략 목표를 달성할 수 있는 능력이 생기게 되었다. 이에 따라 핵개발과 관련한 북한의 전략 의도에서 방어적 목표보다는 공격적이고 수정주의적 목표가 더 중요해지기 시작했다.

실제로 북한의 핵능력이 증가함에 따라 대남, 대미 요구 조건이 더 높아졌다. 2008년까지 북한은 비핵화의 결과로서 한반도 평화체제와 대미관계 정상화를 추구해왔다. 그러나 2009년 이후부터 북한은 핵보유국의 지위에서 한반도 평화체제와 대미관계 정상화를 추구하고 있다. 북한이 핵무기 보유를 지렛대로 달성하고자 하는 북한식 '한반도 평화체제'는 한미 동맹을 이완시키며 그리하여 한국의 정부와 사회가 현존하는 북한 정권의 존속과 번영에 협조하는 상황을 성립시켜야 한다. 북한의 핵무기와 미사일 능력의 증강 노력은 2012년 김정은 집권 이후에 보다 노골적이고 가속적으로 추진되었다. 2015년경부터 북한은 한국과 일본에 대해 핵무기의 실질 사용을 협박하는 정책을 채택했으며, 2016년에는 핵 선제공격을 공식화했고, 2017년에는 대륙간 탄도미사일 능력을 완성했음을 선언했다.

(4) 경제 및 자원 조달

앞서 언급한 상층통치연합의 안정, 정권의 대 사회 통제 지속, 핵정책과 대남정책에서 성공하자면 북한경제의 자원동원 능력의 뒷받침을 받아야 한다. 그런데 북한 정권에게 영원한 난제 중의 하나는 북한경제의 생산성이 북한 정권을 지탱하는 데 충분한 자원을 공급하지 못한다는 것이었다. 이를 보충하기 위해 북한 정권은 다양한 방법을 모색해왔다.

사회주의 경제의 기본적 비효율성 이외에도 북한경제는 추가적 비효율성의 요인들을 가지고 있었다. 첫째 소규모 자급자족 경제라는 것이다. 물론 사회주의 경제는 대체적으로 자급자족을 추구했다. 그러나 소련이나 중국과 달리, 북한처럼 소규모 국가가 보다 철저한 자급자족을 추구하는 경우 경제효율성의 문제가 현저히 심각해진다. 둘째 여기에다가 북한에서는 국가경제 내에서 수령경제가 특권적으로 자립해 있으면서 다른 경제 분야에 대해 지배적으로 군림하고 있다. 수령경제는 북한경제를 이중으로 위축시킨다. 먼저, 북한에서는 이권과 투자가 수령경제에 집중되면서 인민경제를 일차적으로 위축시킨다. 다음으로, 수령경제의 수익의 대부분이 비생산적 지출에 사용됨으로써 북한경제를 이차적으로 위축시킨다. 이런 비생산적 지출은 개인숭배를 유지하기 위한 정치적 지출, 업적 과시와 북한이라는 국가의 위대성 과시를 위한 대규모 건설 프로젝트에 대한 지출, 그리고 무엇보다도 핵개발을 포함한 막대한 군사비 지출을 포함한다.

이와 같이 증폭된 비효율성 요인 때문에, 북한경제는 역사적으로 북한이라는 국가 또는 체제를 자력으로 충분히 뒷받침할 수 없었다. 이러한 문제를 해결하는 데는 네 가지 방법이 있었다. 첫째, 내부 수탈의 강화이다. 그 방식에는 전국적 노력동원 정책 그리고 각종 세외부담의 증가가 있다. 대체로 두 가지는 동시에 진행한다. 북한경제는 주기적으로 정치적·사상적 채찍질과 조직상의 강제에 기반을 둔 노력동원을 통해 단기간에 고도의 생산실적 달성을 시도해왔다. 그렇지만 이와 같은 노력동원 정책은 내부 경제 균형과 주민의 생산의욕에 더 큰 문제를 야기해왔다. 둘째, 외부로부터 경제지원을 받거나, 국내 투자 없이 외환을 버는 방법을 모색하는 것이다. 여기에는 직접적 경제지원 수취와 (북한에게 국제시장가격 이하로 물자를 조달했던 소련 및 중국 등 사회주의 국가와의) 우호무역을 통한 숨겨진 경제지원 수혜가 있었다. 냉전 시기에는 소련과 중국이 북한에 대해 유무상 원조를 번갈아가면서 제공했고 주기적으로 채무를 탕감해주었다. 1995년부터는 국제사회의 대북구호지원이 시작되었다. 셋째, 국내적인 제조업 기반이 필요하지 않은 불법활동 그리고 광산물 수출에 노력하는 것이다. 유사한 방법으로는 인력수출, 관광진흥 등이 존재했다. 여기에는 핵개발 또는 핵무기 협박을 통해 주변국으로부터 경제지원을 갈취하는 것도 포함된다.

넷째, 점점 더 중요해지는 것으로 정권 기관의 상업적 활동 그리고 시장 확산을 활용하여 수령경제의 수입을 확보하고 증가시키는 것이다. 김정일 또는 김정은은 정권기관에게 특정 분야 상업 활동의 독점권을 부여하여 독점이윤을 누리게 하는 대신 '충성자금'을 상납하도록 해왔다. 그 시초는 1970년대 중반에 설치되었고 김정일이 관장했던 중앙당 39호실이었다. 이와 같은 기본 구조는 그 후 점차로 확산하여 1990년대 이래로 상-하 거의 모든 정권기관으로 일반화되었다. 2012년 김정은 집권 이후 이러한 정책은 새로운 국면을 맞았다. 김정은은 시장 확산을 허용함으로써, 정권기관과 민간 돈주가 연합하여 북한 국내에 축적된 외화를 벌어들일 수 있는 환경을 적극적으로 조성했다. 이러한 조치를 취한 핵심 이유는 그러한 정책이 궁극적으로 수령상납을 증가시킬 수 있기 때문이었다. 즉, 수령경제 재정 확충을 목적으로 북한 정권은 시장을 점점 더 적극적으로 활용하고 있는 것이다.

3. 회고와 전망

앞에서 수령독재 정권유지 전략이 종합적으로 고려해야 하는 네 가지 영역에 관해 서술했다. 그런데 북한의 역사에서 보면, 어떤 특정 시점에 이 네 가지 영역에서 동시적으로 변화가 발생하는 것을 발견할 수 있다. 물론 공개된 공식 문건이 이와 같은 네 가지 영역에서 동시적으로 정책을 변경한다는 것을 공식 천명하지는 않았다. 그렇지만 사후적으로 관찰한 것을 종합할 때, 어떤 특정 시점을 기점으로 네 분야에서 동시적으로 정책 변화가 발생한 것으로 확정할 수 있다는 것이다. 다시 말해 공개되지 않았지만 정권 차원의 종합적인 전략 문서나 구상이 있을 것이며, 이것이 어떤 시점에서 대내외 상황 변화에 부응하게 새롭게 작성되고, 이를 기초로 여러 가지 공개된 또는 공개되지 않은 정책 변화가 발생한다는 것이다.

김정은 정권과 관련해서 보면, 네 가지 영역에서 동시적인 정책 변화는 2009년, 2012년, 2016년에 발생한 것으로 볼 수 있다(박형중 외, 2015; 박형중, 2016). 다시 말해, 언급된 세 시기에 북한 수령독재의 정권유지 전략의 큰 그림이 새롭게 설정되었을 것이라고 추측할 수 있다. 이러한 변화에 영향을 미친 구조적 배경 요소는, 첫째, 2009년 이래 주변 안보 환경의 악화이다. 안보 환경 악화에는 여러 이유가 있지만 핵심적인 것은 2009년 이래 북한이 핵개발을 공개적이고 도발적으로 전개하기 시작했다는 것이다. 그 계기는 '겉으로 협상, 내면으로 비밀리에 핵개발 지속'이라는 북한의 기만적인 핵개발 이중 전략이 더 이상 유지될 수 없게 된 데 있었다. 둘째는 권력승계 문제의 대두와 진전이며, 셋째는 핵무기 능력 증가에 따른 북한의 자신감과 요구 조건의 증가 등을 핵심적으로 지적할 수 있다. 아래에서는 이러한 정권유지 전략의 변화를 3단계로 나누어 종합적으로 서술하고, 그다음으로 북한의 수령독재 정권유지 전략의 향후 개요를 전망한다.

1) 회고: 3단계 변화

제1단계는 2009~2011년에 이르는 시기이다. 북한은 2008년 말/2009년 초 무렵에 북한은 통치연합, 대외/대남정책, 대 사회정책, 그리고 경제정책의 네 가치 차원에서 전면적으로 정책을 수정했다. 다시 말해 이 네 가지 차원에서 과거와 정책적으로 단절해야 할 필요성이 등장했다는 것이다.

이 시기의 정책 변화에서 가장 결정적인 것은 대외정책의 변화였다. 그때의 변화가 현재에 이르기까지 북한의 대내외 정책에 대해 전면적이고 영속적이고 규정적인 영향을 끼치고 있다. 대외정책 노선의 변화에서 핵심은 그간의 비핵화 및 대외협상 노선을 핵보유 추구 및 대외대결 노선으로 바꾼다는 것이었다. 과거의 대외정책 노선을 보다 구체적으로 보면 '비밀리에 핵개발을 지속하지만, 대외적으로는 비핵화 의지를 천명하고 비핵화 협상을 추진하는 모양새를 보이면서, 이를 기반으로 대남 및 대미 관계를 북한에 우호적으로 재설정한다'였다. 새로운 노선은 '비핵화를 거부하고 핵과 미사일 능력의 공개적 증가를 추진하는 한편, 이러한 새로운 정책이 한국을 비롯한 주변국과의 관계에서 적대성의 밀도를 가속적으로 증가시킨다는 것을 예견하고 감수하고 정면 돌파하며, 궁극적으로는 어떠한 비용을 치르더라도 핵·미사일 능력을 완성하며, 이를 기초로 힘의 우위에서 북한 주도로 한반도 및 동북아 질서를 새롭게 재편한다'는 것이었다. 이러한 기본 정책 방향은 2012년 김정은 정권 출범과 함께 한층 더 분명하고 강화되며, 2017년 말 현재에 이르기까지 지속되고 있다.

현재에까지 분명한 영향을 끼치고 있는 정책 변화가 또 있었다. 이 시기부터 정권의 대 사회 통제의 현저한 강화가 시도되었다. 그리고 북한 정권은 궁극적으로 이러한 시도에서 성공했다. 이 시기 정권과 사회 간의 긴장이 매우 높고 대 사회 통제, 특히 국경지역에 대한 통제가 혼란에 빠져 있었다. 2005년부터 시작되어 장기간 유지되어온 시장 억압 정책의 여파 때문이었다. 특히 2009년 화폐교환조치는 대 시장 억압 정책의 결정판이자 정책 파탄을 극명하게 보여주면서 사회가 극도의 혼란에 빠질 수도 있다는 공포적 상황을 정권에게 극명하게 각인시켰다. 이러한 과정에서 인민보안부 등 공안기관의 강화가 추진되고, 2010년부터 김정은 주도로 국경지역에 대한 본격적 장악 시도가 전개되었다. 이후 점차 국경지역은 안정되었고, 그 결과 한국에 도달하는 탈북자의 숫자는 연 2000명 선에서 1000명 선으로 감소되었다.

이러한 두 가지 새로운 정책을 추진하자면 인물과 기관의 편재 차원에서 정권 진용을 재편하는 것이 불가피했을 것이다. 그런데 정권 진용 개편을 불가피하게 만드는 추가적 요인이 있었다. 다름 아닌 김정은으로의 권력승계가 시작되었다는 것이다. 첫 번째 진용 개편은 2009년 초에 발생했다. 이는 대외 및 대내적으로 강경정책을 추진하는 데 부합하는 진용 개편이었다. 대표적으로 정찰총국이 이때 출범했다. 두 번째 주요한 진용 개편은 2010년 3차 당대표자회를 통해 수행되었다. 그 주요 목적은 김정은 후계 추진을 보장하는 것이었다.

권력 진용 재편과 대내외 정책이 동시에 수정되는 사례는 2012년과 2016년에도 발견된다. 이에 따라 제2단계는 2012~2015년 시기, 제3단계는 2016년 이후 시기로 설정할 수 있다. 2단계와 3단계에서 권력 진용 개편을 야기한 핵심적 요인은 2008년 말/2009년 초의 경우와 마찬가지로 2012년과 2016년에도 권력승계 작업에 관련된 것으로서 궁극적으로 김정은의 독자 권력 체제 완성 단계의 고도화와 관련되어 있다. 2012년 김정은은 독자 권력 진용 형성에 착수했고, 2016년 대체적으로 완성한 것으로 볼 수 있다. 대외/대남 정책은 연속성과 변화를 보여준다. 우선 연속성의 측면을 보면, 핵과 미사일 실험의 지속을 통해 핵보유 및 핵능력 증강 정책을 고수했다. 이러한 정책은 주변국의 반발과 제재를 초래했으며, 기본적으로 이에 대한 대응이 북한의 대외/대남 정책을 규정했다. 변화의 측면을 보면, 북한이 핵실험과 미사일 실험을 거듭하면서 핵과 미사일 능력이 고도화되었고, 그 고도화에 발맞추어 대내외 정책을 고도화시킨 것으로 볼 수 있다. 2012~2015년 김정은 취임과 함께, 비핵화 협상을 완전히 포기하는 한편, 핵무기 관련 군사 교리, 재래식 군사력의 재편과 교리 개편, 그리고 이에 부합하는 군사체계의 개편이 이루어졌다. 내부적으로는 시장 허용 정책, 대사회 관용 정책을 실시하는 한편, 핵보유를 김정은 수령독재의 정당성 원천으로 설정했다. 2016년 제7차 당대회 개최를 전후로, 김정은은 독자적 엘리트 진용 및 기관 체계를 완비하는 한편, 보다 공격적으로 핵무기의 실제 사용을 위협하는 정책, 대륙간 탄도미사일 능력의 완성 단계 진입 과시 정책을 추진하면서 경제적으로는 개혁 심화 대신에 전국적 노력동원에 기반을 두는 역진 정책을 추진했다.

2) 전망

앞서 서술했듯이, 2016년에 이르러 김정은 통치의 새로운 단계가 시작되었다. 2016년에는 주요한 사건으로 제4차와 제5차 핵실험과 제7차 당대회 개최가 있었다. 북한은 아마도 이 두 가지 중요한 행사를 동시에 기획했을 가능성이 높다. 또한 2016년 제4차 및 제5차 핵실험과 다수의 다양한 탄도미사일 실험을 거행하기로 (2015년의 어느 시점에) 결정하면서, 그 이후에 어떠한 상황이 닥칠 것이고, 그렇다면 어떻게 대비해야 할 것인가를 미리서 예견하고 준비했을 가능성이 높다. 그러한 예측에 따라 북한은 2016년에 일련의 조치를 취한 것으로 볼 수 있다.

분야별로 보았을 때 2016년에 취해진 조치들은 전반적으로 북한이 대내외 정책에서 보다 강경한 입장으로 선회했다는 것을 보여준다. 이러한 기조는 이 글이 출판되는 시점, 즉 2018년 초에도 변하지 않고 있다. 핵정책에서는 두 가지 면이 두드러진다. 먼저 북한이 어떤 비용을 감수하고서라도 핵무기와 탄도미사일 능력을 조기에 완성하고자 노력하는 가운데, 둘째, 핵무기와 탄도미사일과 관련하여 이미 진전된 능력을 가졌고, 핵무기를 실제 사용할 의지와 능력을 가지고 있음을 과시하는 정책을 통해 핵보유국 지위를 기정사실화하는 정책을 추진했다. 상층통치연합과 관련해서는 김정은식 통치연합을 완성하고, 당-정 체계를 출범시키면서 제7차 당대회를 열어 자축하고 내부 결속을 증가시키는 한편, 당대회를 통해 유일영도체계를 강화할 것을 선포했다. 대사회 면에서는 2016년 경제적인 동원정책을 취하면서 사회에 대한 장악과 대민수탈을 강화했다. 대남 측면에서는 핵무기와 탄도미사일의 실전 사용 능력 구비와 태세 과시를 배경으로 대남정책 언술을 강경화했다. 경제 면에서는 앞 시기의 온건 개혁적 정책을 포기하고 동원정책으로 선회했다.

2018년 초 이래 3~5년간의 상황은 기본적으로 2016년 이후 상황을 구성하고 있는 구조적 요소의 지속성 속에서 전개될 것으로 보인다. 이와 같은 전망을 배경으로 놓고 보았을 때, 앞으로 각 분야별로 전개될 수 있는 중장기 차원에서의 도전과 전망, 그리고 이에 대한 김정은의 대응과 전략을 검토해보면 다음과 같다.

(1) 상층통치연합

2018년 이후에도 김정은의 최고 관심은 수령독재를 지속하는 대내외 여건을 만들어내는 것이다. 적어도 상층 엘리트 내부의 권력 정치적 측면에서 볼 때, 김정은의 이러한 의도가 관철될 가능성은 높다. 앞으로도 김정은은 수령의 권위와 권력을 활용하면서, 수령독재 유지와 관련한 변화하는 환경과 필요에 맞추어 상층 엘리트와 주요 정권 기관의 위상과 역할을 재편성해나갈 것이다. 그러한 가운데, 2012년 김정은 집권 이후에 김정은이 주변 엘리트를 다루는 데 활용했던 기법, 즉 대엘리트 공포통치가 지속될 것이다. 이러한 수령독재자의 대엘리트 공포통치는 구체적 수법에서는 달랐지만 스탈린, 마오쩌둥, 히틀러, 사담 후세인, 차우셰스쿠 등 다른 나라 수령독재의 경우에도 대체로 공통적인 것이었다. 따라서 비교독재론적 차원에서 보았을 때, 김정은식 공포통치가 특별한 것은 아니다. 이는 대부분의 수령독재에 공통적으로 나타나던 것이었다.[1]

앞서 언급한 네 가지 개별 영역들 중에서 상층통치연합에서 불안정 또는 위기 발생 요인이 가장 작다. 그 이유를 보자. 김정은은 수령독재를 자기식으로 재구축하는 데 성공했다. 일단 수령독재가 성립하면, 이러한 수령독재는 장기화한다. 수령독재에서 수령은 상층의 내부 엘리트에 대해 절대적 지배를 행사한다. 따라서 상층 엘리트의 수령에 대한 권력투쟁은 존재하지 않는다. 물론 상층 엘리트 내부에 엘리트 간 갈등과 반목, 그리고 권력 및 이권 투쟁은 존재한다. 따라서 이러한 유형의 독재에서 엘리트 내부 갈등은 있지만, 수령 대 엘리트 간 갈등은 존재할 가능성이 매우 낮으며, 이 때문에 수령은 엘리트 내부의 모반에 의해 축출되지 않는다. 수령은 첫째, 건강 문제로 자연사하거나, 둘째, 민중봉기 또는 셋째, 외세의 개입에 의해 축출된다. 이 글이 서술되는 2017년 중후반의 시점에서 보았을 때 북한에서 이 세 가지 사건이 발생할 개연성은 높지 않다.

이러한 경험 법칙에 기반을 두고 볼 때, 앞으로 김정은은 장기 집권할 가

1 국내에 번역된 것으로 스탈린의 경우에 관하여 흘레브뉴크(2017) 참조.

능성이 높다. 김정은이 장기 집권한다는 것은 앞으로 북한이 긍정적으로 변하기는 매우 어렵다는 것을 시사한다. 김정은과 그 부하그룹이 장기 집권하는 경우, 북한 내부의 이익구조는 변화하지 않을 것이다. 따라서 북한 정권이 펼치는 대내외 정책도 변화하지 않을 것이다. 이를 전제하고 볼 때, 앞으로 김정은식 수령독재의 정권유지 전략은 다음과 같이 전개될 것이다. 이는 현재 북한이 추구하고 있는 정권유지 전략과 결국 동일할 것이다. 즉, 대량살상무기를 적극적으로 개발하면서 주변국의 반발에 강경 대응하는 한편 이를 기반으로 보다 강화된 입지에서 대남 적대 정책을 실시하고, 수령경제의 이익을 앞세우기 때문에 경제성장이나 인민생활에 도움이 되는 정책을 취하지 않으며, 수령집단의 기득권을 보호하기 위해 성분제에 기초한 차별 정책을 계속하고, 이러한 정책이 발생시킬 수밖에 없는 정치적 저항을 잠재우기 위해 매우 수준 높은 내부 억압정책을 진행할 것이라는 점이다.

(2) 핵정책 및 대남정책

김정일과 김정은은 핵정책과 대남정책에서도 큰 차이를 보여주었다. 김정일은 이면에서는 핵과 미사일 능력을 증가시키는 활동을 비밀스럽게 계속했다는 점에서 기만적이기는 했지만 어쨌든 공개적으로 비핵화를 공언했고 협상에 참가했다. 이에 비해 김정은은 노골적으로 비핵화를 거부하면서 공개적으로 핵과 미사일 능력을 증가시키는 보다 모험적이고 도발적인 정책을 추진하고 있다. 이와 같은 핵능력의 증가는 대남정책에서 적대성을 강화하며 정책 내용에서 대담성과 요구 증대를 노정시키는 바탕이 되고 있다.

김정은은 네 번에 걸치는 핵실험을 거행하는 동안 전체적으로 손해보다는 이득을 더 보았고, 따라서 앞으로 정권유지 전략에서도 추가적 핵실험과 미사일 능력의 증강이 핵심적 수단이 될 것이다. 북한은 핵실험과 미사일 실험을 실시할 때마다 첫째, 기술적 진보를 이루었고, 둘째, 정권 영속성과 수령의 지도력에 대한 내부 확신을 증가시켰고, 셋째, 한국·미국·중국·일본·러시아의 주변 5개국 간에 의심과 분쟁을 증가시키는 데 성공했다. 대북제재와 국제적 고립은 증가했지만, 추가 핵실험의 소득과 비교할 때 북한의 입장에서는 기꺼이 감당할 만한 비용이었을 것이다. 2017년 9월 3일의 제6차 핵실험, 그리고 앞으로 있을 수 있는 제7차 등 추가 핵실험의 경우에도 북한은 결국 비용보다 이득이 클 것이라 판단할 것이고 따라서 앞으로 필요하다면 추가 핵실험과 미사일 실험을 지속할 것이다.

한편 북한은 핵/미사일 능력과 함께 대남 비대칭능력을 증가시키고, 군사교리도 공격적인 것으로 바꾸었다. 전략군 설치, 사이버 공격 능력 증강, 방사포 개발, 통일대전론 설정 등이 2012년 일 년 사이에 집중적으로 전개된 것에 주목할 수 있다. 아울러 북한은 핵무기를 중심으로 재래식 능력을 재편하는 정책을 추진했다. 이는 가히 북한판 '군사혁신'이라 할 수 있다. 김정은 정권 들어서 군부가 쇠퇴하고 군에 대한 문민통제가 확립되었다고 할 수 있는데, 문민통제 아래서 북한의 '군사혁신'이 훨씬 효과적으로 진행된 것으로 평가할 수 있다. 이와 같이 핵/미사일과 같은 전략 무기를 중심으로 재편되고 강화된 다양한 비대칭능력은 대남정책 및 대남군사정책에 훨씬 더 많은 선택지를 제공할 것이다.

다시 말해 핵능력의 증가upgrade에 따라 북한의 대외정책 및 대남정책의 요구 조건도 증가하고 있고 협박도 대담해지고 있다. 먼저 일반적으로 핵무기 획득 직후 해당 국가의 대외정책과 안보정책에서 모험주의적이고 수정주의적 성향이 강화되는 경향이 있다. 핵무기는 일종의 최후의 만능 방패라고 할 수 있는데, 만능의 방패를 가진 자는 마음놓고 상대방을 공격할 수 있기 때문이다. 따라서 북한은 대남 군사정책에서 훨씬 폭넓은 선택지를 구사할 수 있게 되었다. 다시 말해 핵을 가진 북한은 대남정책에서 치명적으로 보복당하지 않을 것이라는 확신 속에서 보다 자신감을 가지고 군사적으로, 특히 국지도발로 대담하게 한국을 다양하게 괴롭힐 수 있게 된 것이다. 즉, 북한이 핵을 보유하게 되면 북한이 구사하는 핵억제력 때문에 대규모 전면전은 발생할 개연성이 낮아지지만, 천안함 공격이나 연평도 포격, 그리고 2015년 8월 지뢰도발과 같은 심각한 저강도 대남 도발이 증가할 개연성이 높아진다. 북한은 이러한 군사 도발 협박 그리고 이로 인해 남북 간의 '항상적 전쟁상태'를 유지함으로써 한국과 미국을 평화협정이라는 자신의 틀로 유도하고자 할 것이다.

핵무기 보유의 두 번째 효과는 요구 조건의 증가이다. 즉, 새로운 것을 요구한다는 것이다. 대표적으로 북한은 비핵화의 결과로 평화협정이 아니라 핵보유 상태에서의 군축회담, 평화협정, 미북 관계 정상화 등을 요구하고 있다. 세 번째 효과는 외교적 자율성의 증가이다. 이는 북한의 대중국 정책에서 잘 나타난다. 네 번째 효과는 공세적 반응이다. 한미 훈련, 국제사회의 제재 등에 대한 북한의 반응이 격해졌다. 다섯 번째 효과는 핵기술 또는 무기 수출을 통해 우호 국가를 고무하는 것이다. 북한은 과거에 그러한 전과가 있었다. 북한은 시리아에 플루토늄 원자로를, 리비아에는 고농축우라늄의 원료가 되는 6불화우라늄을 수출했었다. 또한 북한은 파키스탄을 상대로 미사일 개발 기술을 제공하고 핵기술을 제공받는 거래를 하기도 했다.

남북관계의 기본 동학은 북한이 핵보유 고수를 천명하면서 공개적이고 도발적으로 핵무기를 개발하기 시작한 2009년 이후 본질적으로 변화했다. 2009년 이후에 이미 그러했듯이, 이 글이 출판되는 2018년 초 이후의 남북관계도 북한 핵보유의 그늘 아래서 전개될 것이다. 그것이 남북관계를 어떻게 변화시킬 것인가는 이미 2009년 이래의 과정에서 점차 뚜렷하게 나타나고 있다. 첫째, 2009년 북한이 비핵화를 거부한 이후로 남북 은 정치와 안보에서의 대결뿐 아니라, 사회 및 경제의 관계가 단절되는 전면 대결상태로 진입했고, 이는 시간이 지나면서 점차 악화되고 있다. 둘째, 북한은 앞으로 기본적으로 남북 간의 군사 긴장을 높은 수준에서 유지시키며, 사소한 분쟁의 경우에도 갑작스럽고 급격하게 긴장을 추가로 고조시킬 것이고 아울러 핵무기 사용을 위협할 것이다. 셋째, 북한의 핵능력이 증가할수록 북한은 미국과 직접 협상할 수 있는 자격이 강화되는 것으로 생각할 것이고, 한국을 하위 파트너 취급을 하려는 의지가 강화될 것이다. 넷째, 북한은 핵무기와 미사일 개발 때문에 자신에 대한 국제적 압박이 증가하는 가운데 한국과 미국이 자신의 요구에 응해오지 않을수록, 대남 국지도발을 강화하거나 핵 확산 등의 위험스러운 정책을 구사할 가능성이 높아질 것이다.

그러나 북한에게도 취약점은 존재한다. 첫째, 한미는 북한의 압박에 결코 굴복하지 않을 것이며 이에 따라 도발을 할수록 북한의 고립과 대북 압박이 증가할 것이다. 둘째, 북한의 능력 증가에 대해 한국과 미국의 억제 태세가 비례적으로 증가하기 때문에, 북한은 핵미사일 능력 증가에 지속적으로 추가 투자해야 하며, 이는 경제적으로나 외교적으로 큰 비용을 발생시킬 것이다. 셋째, 북한은 남북 간에 항상적인 '전쟁 직전의 긴장고조' 상태를 유지하고자 하는데, 이는 북한에게도 매우 위험스러운 정책이며 잘못 다루면 북한에게 불리할 수 있다. 넷째, 북한은 내부적으로 매우 취약점이 많다.

(3) 경제/자원 동원

과거 북한의 핵심 슬로건이 '자주' 그리고 '민족자립경제'였지만, 북한경제는 북한체제를 자력으로 지탱시킬 만한 능력을 가진 적이 없었다. 따라서 북한은 통상적 상식으로 경제정책이라고 할 수 있는 것 이외에도 추가적인 수단을 통해 체제를 유지할 수 있는 물적 기반을 마련해왔다. 앞으로도 이러한 상황은 기본적으로 변화하지 않을 것이다. 강화되는 국제제재 때문에 상황은 더 어려워질 것이다.

이런 상황에서 북한의 경제정책은 기본적으로 과거의 연속일 것이다. 앞서 서술했듯이 그것은 네 가지로 이루어져 있다. 첫째, 외부 원조를 받든지 아니면 강탈하는 것이다. 둘째, 불법활동, 광산물 수출 등 진지하게 생산적 내부 투자를 하지 않고서도 손쉽게 외환을 벌 수 있는 방법의 발굴이다. 셋째, 내부 수탈의 증대다. 여기에는 동원적 경제정책 또는 내부적 상납의 증대, 또는 독점적 지위 활용, 시장 또는 무역의 조작을 통한 방법이 있다. 넷째, 정권 친화적 기관과 인물에 상업적 독점권을 부여하고 그 대가로 상납을 받는 것이다.

북한의 외화벌이에서 2010~2015년까지 광산물 수출이 주류를 이루었는데, 2015~2016년 사이에 상황이 어려워지는 징조가 나타났다. 특히 2016년 12월에 채택된 유엔안보리 결의안 2321은 북한 광산물 수출을 약 8억 달러 정도 감소시키는 것을 목표로 하고 있다. 2017년 9월 3일 제6차 핵실험 이후 유엔의 대북제재는 북한 무역의 거의 90% 정도에 피해를 주고 있다. 이 때문에 (생산적 내부 투자를 하지 않고 외화수입을 증가시키는 방법 중에서) 북한은 광산물 수출 이외에 더 어려운 방법, 즉 북한체제에 더 많은 비용을 초래하는 방법을 모색해야 하는 상황이 강화될 것이다. 특히 두드러지게 포착되는 것은 노동력 수출 증가 노력, 외교관의 불법활동 증가의 경향이다. 아울러 내부 수탈 방법에 더 많이 의존하는 경향이 강해지고 있다. 2016년 70일 전투와 200일 전투의 시행이 그것이다. 또한 2015년경부터 무역지도원에 대한 상납 압박이 증가하고 있다. 국내적으로도 70/200일 전투의 일환으로 주민들에게 노동력 기부를 강제하는 등 각종 세외부담이 증가하고 있다. 또한 장성택 숙청 이후 인민보안부를 대신하여 국내 치안의 주도권을 잡고 있는 것으로 보이는 보위부가 각종 명목을 걸어 부자 상인을 강탈하는 현상도 증가하고 있다.

다른 편에서, 김정은 정권 들어서서 2012~2015년 사이에 친시장 정책과 친개혁적 정책이 실시되었다. 시기에 따라 빨라질 수도 늦추어질 수도 있지만 김정은 정권은 앞으로도 정권 생존에 기여하는 방식으로 시장의 활용과 시장제도의 선진화를 수용하고 활용하는 정책을 추진할 것이다. 이에 관해 네 가지를 지적할 수 있다. 첫째, 앞으로 북한에서 시장경제의 확산은 내부 동력 때문에 더욱 확대될 것이다. 정권은 이미 시장과 타협을 했으며, 또한 각종 기관은 시장확대로부터 이득을 취하고 있다.

둘째, '시장확대'가 반드시 북한 내부에서 정치적 불안을 초래하는 것은 아니다. 지구상의 모든 독재국가는 시장경제와 결합해 있다. 역사적으로도 시장은 다양한 유형의 정치체제와 결합해왔다. 이를 보면, 독재권력은 시장 때문에 위태로워지는 경우보다는 안정되고 지탱되는 경우가 현저히 많았다. 정치변동은 시장 확산 그 자체가 핵심요인이 되어 발생하기 보다는 다른 더 중요한 이유와 복합하여 촉발되어왔다.

셋째, '시장경제가 확대된다'고 해서, 북한이 반드시 중국식 또는 베트남식 장기 지속 성장 궤도에 진입한 것을 의미하는 것은 아니다. 시장경제 확산에 따라 생산성 증대 효과는 분명 존재한다. 그렇지만 시장 확산이 경제성장의 효과를 내자면, 권력의 분권화와 시민의 자유 증가가 동시에 진행되어야 한다. 권력 분권화를 바탕으로 경제에 대한 정치적 간섭의 완화, 독과점의 완화와 경쟁의 증가, 권력형 특권과 부패의 완화를 위한 사회적 여론 능력의 증가 등이 반드시 필요하다. 중국과 베트남의 경우를 보면, 공산독재를 유지한 상태에서도 권력의 분권화와 사회의 권력에 대한 통제의 증가가 일정하게 가능하다는 것이 나타난다. 그렇지만 북한에서는 권력 분권화 없이 그리고 사회의 대권력 통제 강화 없이 시장화가 진행되고 있다. 앞으로 시장 확산이 진척할수록, 현재 북한의 외부환경과 내부조건이 제기하는 경제성장에 부정적인 새로운 장애물이 점차 분명하게 인지될 것이다.

북한 자체에 내재해 있는 문제, 그리고 경제 제재의 강화 때문에 앞으로 북한경제의 전망은 밝지 않다. 이것이 경제 영역뿐 아니라 다른 분야에서 추가적 문제를 발생시킬 가능성이 높다. 제7차 당대회가 5개년 경제전략을 내놓았지만 효과는 없을 것이다. 북한경제는 여전히 정권 자체를 지탱하는 것도 어려울 것이다. 그렇다면 앞으로 북한의 불법활동, 노동력 수출, 가격이 낮아진 광산물의 추가 채취와 수출, 노동력 수출, 지도부 및 일반 주민에 대한 수탈 증가 등의 시도가 지속될 것이다. 그러나 이러한 시도는 북한의 핵무기 및 미사일 능력 증강에 따라 점점 강화되고 있는 국제제재 및 독자제재 때문에 점점 더 큰 어려움에 봉착할 개연성이 크다. 아울러 국내시장 조작을 통해 정권의 재정수익을 확보하기 위한 시장화도 진척이 계속될 것이다. 그렇지만 시장화가 진척되더라도 대외적 고립과 수령경제의 이권 보존 등의 이유로 의미 있는 경제성장은 발생하지 않을 가능성이 크다.

(4) 정권의 대사회 관계

북한 정권은 사회와의 관계를 다루는 데서 아직도 많은 강점을 가지고 있지만 약점도 증가하고 있다. 강점의 차원에서 지적할 수 있는 것은 첫째, 1960년대 중반부터 치면 거의 50년에 걸친 수령독재의 전통이다. 둘째, 당조직지도부와 선전선동부, 인민보안부, 국가안전보위부, 그리고 인민반과 밀정 체제 등이 약화되었더라도 대체로 작동하고 있다. 나아가 이러한 당-국가의 억압기구들은 사회변화 또는 대내 위협 성격과 강도의 변화에 맞추어 보강되고 '현대화'되어왔다. 셋째, 이와 같은 억압 체제 때문에 주민들이 '저항'(voice)보다는 탈북('exit')을 택한다는 것이다. 넷째, 대외 긴장이 높은 수준에서 유지되고 있다는 것 또는 대내통제 강화라는 필요에 맞추어 (실제 또는 조작된) 대외 긴장 수준을 정권이 조절할 수 있다는 것이다.

그러나 약점도 증가하고 있다. 첫째, 배급제와 당생활 체계의 전통적 통제 기제의 약화이다. 둘째, 시장 확산과 정보유통 증가로 개인의 자립성과 자율성이 증가하고 있다. 셋째, 내부 인권 침해의 심각성과 북한의 도발적 대외정책에 대한 징벌로 국제사회와 주변국가의 압박이 증가한다는 것이다. 넷째, 국제광산물 가격 하락과 중국의 경기침체, 그리고 강화된 대북제재는 북한의 중장기 경제전망을 어둡게 하고 있다.

4. 요약과 결론

어느 정치가이든 정치집단이든 가장 중요한 것은 권력의 유지이다. 이는 김정은과 북한 정권에게도 마찬가지다. 다만 주어진 조건에 따라 권력 유지를 위한 전략이 달라진다. 김정은 정권은 수령독재를 기반으로 성립해 있다. 수령독재란 수령과 주변 엘리트 사이의 권력 격차가 매우 커서, 수령권력이 주변 엘리트에 의해 도전받지 않는 체제이다. 그렇지만 수령독재도 저절로 유지되는 것이 아니라 적어도 네 가지 영역에서 지속적으로 성과를 얻어야 한다. 첫째, 수령과 주변 엘리트 사이에 통치연합을 공고화하는 것이다. 둘째, 정권의 사회 장악을 확립해야 한다. 셋째, 대외적으로 정권의 안보를 확보해야 한다. 넷째, 이 세 가지 과업의 성공적인 수행에 필요한 물적 기반을 만들어내야 한다. 이 네 가지 영역은 각기 상대적으로 독립적이지만 서로 연계되어 한 영역의 성패가 다른 영역에서의 성패에 영향을 미친다. 따라서 수령독재정권이 유지되자면, 수령은 이 네 가지 영역을 종합적으로 아우를 수 있는 정권유지 전략을 수립하고 그 실행에서 성공을 거두어야 한다.

김정은도 권력승계 과정과 집권 이후에 정권유지 전략을 수립하고 실행했으며, 일정한 성공을 거두었다고 평가할 수 있다. 그렇기에 이 글이 쓰이고 있는 2017년 후반 우리가 김정은 정권과 마주해 있는 것이다. 김정은의 수령독재 유지 전략을 평가하자면, 이를 위에서 언급한 네 가지 영역으로 나누어 관찰하는 것이 편리하다. 주목할 만한 것은 네 가지 영역에서 동시에 정책 변화가 일어나는 시기가 있었다는 것이다. 그 시기는 2009년, 2012년, 그리고 2016년이었다. 이를 보면, 이 세 시기에 김정은은 수령독재의 수립 및 유지와 관련한 전략을 종합적으로 재설정한 것으로 간주할 수 있다. 이를 네 가지 영역 중심으로 서술하면 다음과 같이 요약할 수 있다.

첫째, 상층통치연합 관련이다. 이는 김정은과 통치 엘리트가 어떻게 결합해 있고, 엘리트와 권력기관의 개별 비중이 어떻게 변화하고 어떻게 배합되었는가를 살피는 것이다. 2009~2011년간은 권력세습을 후견하고 대내외 강경정책을 추진하기 위한 통치연합이, 2012~2015년간은 권력세습 후견 연합을 붕괴시키고 김정은식 독자 통치연합을 꾸리는 과정이 진행되었고, 2016년에 김정은식 수령독재의 권력 진용과 정권기관 체계가 등장했다.

둘째, 정권의 사회 장악 관련이다. 북한체제는 그 속성상 높은 수준의 억압을 불가피하게 만드는데, 시기와 여건의 변화에 따라 그 양상이 변해오고 있다. 2009~2011년간은 정권의 대사회 장악 정책이 매우 강력하게 추진되었다. 2012~2015년간은 김정은 집권 직후, 상대적으로 대사회 유화 정책이, 2016년 이후는 경제적 노력동원 정책의 강화와 함께 사회 통제 강화 정책이 추진되었다.

셋째, 핵정책과 대남정책이다. 현재 북한 정권에게 정권 생존에서 가장 중요한 지렛대는 핵개발이며, 이와 관련하여 많은 진전을 이루었다. 북한의 대남정책 및 대미정책은 핵무기를 보유한 이후로 유의미한 변화를 보였는데,

특히 공격성과 대담성, 그리고 요구 조건을 증가시키는 방향으로 핵보유의 효과가 나타나고 있다. 2009~2011년간 북한은 핵보유 노선을 공개 천명하면서 대남 전면 대결 정책에 시동을 걸었다. 2012~2015년간 북한은 핵무기와 통일대전론을 중심으로 대남 군사태세를 강화하고 핵과 미사일 개발을 가속화했다. 2016년 이후 북한은 핵무기의 실전 사용 능력을 과시하면서 대륙간 탄도미사일 능력이 완성 단계에 이르렀음을 보여주기 위해 노력했다.

넷째, 경제 및 자원 동원이다. 북한 내부 경제는 북한 정권을 지탱할 만한 경제자원을 충분히 공급할 능력이 있었던 적이 없다. 따라서 북한 정권은 다양한 방식으로 대내외적으로 자원 추출을 노력하게 해왔다. 그 양상은 시기에 따라 변화한다. 2009~2011년 북한은 대북지원과 남북교역 관계 단절의 충격을 완화하는 정책, 그리고 시장 억압 정책을 추진했다. 김정은 집권과 그 직후의 시기인 2012~2015년 북한 정권의 대 사회정책은 상대적으로 온건했다. 2016년 이후 시작되었던 전국적 노력동원 정책은 이전 시기의 온건한 정책이 다시 강경해지는 것으로 볼 수 있다.

북한의 미래 변화를 전망하는 데서 핵심 고려 사항은 김정은의 집권이 장기간 지속되리라는 점이다. 수령독재의 일반적 특성에 비추어 볼 때, 수령으로서 김정은이 자연사할 때까지 집권할 개연성이 높기 때문이다. 김정은식 수령독재가 장기 존속한다는 것은 북한 내부의 이익구조가 현재와 같은 상태에서 장기 지속한다는 것을 의미한다. 그렇다고 하면, 수령독재의 존속에 부합하게 설정될 정권유지 전략은 북한을 현재와 같은 상황에서 영속적으로 존속시키는 것을 지향할 것이며, 따라서 북한 정권의 대내외 정책도 그다지 변화하지 않을 것이다. 즉, 앞으로도 북한 정권은 대량살상무기를 적극적으로 개발하면서 주변국과 갈등을 일으키는 가운데 대남적대정책을 계속할 것이다. 수령경제의 이익과 소수 엘리트의 경제적 이익을 앞세우는 경제관리 때문에 경제성장이나 인민생활에 도움이 되는 정책은 선택되지 않을 것이며, 경제는 불모상태를 벗어날 수 없을 것이다. 수령독재가 존속한다는 것은 수령과 주변의 소수 집단에 권력, 부와 기회의 독점이 영속화된다는 것을 의미하는데, 이것이 유발할 수밖에 없는 정치적 저항을 관리하자면 매우 수준 높은 내부 억압정책이 불가피하게 지속될 것이다.

참고문헌

메스키타, 브루스 부에노 데(Bruce Bueno de Mesquita)·스미스, 알라스테어 (Alastair Smith). 2012. 이미숙 옮김. 『독재자의 핸드북: 사상최악의 독재자들이 감춰둔 통치의 원칙』. 웅진지식하우스.

흘레브뉴크, 올레크 V.(Oleg V. Khlevniuk). 2017. 유나영 옮김. 『스탈린: 독재자의 새로운 얼굴』. 삼인.

박형중. 2016. "김정은 정권의 특성과 대북제재국면 그리고 7차 당대회." 통일준비위원회 세미나, 2016.6.1.

박형중 외. 2009. 「북한 '변화'의 재평가와 대북정책방향」. 통일연구원.

박형중 외. 2012. 「독재정권의 성격과 정치변동: 북한 관련 시사점」. 통일연구원.

박형중 외. 2015. 「한반도 중장기 정세변동 및 정책도전 관련 요인의 식별: 2015~2030」. 통일연구원.

Svolik, Milan W. 2012. *The Politics of Authoritarian Rule*. Cambridge: Cambridge University Press.

8

김정은 시대 시장화 진전과 북한체제의 변화 가능성

조재욱
경남대학교 정치외교학과 교수

1. 서론

북한이 처한 가장 큰 당면 과제는 '체제 안정화'이다. 김정은은 2012년 태양절 100주년 연설에서 "인민들이 다시는 허리띠를 졸라매지 않고 사회주의의 풍요와 부를 누릴 수 있도록 만드는 것이 당의 확고한 방침"이라고 강조한 바 있다. 이는 오랫동안 지속된 경제난이 체제 내구력에 부정적으로 작용하고 있다는 것을 보여주는 방증傍證이라 할 수 있다. 김정은은 집권 당시부터 주민들의 생활 향상을 포함한 경제난 타개가 자신의 정권 안정을 위해 우선적으로 해결해야 할 과제 중의 하나였으며, 이를 위해 예전보다 더욱더 강력한 시장화 정책을 추구했다. 그 결과 오늘날 '시장'은 북한사회 메커니즘에서 절대적 비중을 차지하고 있다.

2002년 7·1 경제개선관리(이하 7·1조치) 이후 북한의 체제변화는 속도와 시기의 문제일 뿐 큰 방향에서는 기정사실로 받아들여져 북한정치 변동과 관련한 논의가 활발히 진행된 적이 있다. 그러나 7·1조치로 인한 일련의 사회적 부작용 발생은 계획경제의 정상화 조치로 이어져 시장개혁은 실패로 돌아갔고, 우리는 이러한 과정을 목도하면서 사회주의 체제전환의 보편적 경험과 범주가 북한에 적용 가능한가에 대한 의문만을 남긴 채 논의의 진전은 더 이상 기대할 수 없었다.

그러나 7·1조치 이후 시행된 계획경제의 실패는 주민들의 생활경제 구조 자체를 국가의존형에서 시장의존형으로 완전히 탈바꿈시켰다. 그렇기 때문에 김정은 정권하에서 시장은 매우 우호적인 환경을 제공받고 있어 시장화는 계속해서 탄력을 받을 것으로 예상된다. 이러한 상황에 대해 대다수 전문가들도 김정은 정권하에서의 시장화는 이제 돌이킬 수 없는 대세가 되었다고 주장한다. 시장은 이제 북한사회의 '지속과 변화'를 분석하는 데 주요 변수로 확실히 자리매김했으며, 북한 시장화 실태와 특징에 대한 분석은 향후 김정은 정권의 정치변동을 예측하는 데 큰 도움이 될 것으로 사료된다.

시장화가 정치변동에 미치는 영향은 일반적으로 '체제위협론'과 관련성이 깊다. 체제위협론은 사회주의 체제에서 시장이 확산되면 주민들의 자구적 삶의 방식이 강화되고, 비판의식이 형성되며, 또한 기존의 계획을 전제로 설정되었던 사회적 질서가 시장 중심으로 재편되어 계획을 위협하거나 변화시키는 촉매로 작용함으로써 사회변혁을 가져온다고 본다(김재효, 2016: 1). 이런 점을 감안한다면 북한사회에서의 시장화 진전과 확대는 오히려 김정은 정권의 안정이 아닌 위협요인으로 작동할 수 있다.

하지만 이 장에서는 시장화 진전이 김정은 정권의 체제안정에 효과가 있다는, 즉 체제위협론과는 상반된 견해를 제시하고자 한다. 이렇듯, 이 글은 북한의 시장화 실태 분석을 통해 북한정치 변동의 가능성을 시탐하는 데 그 목적이 있다. 이에 이 글은 다음의 질문을 통해 연구접근을 시도하고 북한의 정치변동과 관련된 함의를 도출하고자 한다. 첫째, 김정은 정권하에서 시장화는 예전에 비해 어느 정도 진전되었는가? 둘째, 시장화 개혁에 따른 사회 부작용은 어떠한 것이 있으며, 이것은 김정은 정권에게 어느 정도 압박과 부담을 안겨주는가? 셋째, 북한 당국을 비롯한 시장의 주요 행위자들은 어떠한 관계를 형성하고 있는가? 상호 보완적인가, 아니면 대립적인가? 넷째, 시장화 진전이 김정은 정권 안정화에 기여한다면 그 이유는 무엇인가?

2. 시장화와 체제위협에 관한 이론적 검토와 북한에의 적용

코르나이János Kornai의 주장처럼 사회주의 국가의 시장화가 곧 체제의 급격한 변화로 이어지는 것은 아니다(Kornai, 1992: 18~30).[1] 그러나 과거 공산국가들의 체제전환 사례를 비춰보면 시장화 진전은 어떤 형태로든 정치변동에 영향을 주었을 것으로 짐작된다. 무엇보다도 시장은 기존의 사회변화를 앞장서 이끄는 주체로 등장했다. 기존 시스템에서 찾아볼 수 없는 경제적·사회적 행동양식을 만들었고, 이러한 행동양식은 일정한 시간을 경과하면서 지속적으로 삶의 패턴을 변화시켰다. 그 결과 기존에 당 간부와 관료들이 갖고 있던 사회구조 조절 능력을 압도했다.

시장화가 체제를 위협하는 동인으로 작동한다는 논의는 다음 몇 가지 관점에서 뒷받침된다. 시장화는 첫째, 정부의 권위 약화 현상을 동반한다. 일반적으로 시장화marketization란 계획화planning와 대비되는 개념으로서 자원의 배분이 계획 경제시스템하에서가 아닌 시장적 거래로 대체되는 것을 의미한다. 즉, 수요와 공급의 상호작용에 의해 가격이 결정되고, 이 가격에 의한 소비, 투자 등 가계 및 기업의 경제적 행동을 통해 거시경제 전체의 자원배분이 조정되는 것이라 할 수 있다(양문수, 2013: 34). 그러므로 계획경제를 추구하는 사회주의 국가에서 시장경제의 도입은 자원분배에서 정부 의존도를 줄이게 되며, 이는 전반적인 국가의 명령 하달, 이행 체계의 작동 저해로 이어진다.

둘째, 거시경제의 안정성에 부정적인 영향을 미친다(Johnson, Kaufmann, and Shleifer, 1997: 159~239). 시장도입은 국가를 비롯한 국민들의 경제활동에 새로운 동력을 제공한다. 그러나 심각한 인플레이션 발생, 국가 재정적자의 심화, 환율의 급상승 같은 거시경제 환경이 불안정하게 작동할 가능성이 높으며, 이로 인해 일련의 개혁조치들이 가시적인 성과를 내지 못하면 국민들

1 코르나이는 개혁의 내용에 따라 시장화 → 사유화 → 자유화 → 민주화라는 네 단계를 거쳐 체제이행을 한다고 보았다. 여기서 시장화와 사유화는 경제개혁을 자유화와 민주화는 정치개혁을 의미한다.

의 불만으로 이어지게 된다. 베트남같이 시장개혁을 성공한 국가에서도 시장 도입 이후 한동안은 재정적자 규모가 지속적으로 증가했고, 그 결과 초인플레이션hyper inflation이 발생하여 거시경제의 불안, 외화사용 급증 등의 부작용을 드러낸 바 있다(김석진, 2008: 94~95).

셋째, 신흥부유층 같은 새로운 사회계층의 형성을 유도하며, 이 계층은 기존 정치질서에 영향을 미친다. 시장이행론market transition theory에 의하면 당간부나 관료 같은 기존 권력층이 소유한 경제권력은 시장화가 진전됨에 따라 신흥부유층으로 옮겨 간다. 시장화의 진전은 국가의 공급독점을 줄이게 하고, 시장의 안과 밖에서 이루어지는 재분배는 실질적으로 신흥부유층에 의해 관리되기 때문에 이들의 시장권력은 더욱 확대된다는 것이다(Nee, 1989: 666~678). 이에 국가는 이들의 시장권력 확대를 견제하고 중앙권력 강화 및 정치·경제 질서의 재확립을 위해 시장통제 같은 단호한 조치를 단행할 가능성이 높은데, 이럴 경우 이들은 국가권력에 대항하는 조직적인 저항 세력으로 성장할 수 있다.

하지만 새로운 사회계층이 기존 권력구조 변화에 큰 영향을 미치지 않는다는 반대 시각도 있다. 권력지속론power persistence theory에 의하면 기존 권력층은 시장경제 도입 이후 자신들의 권력을 경제적 이점으로 전환시켜 계속해서 기득권을 유지한다고 본다(Rona-Tass, 1994: 45). 이들은 자신들의 정치권력을 이용해서 신흥부유층과의 동거관계 속에 영향력을 행사하고 이익을 추구한다는 것이다. 신흥부유층 역시 이들의 정치적 후원이 수반되어야만 지속적인 부의 축적이 가능하다. 따라서 기존 권력층과 신흥부유층에게 체제이행과 같은 정치적 변동은 자신들의 존립문제와 직결되므로 서로 적대적 자세를 견지할 가능성은 낮으며, 오히려 협치 속에 체제 공고화의 동력으로 작용할 수도 있다.

넷째, 부패사회를 용인하고 체제의 내적 모순관계를 구조화한다. 사회주의 국가는 당-국가 시스템의 유산과 국가-시민사회의 이중구조를 허락하지 않는 특징을 갖고 있어 시장경제 이행 과정 속에 지대추구rent-seeking를 피할 수 없다. 따라서 시장화는 '불법과 묵인'의 구조 속에 시장권력을 중심으로 일탈적 부패, 관료부패, 권력형 부패 등을 형성하고, 이러한 시장권력에 의한 부패체제는 점점 사회로 확대 재생산되어 체제안정에 부정적인 영향을 미친다(박영민, 2016). 하지만 부패는 정권의 비공식적 통제 기제로 작동하기도 한다. 부패는 독직瀆職으로 얻어지는 수익이 충성과 복종에 대한 대가로 암묵적으로 제공하는 반대급부이기 때문에 위계질서를 강화시킬 수도 있다(Darden, 2002: 8).

다섯째, 제2사회[2]의 출현을 유도하고 시민사회의 활성화에 기여한다. 시장화 확산은 '반체제 지식인'이 출현하는 기반이 되며, 이들은 국가권력에 대응하고 새로운 사회의 유도를 위해 저항 담론을 만들어낸다. 한편, 시장화 진전은 사회 구성원들 간의 '빈부격차'라는 불균형 발전구조를 형성한다(Skocpol, 1979: 15~17). 시장은 기본적으로 경쟁 시스템을 수반하고 있기 때문에 경제적 약자를 발생시킨다. 시장경제 도입 후 빈부격차는 불가피한 후과後果일 수밖에 없다. 정치권력과 자본을 앞세운 세력의 시장독점은 소득 악순환 구조를 고착시켜 주민들에게 상대적 박탈감을 안겨준다. 극심한 빈부격차로 악화된 민심은 권력층, 더 나아가서 정권에 대한 불만을 갖게 된다. 이러한 상황에서 지식인 계층은 시장사회에 불만을 가진 주민들 및 일부 소시장 세력들과 결속하여 아래로부터의 변화를 이끄는 조직적 저항 세력으로 등장하게 된다(정영철, 2014: 136).

2 제2사회는 시민사회의 맹아단계이며, 시민사회의 전조가 되는 단계이다(서재진, 1995: 25).

과거 사회주의 국가들의 시장개혁과 체제변화에 대한 이러한 논의는 북한 시장화의 특성과 정치변동 분석에 이론적 근거를 제공한다. 이것은 과거 사회주의 국가들의 시장개혁과 체제이행 과정에서 관찰된 일반적 특성을 북한체제에서도 공유하고 있기 때문이다. 이어지는 제3절에서 구체적으로 후술하겠지만, 오늘날 북한 당국은 시장을 일정 부분 통제를 할 수 있으나 더 이상 시장화를 막을 수 없으며, 체제이행을 거부할 수 있지만 시장화로 인한 정치적 결과를 회피할 수 없는 상황에 도달했다(오경섭, 2013: 9~14).

북한이 지난 2000년 부분적으로 시장화를 도입한 이후 잠시 동안 시장의 철폐를 단행했음에도 불구하고, 북한의 시장화 진전 속도는 체제전환을 경험한 다른 사회주의 국가에 비해 매우 빠른 편이다. 북한 주민의 90%는 이미 시장화에 도달했고,[3] 체제전환에 가장 중요한 제도로 꼽히는 사유재산이 용인되고 있으며(정형곤, 2011), 사유재산의 범위도 조금씩 확대되고 있다. 시장화가 확산되는 과정에서 '돈주'라는 새로운 시장 세력이 등장했고, 주민들은 당 조직 생활보다 개인 경제활동에 더 많은 관심을 가지고 있어 북한 당국의 권위는 점점 더 약화되고 있다. 게다가 사회 내에 부정부패가 만연하고 있으며, 북한 주민에게 생소한 부의 편중 현상도 점점 확대되고 있다. 이런 점을 고려한다면 김정은 정권에서의 시장화 진전이 체제안정을 위협할 동인으로 작용할 여지는 충분하다고 볼 수 있다.

3 이는 통일 전 동독과 개방 당시 중국보다 훨씬 더 높은 수치이다. ≪조선일보≫, 2014.1.3.

3. 북한 시장화 실태와 평가

1) 김정은 시대 시장경제의 변화

북한은 2002년 7·1조치를 통해 경제위기로 인한 내부적 혼란을 수습하려 했다. 7·1조치는 '북한식' 개혁개방 정책으로 초보적 형태의 시장경제적 요소 도입을 골자로 하고 있지만, 북한의 입장에서는 전례를 찾기 힘든 매우 획기적인 조치였다.[4] 그러나 7·1조치 이후 북한사회에서는 기존 질서가 동요하기도 했고, 배금주의 및 개인주의의 확산 등 이른바 개혁에 따른 사회적 부작용이 발생했으며, 이는 결국 시장통제 강화로 이어졌다. 북한의 시장통제의 정점은 2009년 11월 30일 단행한 화폐개혁이었다. 화폐개혁은 북한경제에 깊이 확산된 시장화 현상에 제동을 걸고 계획경제를 복원하기 위한 목적으로 취해졌으나 공급능력이 뒷받침되지 않는 북한경제의 현실을 고려할 때 실패할 수밖에 없는 조치였다. 7·1조치가 실패로 끝났음에도 불구하고 이것이 함의하는 바는 북한사회 시장화 진전의 토대가 된 획기적인 조치였다는 것이다. 코르나이의 체제전환 이행단계에서 볼 때 7·1조치가 '사유화' 단계까지 도달하지는 못했지만 기업의 자율적 권한 확대와 시장을 공식적으로 허용한 점에서 분명 체제전환의 의미로 해석될 수 있다(김근식, 2010: 16).

주지하듯이, 김정은 정권의 목표는 체제의 안정화 및 공고화이며, 이를 위해 경제상황 개선은 매우 중요한 과제일 수밖에 없다. 이에 북한은 2010년 하반기부터 부분적으로 다시 시장 시스템 및 경쟁체제로 되돌아갔다. 예컨대, 김정은 정권은 2012년 6월 「우리식의 새로운 경제관리 체계를 확립하는

4 7·1조치의 자세한 내용에 대해서는 임수호(2008: 157~232)를 참조하라.

데 대하여」라는 제하의 이른바 '6·28방침'을 제시했고, 이후 12·1, 3·1, 5·30 조치가 더해졌다. 이러한 조치 내용에서 발견되는 특징은 기본적으로 경제적 인센티브 강화, 기업의 경영상 자율권 확대, 시장기능의 도입 등이며, 이는 7·1조치의 연장선상에 있다고 할 수 있다. 그러나 6·28방침을 비롯한 이러한 일련의 경제개혁 조치들은 7·1조치보다 더 시장친화적이고 파격적인 정책이다(임강택, 2014).

김정은 정권 출범 이후 북한의 시장 수는 점점 더 증가하는 추세를 보이고 있으며, 시장운영 또한 확대하는 모습이 파악된다. 북한에서 운영하는 공식 시장은 2010년 200여 개에서 2015년 10월 현재 406개로, 5년 만에 약 두 배 정도 늘어난 것으로 조사되고 있으며, 한 달에 3번 정도 열리던 북한의 군郡 단위급 농민시장은 연중무휴의 상설시장으로 운영되고 있다(이석기 외, 2016: 160~168). 이러한 시장의 양적 및 운영 규모의 확대는 인민경제에 상당한 역할을 하고 있는 것으로 분석된다.

미사일 발사 및 핵실험으로 인해 국제사회의 대북제재가 강화되고 북한과 중국의 경협마저 주춤하는 가운데, 개성공단 폐쇄는 남한으로부터의 자원 유입마저 차단시키고 말았다. 일각에서는 북한경제가 또다시 위기에 직면할 가능성이 있다고 제기한다.

그러나 이처럼 어려운 상황 속에서도 김정은 시대 경제 사정은 과거보다는 나아지고 있는 것이 사실이다. 이는 무엇보다도 시장화 진전이라는 새로운 동력이 생긴 결과로 봐야 할 것이다. 특히 김정은 정권 들어 북한의 시장물가 및 환율의 움직임은 비교적 안정적인 상태로 유지되고 있으며, 북한의 식량상황이 1990년대 중반과 비슷함에도 불구하고 이전과 달리 북한사회에서 큰 문제로 이어지지 않고 있는 것도 시장화가 일정 부분의 역할을 한 것으로 보인다(김은옥, 2015: 2). 이런 점을 감안할 때 김정은 정권은 앞으로도 시장 우호 정책을 계속 추구할 가능성이 높다고 볼 수 있다.

김정은은 2016년 신년사에서 "경제강국 건설에 총력을 집중하여 나라의 경제발전과 인민생활 향상에서 새로운 전환을 일으키자"라고 역설한 바 있으며, 나아가 "우리식 경제관리방법의 전면적 확립"을 강조했다.[5] 그러나 북한은 2016년에 경제분야에서 획기적인 어떠한 정책도 내놓지 못했다. 2016년 5월 제7차 당대회에서 경제정책을 제시할 당시 외부로부터 상당한 주목을 받았지만 예상과는 달리 큰 변화를 보이지 않았다. 이는 기업과 지방에 경영권을 넘겨준 이상 중앙정부가 경제를 주도하기는 어려운 상황임을 반영하는 것으로서 볼 수 있으며, 현재 대외여건이 어려운 상황에서 시장화의 활용 촉진이 여전히 경제문제 해결을 위한 유일한 대안임을 방증하는 것이라 사료된다.

김정일, 김정은 정권 모두 시장화 정책을 추구했지만 확연한 차이를 보이고 있는 것이 사실이다. 김정일 시대에 북한 당국은 시장에 대한 통제와 허용 정책을 반복해왔지만, 김정은 정권 출범 이후 시장에 대한 통제는 사실상 사라졌다고 해도 과언이 아니다. 실제 김정은은 김정일 애도기간이 끝나자마자 종합시장에 대한 통제를 중단했는데, 이는 김일성 사망 시와 비교할 때 매우 대조적이다. 이 외에도 북한 당국은 2012년 태양절을 전후하여 강성대국을 건설한다는 목표를 대내외에 천명하고, 이를 실현하기 위해 사회주의적 노력동원과 경제건설에 총력을 기울여왔다. 그럼에도 불구하고 이러한 사회주의적 노력동원에 방해가 되는 주민들의 자구적 경제활동을 통제하지 않았다. 주목할 사실은 이러한 시장 용인의 태도가 이후 더욱 확대되어 오늘날까지 지속되고 있다는 것이다(이석, 2016: 127).

이렇듯, 김정은 정권 출범 이후 북한의 시장화는 더욱더 가속화되는 분위

5 ≪노동신문≫, 2016.1.1.

기이다. 특히 국가 기간산업을 제외한 나머지 부분에서 시장요소가 계속해서 확대되고 있다. 곽인옥과 임을출은 평양의 경우 가계소득에 차지하는 비공식 경제의 비중이 80% 이상으로 절대적이며, 모든 영역에서 사유화의 진전이 일어나고 있는 점을 들어 이미 초기 자본주의의 경제 형태를 띠고 있다고 본다(곽인옥·임을출, 2016: 258). 또한 오늘날 북한의 경제정책 제도화 수준은 1980년대 중국과 거의 흡사하며(박형중, 2015), 시장화 상황은 1990년대 초 동유럽 체제전환기와 유사하다는 분석도 뒤따르고 있다(김재효, 2016: 7). 더욱이 오늘날 북한의 종합시장은 김정일 시대에 추진되던 통제들이 대부분 유보되고 있으며 과거에 비해 자유로운 모습을 보이고 있다. 그렇다고 해서 김정은 정권이 종합시장에 대해 '완전한 자유화'를 추구하고 있다고 단정 짓기는 무리가 따른다. 다만 북한 내부의 시장 참여자들은 '김정은식 종합시장'이 '김정일식 종합시장'으로 회귀할 가능성은 매우 낮다고 본다. 일각에서는 뇌물 구조의 확산으로 북한 시장화를 설명하는 시각도 있으나, 김정은이 김정일처럼 매우 강력하게 종합시장을 통제하려 했다면 현재와 같은 수준의 시장 안정성은 달성되기가 쉽지 않았을 것이다(박인호, 2015). 이러한 시장화의 '비가역성 irreversible'으로 인해 김정은 시대에서 시장의 역할은 자신의 의미를 잃지 않을 것으로 판단된다.

2) 새로운 계층의 성장과 사경제의 확대

이제 북한경제 운영에서 시장은 없어서는 안 될 존재이다. 북한의 시장 세력은 대내외 시장 및 시장교환에 직간접적으로 관여하는 것을 통해 생존과 이윤, 기득권과 지위 등을 유지, 확대, 재생산하는 데 상호 이해관계를 공유하는 개인 및 집단(기관, 조직)으로 총칭하여 정의할 수 있다. 이들 시장 세력은 자신이 가지고 있는 정치 및 경제 자본과 지위, 네트워크 등의 소유 수준에 따라 분류된다. 크게 생계 차원에서 시장활동을 하는 대다수 주민들을 비롯하여, 돈주를 비롯한 크고 작은 자본가 계층, 이들의 활동에 약탈적으로 기생하는 중하층 관료, 국가기관의 외화벌이 회사들과 그 간부, 막강한 권한을 가지고 시장교환에 직간접적으로 개입하여 이익을 챙기는 중앙 및 지역의 상층 관료 등으로 구성되어 있다. 이들은 독자적으로 존재한다기보다는 직간접적인 상호협력과 이해관계를 공유하며 상호 구성적으로 존재한다(홍민, 2012: 58).

기존 연구들은 북한의 시장은 지배 세력이 상이한 참여자에 의해 구성되는 위계적 구조를 가지고 있음을 주목했는데, 대다수 연구에서 피라미드 정점에 국가기관, 중간층에 신흥자본가인 돈주, 하층에 소매장사와 원천 생산자가 위치해 있다고 밝히고 있다. 국가기관이 시장의 상층구조를 형성했고, 상업적 하부구조를 직접 지배하거나 또는 자생적으로 발생한 시장적 활동과 행위자를 포섭하여 하부 구성요소로 종사시켰다는 것이다.[6]

그러나 한 가지 주목해야 할 사실은 김정은 정권 들어 시장화 확대와 활성화를 이끈 가장 적극적인 행위자가 바로 신흥부유층인 '돈주'들이다. 이들은 김정일 정권 시기 시장화가 점점 확대되면서 출현했는데, 대체로 상업적 이윤 추구를 통해 화폐재산의 증식을 추구하는 '사민' 신분의 시장 참가 주체이다(최봉대, 2014: 169). 이들은 장사를 해서 성공한 자생적 '돈주'와 권력기관의 자금관리자 혹은 대리인으로서 외화벌이 사업을 벌이는 권력형 '돈주'로 나누어진다. 한편, 당·정·군의 권력자가 직접 무역회사와 외화벌이 사업을 하면서 자본을 축적하여 '돈주'가 되는 경우도 있고, 부를 축적한 고위관료가 실제 '돈주'이면서 겉으로 자생적 '돈주'인 신흥자본가를 대리인으로 내세우는 경

6 이와 관련된 연구는 최봉대(2011), 박형중(2011)을 참조하라.

우도 있다(정상돈, 2016: 149; 박형중, 2008: 49). 엄밀히 말해 돈주는 임금소득에 의존하여 경제적 기반을 쌓은 것이 아니기 때문에 중상층이라기보다는 오히려 '자본가'라 보는 것이 돈주의 속성과 잘 어울린다고 볼 수 있다(박인호, 2015).

최근 돈주들은 장사의 영역에서 벗어나 생산과 서비스에 대한 투자를 통해 이익을 취하고 있다. 과거는 대부분 매매차익이 이들의 주요 수입원이었지만, 최근에는 공장, 기업소에 비공식적으로 투자해서 인수한 생산품의 판매에 관계하는 '주문 생산형' 돈주도 늘어나고 있으며, 달러나 인민폐를 사고팔거나 비싼 이자를 받고 돈을 빌려주는 고리대금업을 시작하기도 했다. 이제는 국가 아파트 건설 등 부동산 투기자금을 제공하기도 한다. 아직 소수이지만 국영상점을 직접 운영하거나 국가편의 봉사분야인 목욕탕, 이발소, 숙박시설 등에 진출하는 사례도 늘어나고 있으며, 아직까지 매우 드문 사례이지만 돈주가 직접 사람을 고용해 봉제공장과 같은 단순 임가공 업체를 운영하는 일도 시작되었다(자유아시아방송, 2015.6.30; 곽인옥·임을출, 2016: 283~284).

국가기관이나 관료들이 돈주 같은 상인들에게 이권 배분과 시장의 단속 및 검열의 권한을 가지고 있다는 점에서 여전히 가장 큰 시장 세력이라 볼 수 있다. 그러나 국가는 자원과 자본이 절대적으로 고갈되어 있는 상황에서 상당한 이권을 이들 돈주에게 줄 수밖에 없다. 또한 이들의 시장활동과 그로부터 확보된 자본에 전적으로 의존하고 있는 실정이다(김병로, 2013: 199~202). 아직까지 돈주가 북한경제에서 어느 정도의 영향력을 발휘하고 있는지에 대해서는 해석이 분분하다. 그러나 분명한 것은 누구도 그 실체를 부인하지 못한다는 점이다. 과거 돈주의 역할은 도매상 정도로 매우 제한적이었고 권력층의 하수인 정도로 평가되었지만, 오늘날 시장에서 돈주의 입지는 매우 막강하다. 실제 북한 당국은 김정은 우상화를 위한 건설과제를 평양시 중앙기관과 내각, 군대에 맡겨주면 이곳 책임자들은 돈주를 찾아가게 되고, 그들에게 특혜를 약속하고 공사를 맡기고 있다(자유아시아방송, 2014.12.15). 특히 돈주가 이렇게 시장화 확대에 큰 역할을 할 수 있는 것은 다름 아닌 김정은이 돈주의 실체를 공식 인정하고 있기 때문이다.[7]

이처럼 시장화가 확대되는 과정에서 돈주들에 대한 정부의 실질적인 통제력은 점차 약화되고 있는 것이 사실이다. 좀 더 엄밀히 말해 국가기관이 이들과 공생을 통해 기생寄生하는 모습을 보이고 있는 것이다. 이제 돈주는 북한 시장화의 확대와 활성에 필요조건의 역할만을 하는 것은 아니며 또한 외형상 중간계층 또는 하부구조를 이루고 있을 뿐 실제로는 북한경제를 상징하는 '키워드key word'로 볼 수 있다. 그 결과 최근 연구에서는 경제적 관점에서 북한의 사회계층 구조를 볼 때 과거와 달리 돈주들이 중간 계층이 아닌 상층으로 분류되기도 한다.[8]

4. 시장권력의 확대와 북한정치의 변동

1) 체제위협에 대한 가능성 추론

북한사회의 시장화 현상은 사회 전반에 부정적인 영향을 미쳐 기존 질서에 대한 커다란 도전이자 체제불안의 요인으로 작동할 가능성이 높다는 추론이 제기되고 있다. 시장화 진전은 이론적 논의에서 살펴본 것처럼 각종 사회

7 김정은은 "개인이 가지고 있는 돈에 대한 출처를 따지지 말고, 투자하게 하되 이윤도 최대한 보장해주도록 하라"라고 교시한 바 있다(자유아시아방송, 2015.6.11).

8 정상돈에 의하면 특권층(0.1%), 상층(10%), 중간계층(20%), 하층(60%), 극빈층(9.9%)로 나뉘는데 상층의 경우 고위 간부, 엘리트, 신흥자본가, 군장성 등이 포함되어 있다(정상돈, 2016: 156).

적 부작용을 양산할 수밖에 없으며, 이는 결국 사회주의의 질서와 기강을 파괴하는 동인으로 작용한다는 것이다. 이와 관련한 북한의 상황을 살펴보면 다음과 같다.

첫째, 시장화는 당의 사회 통제 능력 저하를 유발한다. 시장은 엄연히 사적 영역에 속하기 때문에 상대적으로 사회주의 이념의 색채는 퇴화할 수밖에 없다. 계획경제를 추구해오던 북한은 2000년대부터 계획과 시장경제라는 이중구조 전략을 제도화했고, 이는 오늘날까지 이어지고 있다. 이 양자는 그 경계가 모호하고 중첩되어 있어 상호간의 경제관계를 설명하기는 쉽지 않으나, 서로 보완적이면서도 대립적인 측면을 동시에 가지고 있다. 북한사회에서 양자의 경제관계는 보완적 요소보다 대립적 요소가 더 크며, 계획경제가 시장경제로부터 수취하는 효과보다 침식당하는 효과가 더 크다는 것이 일반적인 중론이다(양문수, 2012: 12~14). 시장경제가 계획경제를 압도하면서부터 당 통제가 미치지 못한 사회영역이 늘어나게 되었고, 사회공간의 자율성도 확장되고 있다.

게다가 시장화의 진전에 따른 부정부패의 확산은 계획경제시스템에 대해 파괴적 효과가 크다. 특히 부정부패 확산으로 인한 범죄의 증가는 국가 시스템의 기능저하를 촉진할 가능성이 농후하다(양문수, 2012: 14). 그 결과 국가 혹은 당을 중심으로 하는 공적 네트워크는 점차 약화될 수밖에 없으며, 이는 곧 사회적 통제능력의 저하로 이어질 가능성이 클 수밖에 없다. 더욱이 시장화는 개인주의와 배금주의를 지향하고 있기 때문에 공동체적 가치관 파괴에 큰 영향을 미칠 수 있다. 김정일이 2008년 연설에서 시장을 "비사회주의적 현상과 자본주의적 요소의 본거지이며 온상"이라고 표현한 것도 이와 맥을 같이한다고 볼 수 있다(Haggard and Ryu, 2011).

둘째, 시장화는 사회적 연대와 공동체의 결속을 약화시킨다. 시장은 속성상 불평등 구조를 양산할 수밖에 없기 때문에 사회주의가 지향하는 공동체적 질서를 위태롭게 할 수 있다. 시장화 이후 북한사회의 계층구조는 정치적 구조에서 경제적 구조로 전환되는 특징을 보이고 있는데, 시장화 이전 북한사회의 계층이 정치적 성분을 중심으로 핵심-기본-복잡/적대계층으로 나누어졌다면, 시장화 이후에는 경제력을 바탕으로 상류-중류-하류층으로 나누어지고 있다. 한 연구에 의하면 북한은 화폐개혁 전후를 중심으로 경제적 계층 비율의 변화를 보였는데, 중류층의 비율은 30~50%에서 15~30%로 거의 절반 수준으로 감소했으며, 하류층에서도 최하류층으로 분류되는 극빈자가 25%를 차지하고 있는 것으로 나타났다(김수암 외, 2011: 214).

이후 시장화 진전 속에 이러한 빈부격차 현상은 가중되고 있으며, 특히 이러한 현상은 당 간부와 주민들 간의 계급, 성분 차별에서 발생했던 2000년 이전의 차이와는 전혀 다른 양상이기 때문에 오늘날 북한의 가장 큰 사회불안 요인으로 잠복하고 있다. 김정은이 2013년 최고지도자 육성 신년사를 발표하면서 인민생활 향상을 위한 경제부흥을 가장 강조한 것도 바로 빈부격차 같은 내부 체제불안 요인을 해소하겠다는 의지를 드러낸 것으로 볼 수 있다.

셋째, 시장화는 내부의 체제변혁 세력을 양산한다. 돈주를 비롯한 신흥계층들이 조직화된 저항 세력으로 성장하여 북한사회가 아래로부터의 혁명을 맞이할 가능성이 있다. 이와 관련하여 두 가지 경로가 조심스럽게 예측된다. 우선은 북한 당국이 다시 한 번 시장화 억제정책을 단행하는 경우이다. 북한 당국은 2009년도에 단행한 화폐개혁에서 보듯이 국민의 재산을 강탈하는 등 시장을 확실히 통제할 수 있는 곳이다. 과거처럼 다시 한 번 사유재산권 행사를 제한하거나 혹은 사유재산을 강탈한다면 돈주들의 불만이 고조되어 밑으로부터 개혁이 일어나고 체제위협으로 연결될 수 있다는 것이다. 따라서 일각에서는 북한에서 사유재산을 가진 돈주를 붉은 자본가에서 자유 자본가로 만드는 것이 중요하다고 본다.

다음으로는 시장화 진전이 지속되더라도 성장의 제한이라는 불만이 고조될 경우이다. 상술했듯이, 북한의 시장화 속도는 과거 사회주의 국가와 비교해볼 때 전례 없이 빠르며 또한 사경제의 영역은 시간이 지날수록 확대되어가고 있다. 그러나 이것은 북한체제 변화의 위험요소가 될 수 있기 때문에 북한 당국은 사경제 영역을 통제 속에 관리할 수밖에 없으며, 같은 맥락에서 돈주들의 성장도 완급 조절할 가능성이 있다. 북한 당국은 신흥계층들의 공개적 성장이 대중들의 자발적 변화 요구를 유도한다는 것을 동구 공산권의 체제 이행에서 지켜본 바 있다. 특히 북한사회에서 시장은 당 지도에 의해 확대된 것이 아니라 당 아래로부터 자생적으로 시작되었기 때문에 혁명적 성격을 지닌다고 볼 수 있다. 이러한 성격의 혁명은 현재 시장을 매개로 하여 느리게, 그러나 확실하게 진행되고 있어 돈주들의 성장이 계속해서 이어진다면 체제이행의 가능성은 충분하다. 따라서 시장이 점차 확대됨에도 불구하고 돈주들이 성장하는 데 제한을 받을 경우 이들은 체제이행의 지지 세력이 될 수 있으며, 관료를 비롯한 이들과 결탁관계에 있는 정치 세력들 역시 돈주들의 잠재적 우호 세력으로 편입하여 김정은의 정치 통제력을 약화시키는 역할을 할 수 있다(김병연, 2016).

2) 체제위협에 대한 비판적 검토

위 논의들은 체제위협에 대한 충분조건에 부합하지는 않는다. 다시 말해 사회적 불안 요소로 등장할 수 있는, 즉 체제위협 나아가 체제변혁을 가능케 하는 필요요건은 맞지만, 북한사회에서 주요 촉발요인으로 작용하기에는 아직 구조적 한계를 갖고 있다는 것이다.

시장화가 북한 주민의 생활을 지탱하고 개선시키며, 북한경제 전반의 성장 잠재력을 확충시키는 역할을 하고 있는 것은 분명하다. 국제사회의 핵실험 제재 국면에도 불구하고 오히려 경제상황이 호전된 것은 6·28방침 같은 일련의 시장화 조치들이 잇달아 시행되고, 이것이 계속해서 진전 및 확산을 거듭한 결과 때문이라는 분석이 뒤따르고 있다. 더욱이 북한사회에서 늘 문제가 되었던 식량 문제만큼은 김정은 정권 들어 상당히 개선되었다. 특히 최근에는 소비재, 서비스, 부동산은 물론이고 노동, 금융 분야에서도 활기찬 모습을 보이고 있어 많은 북한 주민에게 일자리와 생계 수단을 제공하고 있다.

시장화의 진전과 함께 수반되는 여러 부작용은 체제를 반드시 변화시키는 촉매제 역할을 하는 것은 아니며, 순기능적 역할을 수행하기도 한다. 부패문제는 시장화 진전과 함께 당연히 따라오는 부산물이다. 중국의 시장화는 정책을 옮길 관리들에게 권한을 이양하는 방식으로 진행되었고, 이렇게 이양된 권력은 궁극적으로는 경제적 부와 결합되었다(정명기, 2010: 114). 이와 같은 권력과 부의 이중주는 사회 부패문제를 유발시켰지만, 한편으로는 부패가 행정능률을 촉진시키고, 자본형성에 기여하는 등 중국의 경제발전에 동력을 제공했다.

북한 같은 폐쇄 체제하의 시장화는 본질적으로 뇌물수수 같은 부패의 원인을 제공할 수밖에 없다. 북한사회의 경우 시장화 초기에는 하급관리와 주민들 간의 '생계형 부패'가 발생했고, 시장화가 점점 확대되면서부터 관료와 돈주들 간의 '결탁형 부패'가 증가하고 있다. 실제 당 간부, 관료들 내에서 부패는 관행화된 지 오래되었다. 이러한 부패의 위계화는 장기적 측면에서 국가기구의 통제력 상실을 가져올 가능성이 높다. 그러나 사실 사회주의 체제에서 권력집단의 도덕적 해이와 부패는 체제의 부산물이기보다는 체제 그 자체였다(Walder, 1986). 즉, 북한사회에서도 부패는 시장화 이전부터 존재해왔기 때문에 최근의 사회문제만은 아니며 이에 대한 대응책이 전무한 것도 아니다. 오히려 현재의 상황에서는 아이러니하게도 부패가 권력층과 주민들 간 사이의 유리遊離를 다소 완화시켜주는 작용을 하고 있다. 간부들의 부패가 시장경제가 확산될 수 있는 토양이 된 것이다(임수호, 2008: 87). 시장이라는 공간 속에서 간부와 주민은 '상납과 보호'라는 공생관계를 유지하고 있다. 게다가 김정은 정권하에서는 뇌물수수를 어느 정도 용인하고 있는 것이 사실이다. 대다수 돈주들은 국가로부터 신변 안전을 보장받기 위해 막대한 양의 공채를 사거나 기부금을 헌납하고 있으며, 북한 당국은 돈주들 간의 기부금 경쟁을 유발하여 당과 수령, 국가에 복종과 충성을 유도하고 있다.

그렇다고 김정은 체제가 이러한 위계적 부패에 대해 방관적 자세를 취하는 것만은 아니다. 아직까지 돈주들이 처단되었다거나 숙청당한 공개 사례는 발견되고 있지 않지만(박영민, 2016: 33), 돈주를 '국가무역 관련 일꾼'과 '정권에 충실하지 않은 사람들' 두 부류로 구분하고 있으며, 후자의 돈주들은 보위부의 재산 압수 표적이 되는 것으로 알려졌다(자유아시아방송, 2016.5.25). 반면, 부패관료들을 처벌하는 모습은 종종 공개되고 있는데, 체제유치 차원에서 돈주와 권력집단 사이의 유착관계가 심각한 불안 요소로 대두된다면 김정은은 단호한 조치를 취하려 할 것이다.[9] 이는 권력집단에 대한 견제를 목적으로 한 것으로 해석할 수 있다. 더욱이 북한은 당-국가의 제도적 특성과 함께 북한 특유의 강력한 가산제적 성격patrimonialism이 결합되어 있어 체제regime와 국가state는 분리될 수 없을 정도로 착종되어 있다. 이와 같은 조건하에서 북한 관료들은 전형적인 관료적 현상유지에 사활적 이해를 가질 수밖에 없다. 관

9 김정은은 2016년 신년사에서 "엘리트들이 다른 주머니를 찬다든가 나쁜 짓 할 생각을 말라"라고 언급한바 있다(조선중앙TV, 2016.1.1).

료들은 지대추구를 바탕으로 자신의 부를 어느 정도 확장하려 하겠지만, 김정은과의 내적 관계를 끊고 체제전환을 추구하는 것은 기회비용이 너무나도 크다는 것을 인지하고 있기 때문에 고려치 않을 것이다. 북한의 권력층은 자신의 기득권을 유지하기 위해 국가귀속형 지대추구 전략을 취할 가능성이 높다(한병진, 2006: 9~11).

한편, 상술한 바와 같이 북한의 주요 정치 엘리트 집단인 당黨, 군軍, 정政은 저마다의 이권을 위해 경쟁하는 체제로 변화하고 있다. 이러한 엘리트 집단들이 과거보다 훨씬 더 강력한 영향력을 행사한다면 북한은 '비확고한 독재' 국가로 전환될 가능성이 있으며, 이는 결국 체제 불안정으로 이어질 수 있다. 그러나 분명한 점은 현재 엘리트 집단이 모두 최고지도자의 용인 및 승인을 통한 이권의 쟁취를 위해 분투하고 있다는 점이다. 김정은 정권에서 엘리트 정책과 관련하여 특히 주목할 점은 권력엘리트의 계급 강등과 복귀가 빈번하다는 것이다. 김정은은 엘리트 집단들에게 충성경쟁을 유도하여 자신에 대한 충성심을 확보하려 하고 있고, 이러한 상황에서 엘리트 집단은 김정은에 대한 충성다짐 속에, 경합적 성격을 가진 시장에서 기득권을 유지하거나 더 많은 부를 얻고자 한다.

이런 맥락에서 보면 최고지도자와 주요 정치 엘리트 간의 일종의 거래관계는 북한 정권의 안정성을 배가시킬 수 있다. 김정일은 통치 자원이 충분치 못한 상황에서 권력 유지를 위해 엘리트들에게 제한된 자원을 집중시켰다. 김정은 역시 체제유지를 위해 가장 중요하게 고려하는 부분은 핵심 지지층인 권력층의 결집이며, 이를 위해 이들에게 물질적 지원, 즉 어느 정도의 부의 축적을 안겨다주고 있는 것이 사실이다. 그래서 상술한 바와 같이 체제규율 구조가 급격히 붕괴되지 않는 범위 내에서 관료들의 부패를 묵인하고 있는 것이다. 오히려 당국의 입장에서는 엘리트 내에서 부의 양극화 문제로 인해 권력기반에 균열이 생기는 것이 체제유지 차원에서 가장 심각하게 우려되는 부분이다.

더욱이 주민들은 시장화로 인해 양극화가 진행되더라도 과거처럼 빈곤의 하향평준화를 원치 않을 것이며, 현 상황에서는 상대적 경제수준보다 절대적 경제수준이 자신들의 생활 만족도에 미치는 영향이 클 것으로 보인다. 따라서 주민들은 시장화 과정에서 드러나는 사회 양극화에 대해 불만을 표출하기보다는 시장화 속에서 자신들의 생활수준 향상에 집중할 가능성이 높으며, 이것이 긍정적인 결과로 나타난다면 체제안정에 기여하는 요인이 될 수도 있다.

일각에서는 돈주 중심의 사경제 활성화를 도와 북한의 체제붕괴 전략을 모색할 필요성을 제기한다. 계획경제가 멈추고 시장활동이 활발해지면서 경제자본이 갖는 위상이 높아진 것은 사실이다. 이런 상황은 경제적 부와 정치적 힘이 결합된 계층적·계급적 경계선이 옅어짐을 뜻한다. 돈주들은 주택시장이 활발하게 작동하면서 경제자본을 통해 특정 공간을 소유하는 것이 가능해졌다. 이는 달리 말해 기존 '정치자본' 밀집 지역을 중심으로 형성된 공간의 경계를 허물거나 재편을 할 수 있다는 의미다. 그러나 실제로는 계층적·계급적 경계의 선은 오히려 보다 분화되고 뚜렷해지고 있다. 기존의 '정치자본'을 소유한 사람들은 근본 없는 장사치와 함께 산다는 불평을 하기 시작했고, 장사로 성공한 돈주들에 대한 또 다른 구별짓기가 작동하기 시작한 것이다. 돈주들은 정치자본을 소유한 사람들의 힘을 등에 업거나 협업을 통해 성장한 세력인 만큼, 이들의 성장은 언제든 정치자본에 의해 쉽게 무너질 수 있다. 결국 돈주는 정치자본을 중심으로 움직이는 계급의 경계선을 넘기가 힘들다(홍민, 2015: 312~313).

이처럼 돈주들은 당의 정책 때문에 공개적으로 성장할 수 없으며, 이에 대해 불만이 많은 것도 사실이다. 그리고 돈주와 권력층들과의 결탁은 이해를 기반으로 이루어졌기 때문에 이해의 상충이 발생할 여지가 있다. 이런 관점에서 돈주들은 북한사회가 완전한 자유시장체제로 전환되기를 기대하고 있으며, 만약 시장화 진전으로 인해 북한체제가 치명적인 위기에 빠질 경우 밑으로부터의 혁명에 구심적 역할을 수행할 가능성이 제기된다. 그러나 통일사회를 가정할 때 돈주들은 자본주의 경험과 자본 보유 능력 면에서 기존 한국사회의 시장 세력들과 비교가 될 수가 없으며, 아직은 시장에서 경쟁 자체가 불가능한 수준이다. 돈주들은 이런 현실을 이미 잘 알고 있기 때문에 북한체제가 붕괴되는 것보다 남북 분단의 영구화를 바라고 있다. 돈주들이 계속해서 지금과 같은 부를 기대하고 지속적인 성장을 하기 위해서는 분단과 북한체제라는 조건이 반드시 필요하다. 이러한 측면에서 돈주와 북한의 권력계층은 이중적이면서도 모순적 관계를 가지고 있는 것이다.

이렇듯 돈주가 정치적으로 각성된 계층으로 성장할 가능성은 그다지 크지 않다. 돈주는 정치자본과의 결탁을 통해 단지 경제적 이익만을 좇아가는 한계를 내포하고 있기 때문이다. 과거에 비해 이들에게 상대적인 자율성은 많이 부여되었지만 권력층의 비호 아래 '주인과 대리인'과 같은 관계를 형성하고 있다(김재효, 2016: 12). 더욱이 현재의 북한사회와는 달리 통일사회에서 돈주는 시장에서 영향력이 큰 자본 세력으로 자리 잡기가 쉽지 않다. 돈주가 주도한 권력과의 연계, 즉 일종의 정경유착형 구조가 통일사회에서 구축되고 공고화되는 것은 불가능한 일이다. 따라서 김정은이 중국과의 관계를 전면 단절하거나, 시장화 흐름을 뒤집고 국가계획경제로의 복귀를 시도하지 않는 이상 돈주와 최고지도자와의 충돌은 상상하기 어렵다. 안정적인 체제유지를 원하는 김정은 역시 현재 시장화 추세를 뒤집을 만한 동기가 뚜렷하지 않으며 시장화 추세가 지속되고 있는 조건에서 돈주들이 정치행동에 나설 이유도 마땅치 않다.

5. 정치적 변동에 대한 함의

결론을 대신하여

7·1조치 이후 시장화와 분권화의 확대로 체제전환의 맹아가 기대되었지만 곧 이어진 시장화 억제라는 반동화로 인해 이는 좌절되고 말았다(김근식, 2010: 14). 북한 정권은 시장에 대한 대대적이고 전면적인 단속과 통제에 들어갔으며, 자본 축적형 활동에 철퇴를 내리기 위해 화폐개혁을 단행했고 급기야 시장을 잠정적으로 폐쇄하기에 이르렀다. 그러나 생계 기반을 시장에 둔 주민들의 반발이 거세었고, 시장에 의존하고 있는 공식 경제의 타격도 만만치 않아 결국 시장에 대한 억제 정책을 철회하고 말았다. 이를 통해 알 수 있듯이 김정은 정권은 앞으로 계획경제가 보완되지 않는 가운데서 시장을 억압하는 조치는 단행하지 않을 것이다.

더욱이 북한이 직면한 대내외 상황을 고려할 때 김정은은 경제난 해결방안을 내부의 계획경제에서 찾지는 않을 것이며, 과거처럼 중국 등 외부로부터의 지원에 의존하는 자체가 불가능하다는 것도 잘 알고 있을 것이다. 이제 북한은 불가피하게 시장을 적극적으로 활용할 수밖에 없는 실정이며, 김정은 정권은 시장 활성화의 요인을 유발하는 정책을 과거 어느 때보다 적극적으로 취하고 있다. 오늘날 북한의 시장화는 과거에 비해 양과 질 모든 면에서 확산되는 모습을 보이고 있는 것이 사실이며, 실제 북한의 경제는 예전에 비해 점점 나아지고 있다. 많은 전문가들에 의하면 앞으로 북한은 경제건설과 핵무기 개발을 동시에 추진하는 이른바 '병진노선'의 연장선상에서 시장화가 더 심화될 것으로 전망하고 있으며, 그 결과 체제의 변화는 매우 미미한 수준이기는 해도 진행될 것으로 보인다.

앞서 살펴보았듯이, 북한의 시장화는 북한체제의 내구력 문제와 직결된다. 시장화 진전은 사회 통제 능력의 저하, 공동체적 가치관의 파괴, 사회 양극화 양산, 시장 세력들의 정치저항 세력으로의 성장 등 체제불안을 초래할 수 있는 기능을 갖고 있다. 그러나 북한은 분단에 따른 전시체제의 지속 등으로 사회적 자율성이 극히 제한된 곳이기 때문에 아래로부터의 대중적 저항과 요구를 표출하거나 조직하고 집약할 만한 시민적 토대, 제도적 조건이 아직 결여되어 있다. 북한에서 '사회'의 '정치사회'로의 성장은 아직 먼 상황이라고 할 수 있다(정영철, 2014: 142~144). 이처럼 북한사회에서 시민혁명, 아래로부터의 혁명이 쉽지 않은 지배구조임을 감안할 때 부패구조, 사회 양극화, 시장 세력들의 성장 등이 체제위협에 주요 동인으로 작용하기는 쉽지 않다. 게다가 무엇보다도 북한의 시장은 사회를 변화시킬 만큼 아직 공고하지 못하다.

현재로서는 시장화 진전이 오히려 체제 강화 면에서 효과가 더 큰 것으로 판단된다. 시장화는 무엇보다도 북한 주민들의 생활을 지탱하고 개선시키고 있다. 이 외에도 군부나 권력기관에 소속된 권력층이 시장화 속에서 자신들의 생존권과 기득권을 지키고 있으며, 나아가 새로운 이득을 창출하고 있다. 특히 최근에는 권력층의 자녀들까지 각종 이권개입을 통해 부의 확장을 추구하고 있으며, 돈주들은 이들과의 결탁을 통해 자본의 확장을 기대하고 있다(≪동아일보≫, 2016.9.16). 김정은 역시 권력층과 주변의 구조적 부패를 일정 부분 묵인하는 '특혜와 보호'의 정치를 통해 체제 안정화를 유도하고 있다. 권력층은 체제불안이나 혹은 체제전환이 그들의 안위를 보장해주지 않는다는 것을 잘 인지하고 있기 때문에 김정은과의 정치적 이해관계를 같이할 수밖에 없다. 더욱이 북한은 수령제라는 독특한 유일지배의 정치체제가 오랫동안 작동하고 있다. 수령제는 위기와 불만에도 불구하고 저항 세력의 조직화를 막고 정치적 통합을 일정 정도 유지해내는 특수한 북한식 조건이다(김근식, 2010: 16). 김정은 체제에서도 수령제는 견고함을 유지하고 있다.[10] 따라서 시장화 진전의 부작용에 의해 권력층 내에서 사회적 불만이 다소 발생하더라도 김정은을 중심으로 정치적 대결이나 큰 갈등 없이 유일지도체제라는 내적 통일성을 유지할 가능성이 높다.

북한 시장의 추동력이 아래로부터의 시장화, 즉 자생적 시장화임은 틀림없지만 당국의 통제 아래 운영되는 '정치 중심적 특징'을 갖고 있는 것도 사실이다. 시장화 진전 속도 및 확대범위는 당국의 계획과 방침에 따라 결정될 수밖에 없다. 이런 점을 고려한다면 시장개혁은 결국 김정은과 지도부에 의해 추진되는 '위로부터의 개혁'을 의미한다. 이러한 개혁은 매우 급진적이거나 광범위하게 이루어지기보다는 경제정책방향의 수정을 추구함으로써 이루어지며, 수정의 범위와 범주는 지도자가 자신의 권력을 유지할 수 있다는 확신을 가질 때 결정된다. 김정은과 권력기관들은 자신이 가지고 있는 압도적 권력과 권능을 활용하여, 북한의 경제구조 특히 시장 확대를 정권유지와 특권층에 봉사하도록 구조화하고 간섭할 것이며, 이러한 조건에서 시장화 진전은 결국 김정은의 이익에 봉사하고 권력기관에 우호적일 수 있는 위계적 구조를 형성할 것으로 보인다. 특히 시장화 진전 과정에서 이를 교란할 수 있는 경향이 등장하는 것을 방지하는 끊임없는 정치적 간섭을 통해 시장구조는 지속적으로 수정되고 재편될 수밖에 없다(박형중, 2012: 220~221). 그리고 시장개혁을 계속 추구하더라도 과거 동구 공산국가들이 실패한 경로를 걷지 않을 것은 분명하다. 시장개혁이 정치개혁과 맞물려 진행되면 정권의 안정성은 심각한 위협을 받는다는 것을 북한 당국은 잘 인지하고 있다. 현 지배체제의 정치적 안정 유지를 최우선적으로 전제하면서 조심스럽게 점진적 시장개혁과 개방을 추구할 가능성이 높다.

10 이에 대한 자세한 내용은 김갑식(2014)을 참조하라.

위의 논의들을 종합해보면 오늘날 북한의 시장화 진전은 일각에서 주장하는 체제위협과 바로 직결되는 문제는 아닌 듯하다. 시장화 진전으로 인해 기존 체제를 부식시키는 현상들이 보이고 있지만, 그럼에도 불구하고 북한 당국의 사회 통제력은 여전히 유지되고 있기 때문에 체제위협으로 이어진다는 주장은 다소 무리가 따른다. 오히려 현재로서는 체제 강화에 긍정적인 요소로 작용할 수 있을 것으로 사료된다. 물론 시장화가 오랫동안 지속되고 확대된다면 자본주의적 사고방식의 확산 등으로 인해 정권의 감시비용이 증가하여 기존 체제를 어느 정도 약화시킬 수는 있을 것이다. 그러나 한 가지 고려해야 할 점은 북한의 시장화 역사는 길다는 것이다. 이는 북한 당국이 시장화의 부작용에 대한 충분한 학습 경험을 갖고 있다는 방증이기도하다. 따라서 북한의 시장화가 향후 어떤 경로를 택하든 혼란은 최소화될 가능성이 높다. 시장화가 체제위협과 직결되기 위해서는 권력층 세력의 약화와 이로 인한 분란, 이탈 및 배신, 기득권 세력과 시장 세력들 간의 갈등 고조, 최고지도자의 리더십 부족 등 여러 요소들이 시장화 진전과 함께 동시에 수반되어야만 한다.

참고문헌

곽인옥·임을출. 2016.「평양 시장경제 실태와 특징에 대한 연구」, 세계북한학 학술대회 자료집, 제3권, 263~290쪽.

김갑식. 2014.「김정은 정권의 수령제와 당·정·군 관계」. ≪한국과 국제정치≫, 제30권 1호, 29~64쪽.

김근식. 2010.「북한 '실리 사회주의'의 추진과 좌절: 북한변화에의 함의」. ≪북한연구학회보≫, 제14권 2호, 1~21쪽.

김병로. 2013.「북한의 시장화와 계층구조의 변화」. ≪현대북한연구≫, 제16권 1호, 171~213쪽.

김병연. 2016.「연성복합통일과 남북시장 통합전략」. 서울대 통일평화연구원 창립 10주년 기념학술회의 자료집(2016.4.19).

김석진. 2008.『중국·베트남 개혁모델의 북한적용 가능성 재검토』. 서울: 산업연구원.

김수암 외. 2011.『북한주민의 삶과 질』. 서울: 통일연구원.

김은옥. 2015.「김정은 시대 북한의 시장화와 동향: 평가와 전망」. ≪이슈브리핑≫, 2015-14호, 1~5쪽.

김재효. 2016.「북한 시장화의 체제전환으로의 가능성」.『동북아공동체 연구재단 보고서』.

박영민. 2016.「북한의 부패 실태 및 사회변화에 미치는 영향: 시장화-약탈성-부패의 메커니즘」. ≪세계지역논총≫, 제34권 4호, 277~307쪽.

박인호. 2015.「김정은 시대 '시장화' 어디까지 왔나」. ≪시대정신≫, 9/10월호. http://www.sdjs.co.kr/read.php?quarterId=SD201505&num=847

박형중. 2015. "김정은 시대 북한경제의 변화에 대한 평가." KINU Online Series, 1-6(2015/4/29).

_____. 2012.「북한 시장에 대한 정치학적 분석」. ≪한국정치학회보≫, 제46권 5호, 207~224쪽.

_____. 2011.「북한에서 1990년대 정권기관의 상업적 활동과 시장 확대」. ≪통일정책연구≫, 제20권 1호, 213~237쪽.
_____. 2008.「과거와 미래의 혼합물로서의 북한경제: 잉여점유 및 경제조정기제의 다양화와 7개 구획구조」. ≪북한연구학회보≫, 제13권 1호, 35~61쪽.
서재진. 1995.『또 하나의 북한사회: 사회구조와 사회의식의 이중성 연구』. 서울: 나남.
양문수. 2013.『북한의 계획경제와 시장화 현상』. 서울: 통일교육원.
_____. 2012.「북한 시장화에 대한 재조명」. ≪KREI 북한농업동향≫, 제14권 3호, 3~19쪽.
오경섭. 2013.『북한시장의 형성과 발전과정』. 성남: 세종연구소.
이석. 2016.「북한경제의 변화: 제도와 구조」.『동북아 질서의 변화와 한반도 통일』. 마산: 도서출판 일성.
이석기 외. 2016. "2015년 북한의 경제종합 평가 및 2016년 전망." 연구자료 2016-18. 서울: 산업연구원.
임강택. 2014.「북한 시장화의 주요 특징과 도전 요소: 북한 당국의 최근 정책변화를 중심으로」. 제1회 세계 북한학 학술대회 지료집, 제1권(2014/10/28), 347~364쪽.
임수호. 2008.『계획과 시장의 공존』. 서울: 삼성경제연구소.
정명기 외. 2010.「중국의 부패결정 요인에 대한 연구」. ≪동북아 경제연구≫, 제22권 제3호, 109~134쪽.
정상돈. 2016.「김정은 시대의 사회통제 정책평가」. 세계 북한학 학술대회 자료집, 제3권, 139~163쪽.
정영철. 2014.「북한에서의 국가와 시장 그리고 사회의 발견」. ≪한국과 국제정치≫, 제30권 1호, 125~148쪽.
정형곤. 2011.『체제전환의 경제학』. 서울: 청암미디어.
최봉대. 2014.「북한의 국가역량과 시장 활성화의 체제 이행론적 의미」. ≪통일문제연구≫, 제26권 1호, 161~196쪽.

_____. 2011. 「북한의 시장 활성화와 시장세력 형성 문제를 어떻게 봐야 하나」. ≪한반도 포커스≫, 제14호, 12~15쪽.

한병진. 2006. 「엘리트의 지대추구 유형과 정권의 경로」. ≪국제지역연구≫, 제15권 4호, 1~29쪽.

홍민. 2015. 『북한의 시장화와 사회적 모빌리티』. 서울: 통일연구원.

_____. 2012. 「북한경제 연구에 대한 위상학적 검토: 수령경제와 시장세력을 중심으로」. ≪KDI 북한경제리뷰≫, 1월호, 47~62쪽.

KBS. "김정은 2년 북한." KBS 파노라마(2016/4/12 방영).

Darden, Keith. 2002. "Graft and Governance: Corruption as an Informal Mechanism of State Control." https://www.files.ethz.ch/isn/30472/2002-02.pdf.

Haggard, Stephan and Ryu Jaesung. 2011. "Kim Jong Il on the Market." https://piie.com/blogs/north-korea-witness-transformation/kim-jong-il-market.

Johnson, Simon, Daniel Kaufmann and Andrei Shleifer. 1997. "The Unofficial Economy in Transition." *Brookings Papers on Economic Activity*, Fall(2), pp. 159~239.

Kornai, János. 1992. *The Socialist System: The Communist System: The Political Economy of Communism*. Princeton: Princeton University Press.

Nee, Victor. 1989. "A Theory of Market Transition: From Redistribution to Markets in State Socialism." *American Sociological Review*, Vol. 54, No. 5, pp. 663~681.

Rona-Tass, Akos. 1994. "The First Shall Be Last? Entrepreneurship and Communist Cadres in the Transition from Socialism." *American Journal of Sociology*, Vol. 100, No. 1, pp. 40~69.

Skocpol, Theda. 1979. *States and Social Revolutions: A Comparative Analysis of*

France, Russia, and China. N.Y.: Cambridge University Press.

Walder, Andrew. 1986. *Communist Neotraditionalism*. California: University of California Press.

9

김정은 시대 군사안보정책과 핵전략

김동엽
경남대학교 극동문제연구소 / 정치외교학과 교수

1. 서론

김정은 시대 북한 군사안보분야의 변화와 지속

김정은 정권이 들어선 이후 이미 네 차례의 핵실험과 연이은 미사일 발사로 인해 한반도 안보정세 변화의 향방을 예측하기 어려워졌다. 더욱이 2016년 36년 만에 개최된 제7차 당대회와 함께 북한 핵능력의 발전은 자연스럽게 군사안보정책의 변화를 추동했다. 그렇기 때문에 2016년은 김정은 정권 5년간의 군사안보분야에 대한 변화를 정리하면서 새로운 김정은 시대의 시작을 알리는 중요한 변환기이자 변곡점의 의미를 가진다. 김정은 시대의 군사안보분야에 대한 평가와 전망을 위해서는 지금까지 김정은의 군권장악과 군사안보적 정책변화 과정에 대해 먼저 살펴볼 필요가 있다.

과연 김정은이 집권 이후 현시점에 군부를 완전하게 장악하고 있는가 하는 것은 김정은 정권의 현재를 평가하고 미래를 예측할 수 있는 중요한 요인이다. 이는 권력정치權力政治, power politics 차원에서 김정은 정권의 안정성과 직접적인 연관성을 가진다.[1] 김정일 사망 전 김정은이 공식후계자로 등장한 이후, 향후 김정은 정권이 군부 중심의 집단지도체제나 섭정체제로 유지될 것이라는 예측이 지배적이었다. 단순히 나이 어리고 경험이 부족한 김정은이 북한 군부를 장악하기는 쉽지 않을 것이란 이유 때문이었다. 현재 김정은이 군권을 완전히 틀어쥐고 북한 군부를 좌지우지하고 있는가에 대해서는 여전

1 권력정치(權力政治, power politics)는 여러 가지 의미로 해석되지만 모겐소로 대변되는 국제정치관계 측면에서 적용되고 이해하는 경우가 많다. 이를 권력을 위한 권력으로서 이념적·윤리적인 계기보다 권력적 계기를 강조한다는 측면에서 본다면 국가에 의해 전개되는 것과 국내정치도 다르지 않다. 국내적으로 권력정치 역시 지배자에 의해 자신의 이익을 추구하기 위해 행해지는 권력투쟁으로서 권력 중심적으로 정치를 생각하는 마키아벨리즘적 정치를 가리킨다.

히 논란이 있다. 그러나 지금 나타난 바로 분명한 것은 처음 많은 사람들의 예상과는 달리 군부 중심의 집단지도체제와 같은 모습은 나타나지 않고 있다는 점이다. 지난 5년간을 평가해보면 오히려 당을 통한 군통제가 강화되면서 주요 군 직책과 계급상의 변화가 심하게 나타나고 군 엘리트들의 권력서열이 낮아지는 모습이 지속되어왔다. 이러한 점에서 이미 2016년 제7차 당대회 이전에 김정은은 당을 통해 군권장악을 마무리 지었다고 볼 수 있다.

김정은 정권 들어 당을 통한 군권장악 강화로 인해 기존 군부의 위상과 역할에도 변화가 있었을 것으로 보인다. 이는 선군정치를 앞세운 김정일 시기와 비교한다면 곧 선군정치 노선의 계승 여부와도 연관된 것이다. 북한 내에서 가장 크고 영향력 있는 집단 중 하나가 군부임을 고려할 때 김정은 집권 초기에는 상당 기간 선군정치가 유지될 것이라는 평가가 우세했다. 그러나 최근 북한 내부에서조차 선군정치에 대한 언급이 사라지고 있다. 그만큼 군부의 위상도 낮아지고 있는 것으로 보이며 이를 단순히 선군정치라는 김정일 시대를 대표하는 정치노선의 변화라고만 보기에는 설명이 부족하다. 이것은, 선군정치로 대표되는 김정일 시대와는 달리 향후 김정은이 어떠한 새로운 방식으로 북한을 통치할 것이며 이를 위해 북한군에게 어떠한 역할을 요구할 것인가 하는 국가통치 및 군 운영방식과 연관된 것이다.

북한 군부의 위상과 군의 역할 변화는 단순히 김정은 시대 선군정치를 넘어 김일성 시기부터 오랜 기간 북한사회를 관통해온 군사주의화 정책과 관련된다. 일부에서는 김정은 시대에도 사회 전반에 군사우선주의와 군사주의화 유지가 불가피하다고 보는 시각이 있다. 반면, 2016년 나타난 핵무력의 강화와 제7차 당대회를 통해 확고히 한 경제·핵무력 병진노선을 앞세운 정책들은 일면 탈선군, 탈군사주의화를 가져올 수도 있다는 점에서 북한 군사분야는 물론 사회 전체의 변화로 이어질 가능성이 높다. 다만 오랜 기간 북한에서 통치 방식과 자원배분에 최우선 고려 대상이었던 군을 어떻게 할 것인가는 장기적인 관점에서 김정은이 직면할 또 다른 불안정 요인이 될 수도 있다.

북한이 핵무력을 바탕으로 경제·핵무력 병진노선을 추진함에 따라 좁은 의미의 군사 영역에서 북한군이 그간 유지해온 군사력 건설과 군사전략전술의 변화 가능성도 예상해볼 수 있다. 이는 적화통일이라는 대남군사전략을 실행하기 위한 군사력 운용계획 및 전략전술의 변화를 포괄하고 있다. 핵무력을 전면에 내세워 경제발전에 매진하려는 의도가 뚜렷하게 나타나고 있는 상황에서 외형적으로 나타나는 모습만으로 군사력 건설과 군사전략이 어떻게 변화할 것인지를 단정하는 것은 시기상조다. 특히 김정은 시기에 들어와 북한이 미국과의 협상을 통한 체제생존용 카드로서 핵을 개발하는 것보다 보유 자체에 무게를 두고 있다는 점에서 북한의 핵무력과 연계된 군사전략은 변화와 지속이라는 두 가지 측면을 모두 살펴보아야 할 것이다.

2. 김정일의 군권장악과 군사지도·지휘체계 강화

1) 군부 엘리트 교체와 군권장악

중국의 마오쩌둥은 "권력은 총구에서 나온다"라고 했다. 북한에서 군대에 대한 인식 또한 이와 다르지 않다. 북한군은 순수 군사조직이라기보다는 정치군사조직이다. 북한 군대는 '혁명의 무장력', '혁명과 건설의 주력군主力軍'으로서 '혁명의 참모부'인 조선노동당의 통치수단으로 폭넓게 이용되고 있다. 그러나 당의 사인화私人化로 인해 현재 북한군은 당의 통치수단이 아니라 최고지도자 수령 개인의 통치수단이 되었다. 세습정권의 안정과 영속화가 곧 당과 국가의 안정이자 미래라는 논리가 적용되고 있다. 최고지도자의 위협에 대한 인식과 북한 내 정치적 상황에 따라 북한군의 지위와 역할은 변화되어왔다. 결국 북한군의 지위와 역할은 위협에 대한 대응이라는 군사적 필요성보다는 정치적 이유에 우선하여 형성되었다. 과거 김정일의 선군시대 역시 당·군관계 변화나 군의 부상에 기인한 군의 지위 및 역할 변화가 것이 아니라, 최고지도자가 군에 대한 강력한 통제력을 바탕으로 필요한 역할 수행을 강요했으며 이는 김정은 시기에도 다르지 않다(김동엽, 2013: 88).

2011년 12월 17일 북한 김정일이 사망하고, 김정은으로의 권력승계 역시 매우 신속하고 안정적으로 진행되었다. 김정일 장례 직후인 2011년 12월 30일 김정은은 당·정·군의 직책 중 공식적으로 가장 먼저 북한군 최고사령관직에 올랐다. 이어 잇달아 열린 2012년 4월 11일 제4차 당대표자회와 4월 13일 최고인민회의 12기 5차 회의에서 김정은은 노동당 제1비서와 국방위원회 제1위원장에 선출되었다. 이로써 김정은은 북한의 당·군·정 3대 권력기구의 최고 위치를 차지하여 권력승계를 사실상 완료했다. 그로부터 4년이 지난 2016년 제7차 당대회와 최고인민회의를 통해 노동당 제1비서는 당위원장으로, 국방위원회 제1위원장은 국무위원장으로 바뀌었으나 현재까지 드러난 북한의 대내적인 모습은 최고지도자가 김정일에서 김정은으로 바뀐 것 외에는 달리 커다란 변화를 찾아볼 수 없다.

김정일 사망에도 불구하고 북한체제가 유지되는 이유는 중국의 지원·지지라는 외부적 위기억제요인도 있으나 무엇보다 당과 함께 군이라는 내부적 위기억제요인이 충분히 제 기능을 할 수 있었기 때문이다. 김정은이 2010년 9월 노동당 제3차 대표자회를 통해 후계자로 대중 앞에 나타났을 때 공식 직함이 바로 당중앙군사위 부위원장이었다. 김정일이 후계자인 김정은에게 가장 먼저 군 관련 직책을 부여한 것도 김정은이 무엇보다 군부를 우선 장악할 수 있게 하는 여건을 제공하기 위함과 동시에 군을 정권유지의 수단으로 활용하기 위함이라고 할 수 있다. 즉, 김정은의 군부 장악과 통제는 김정일 사후 진행형이 아니라 김정일 생전에 이미 완성되어 물려받은 것이다. 김정은이 조기에 군권을 장악할 수 있었던 것은 이미 김일성·김정일 시대 구축해놓은 시스템이 있었기 때문에 가능했다.

김정은은 후계체제 공고화를 위해 출발부터 당을 정치적 기반으로 하여 군권장악을 중요시했다. 1993년 12월 노동당 제6기 21차 전원회의 이후 17여 년 만에 처음으로 열린 노동당 행사인 노동당 제3차 대표자회에서 북한은 당의 주요 공석을 충원하고 정치국회의를 주요 의사결정기구로 삼아 당 기능을 정상화했다. 특히 김정은이 최고지도자가 된 직후인 2012년 4월 노동당 제4차 대표자회를 열고 김정은을 당 제1비서로 추대하고 당의 위상을 김정은 체제의 핵심조직으로 재정립했다. 당의 위상과 역할은 북한이 최근 수시로 당 정치국 전원회의와 확대회의 등 당의 공식 협의체를 통해 주요 정책을 결정하고 있는 데서도 확인된다. 군의 4대 직책인 총정치국장, 총참모장, 인민무력부장, 총참모부 작전국장 전원을 교체하면서, 특히 당관료인 최룡해를 총정치국장에 임명하여 군에 대한 당의 통제를 강화했다.

김정일이 사망한 후 김정은이 최고권력자로 공식 등장하고 나서 짧은 기간 동안 북한 군부 엘리트 내에는 과거 김정일 시기와는 비교가 되지 않을 만큼 빠른 속도로 보직과 책임 변화가 있었다. 이러한 군부 엘리트 변동은 2016년 당대회 개최 이전인 2월 총참모장 교체 이후 잠잠해진 상황이다. 김정은 초기 4년여 간 잦은 군부인사 교체를 두고 김정은의 군 장악력에 대해 의구심을 가지는 평가가 적지 않다. 우리 사회에서는 북한 군부 내 새로운 인물의 등장이라는 점보다 잦은 교체에 더 많은 관심이 쏠려 있고, 교체 배경과 영향에 대한 평가와 분석 또한 다양하다. 이와 관련하여 국내 대북전문가들 사이에는 두 가지 평가가 상존하고 있다. 한쪽은 이러한 빈번한 인사는 그만큼 김정은 체제가 불안정하다는 것을 보여주는 증거라는 것이다. 즉, 김정은의 어린 나이와 경험 부족, 여기에 북한 군부 내 파벌 간의 상호 세력 다툼이 원인이라는 것이다. 다른 한쪽은 김정은 정권의 안정성에 무게를 두는 평가이다. 즉, 군의 주요 직위 교체를 통해 철저히 김정은에 충성하는 군 만들기를 시도하고 있다는 것이다(김갑식 외, 2015: 100).

총정치국장, 총참모장, 인민무력상(과거 인민무력부장)과 같은 군부 핵심 엘리트뿐만 아니라 군단장 이상 주요 직위자의 교체로 인해 평균 연령도 감소했다. 군 수뇌부 4인방의 경우 평균 74세에서 60세로 14세 이상 연령이 낮아졌고 계급도 과거 원수~대장에서 차수~대장으로 하향화되었다. 군단장급의 경우 연령은 평균 61세에서 55세로 6세 정도 감소했고, 계급은 차수~상장에서 대장~중장으로 하향화 추세이다. 이는 나이가 적은 김정은이 군에 대한 전반적인 지휘체계 확립을 위해 기존 고령의 직위자들보다 10년 이상 젊은 인원들로 교체를 추진한 것으로 평가된다. 충성심이 부족하고 부정부패에 연루된 노쇠한 군부 상층부에 대한 대대적인 물갈이는 군 기강 확립에 도움이 되었을 것이다. 또한 군단장급을 40~50대로 물갈이하여 군의 부패와 안일을 척결한 결과 군의 대민사고가 감소하고 군민관계가 개선된 것으로 알려진다.

지금까지 나타난 군부의 잦은 인사와 계급장 조정을 통한 견장 정치는 김정은식으로 북한군을 장악하기 위해 철저히 계산된 인사라는 평가가 보다 설득력을 가진다. 김정은 정권 등장 이후 군 주요 직위자의 잦은 교체와 계급장 조정 역시 군부를 틀어쥐기 위한 김정은식 '군 길들이기'이자 '선군 물빼기'라고 할 수 있다. 체질 개선에 순응하는 군 엘리트는 남고 조금이라도 그렇지 못하면 가차 없이 제거되었다. 김정은이 정권유지 및 체제 생존을 위해 계획적이면서도 파격적인 형식으로 인사를 단행함으로서 북한군 내 불만을 조기에 잠재우고 무한 충성경쟁 분위기를 조장하고 있는 것이다. 시스템적으로는 과거부터 가동되어오고 있던 체제유지 방식이 유지되고 있고, 김정은을 정점으로 한 당 중심의 군부통치가 더욱 강화되었다. 이는 2016년 2월 14일 금수산태양궁전 광장에서 개최된 조선인민군 육군·해군·항공 및 반항공군 장병들 충정맹세 예식을 통해서 잘 나타나고 있다. 이 자리에서 군을 대표해 황병서 정치국장은 충성 맹세 연설에서 "인민군대는 영원히 변함없는 김일성·김정일의 군대이며 우리의 총대는 최고사령관을 결사옹위하고 오직 최고사령관의 영도만을 받드는 김정은 총대"라고 밝히면서 "김정은을 수반으로 하는 당중앙위원회와 금수산태양궁전을 결사옹위"하겠다고 다짐하고 있다.

이러한 군 길들이기는 2016년 4월 현철해와 김영춘에게 원수 칭호를 수여하고 리명수 총참모장을 차수로 승진시키면서 일단락된 것으로 보인다. 이후 장기간 중요한 군 인사가 없었다는 점에서 김정은 시기 들어 있었던 북한군 수뇌부의 빈번한 교체와 계급장 변경을 군권장악의 일환으로 평가해볼 필요가 있다. 군사적으로도 당 군사과가 각종 훈련 및 군사행정 전반이 장악하고 있고, 보위사를 동원하여 군 간부들의 일거수일투족이 보고되며, 총정치국장과 총참모장, 인민무력부장이 김정은에게 직보하는 체제가 가동되는 등 2중 3중의 감시·통제 기능이 가동되고 있다. 북한 군부는 물론 북한 권력층간 투쟁을 근본적으로 차단하고 있는 것이다. 설사 김정은이 불합리한 군부 인사를 단행했다 하더라도 이의 제기를 할 수 없음은 물론 불만 자체를 토로할 수 없게 되어 있는 것이 현 북한군의 실상인 것이다.

2) 당 중심의 군사지도·지휘체계 강화

북한은 최고지도자가 직접 군을 장악하기 용이하며 통치행위를 뒷받침할 수 있는 군사지도·지휘체계를 갖고 있다. 북한의 군사지도·지휘체계는 김일성과 김정일 시기를 거치면서 최고지도자 수령을 정점으로 당, 군, 정(국가)이라는 3선으로 분화되었다. 김정일의 선군시기를 거치면서 다소 혼선을 가져왔던 당군관계는 김정은 시기에 들어와 당이 정상화되면서 재편되었다. 제7차 당대회를 통해 당조직이, 최고인민회의를 통해 국가기구가 개편되면서 당을 중심으로 한 확고한 군사지도·지휘체계의 수립이 마무리되었다.

북한의 군통제는 ① 당위원장과 당군사위원장의 당적 통제, ② 최고사령관의 작전 지휘 통제, ③ 국무위원장의 군사행정 및 국방경제 통제 영역의 각기 다른 세 가지 계선으로 나뉘어 작동하고 있다. 첫째가 당위원장(과거 총비서 또는 제1비서)과 당군사위원장의 직책으로 당중앙위원회와 당중앙군사위원회를 통한 당적 지도체계이며, 군 내 당사업에 대한 통제뿐만 아니라 군사 전반에 정책을 결정하는 계선이다. 이 계선은 당조직 간에 종적으로만 연결되어 있는 것이 아니라 횡적으로도 타 계선의 군사기구에 대한 당적 지도를 실시하며, 동급 기관과 위상을 비교할 때 우위에 있다. 김정은 시기에 들어와 당이 정상화되면서 당중앙군사위원회는 안보·군사문제에 관한 최고의 지도기관으로서 면모를 되찾았다고 할 수 있다. 둘째는 최고사령관의 직책으로 총참모부를 비롯한 일체의 무력을 작전지휘하는 계선이다. 셋째는 국무위원장(과거 국방위원장)의 직책으로 집행기구인 국무위원회(국방위원회)와 그 예하의 인민무력성을 행정지휘하는 계선으로 총참모부에 대한 행정 및 후방지원을 하게끔 되어 있다.

김정은 정권은 제7차 당대회와 최고인민회의를 통해서도 당과 국가기구를 개편하면서 당을 통한 군 통제를 더욱 확고히 했다. 당중앙군사위원회에서 기존 군종·병종 사령관(윤정린 호위, 최영호 항공 및 반항공군, 김영복 특수전, 김락겸 전략군, 리용주 해군)들을 모두 제외한 것도 개인적 과오에 의한 것으로 해석하기는 어렵다. 오히려 군사령관들을 당의 군사정책 결정과정에서 배제시켜 군의 정치적 참여를 제한함으로써 당의 군통제를 보다 확고히 하려는 의도로 읽을 수 있다. 한마디로 군복을 입은 군인은 전장이나 지키라는 것이다. 이 역시 '경제·핵무력 병진노선'을 원활하게 추진하기 위함이다.

특히 2016년은 그 어느 때보다 당군관계를 명확히 정립한 한 해였다. 2016년 2월에 있었던 당중앙위원회·당인민군위원회 연합회의 확대회의에서 김정은은 전군에 "당의 명령, 지시를 최단기간 내에 끝까지 수행하여야 한다"라고 요구하면서 "인민군대는 오직 최고사령관이 가리키는 한방향으로만 나아가야 한다"라고 강조했다. 이어 조선노동당 중앙위원회, 조선노동당 중앙군사위원회는 제7차 당대회를 앞두고 「조선로동당 중앙위원회, 조선로동당 중앙군사위원회 공동구호」 362개를 발표하면서 정치군사 분야에서도 당군관계와 관련한 구호를 포함시켰다.

김정일 시대 선군정치의 상징적 기관이던 국방위원회를 국무위원회로 확대 개편한 것은 수령과 국가의 관계인 국가영도체계를 명확히 하면서 당국가체제를 정상화하고 군에 대한 통제를 강화한 것으로 볼 수 있다. 수령의 국가영도체계 하에서 국가기관은 가장 포괄적인 당의 인전대transmission로 정치, 경제, 문화, 군사 등 모든 분야에 대한 당적 지도를 보장하는 무기라는 점에서 국가기관은 최고지도자의 영도를 확고히 보장해야 한다. 그러나 김일성 시기 국가주석과 달리 김정일 시기 국방위원장은 이러한 국가영도체계에 충분하지 못했다. 국방위원회의 경우 "국가의 전반적 무력과 국방건설사업을 지도한다"라고 규정되었으나, 국무위원회에 대해서는 "국방건설사업을 비롯한 국가의 중요정책을 토의 결정한다"라고 변경되었다. 이는 국가주권의 최고국방 지도기관이었던 국방위원회가 국가주권의 최고정책기관인 국무위원회로 확대 규정되었음을 의미하면서 한편으로 '국가의 전반적 무력 건설 사업'과

지도 권한이 당중앙군사위원회로 이관된 것이라고 할 수 있다(김갑식, 2016).

국무위원회는 노동당의 정책과 노선을 국가차원에서 협의·심의하고 집행을 감독하는 기관으로 국방 건설을 비롯해 사회 통제, 통일, 외교, 경제 분야 등 국가적 임무를 총괄하는 역할을 수행해나갈 것으로 예상된다. 한편으로 국무위원회는 중국의 최고 국가행정기관인 국무원을 모방한 것이라고 볼 수도 있으나 중국의 국무원에서는 총리가 가장 높은 서열이고 조직도 상이하다. 오히려 대통령이 의장인 우리의 국무회의와 보다 유사하고 우리의 NSC의 확대된 기능을 지닌 융합적 의사결정시스템으로도 평가할 수 있다. 여기에 전시에는 국무위원장이 '국가방위위원회'를 조직할 수 있도록 했다는 점에서 과거 한국전쟁 당시 국가 총력전 차원에서 만들어 운영했던 '군사위원회'를 연상하게 하여 전시 국가적 차원에서 군사뿐만 아니라 모든 역량을 결집할 수 있는 강력한 권한을 부여하고 있다.

국방위원회가 국무위원회로 개편됨에 따라 북한군사지휘체계상 수정·

그림 9-1 **김정은 시기 북한 군사지휘체계**

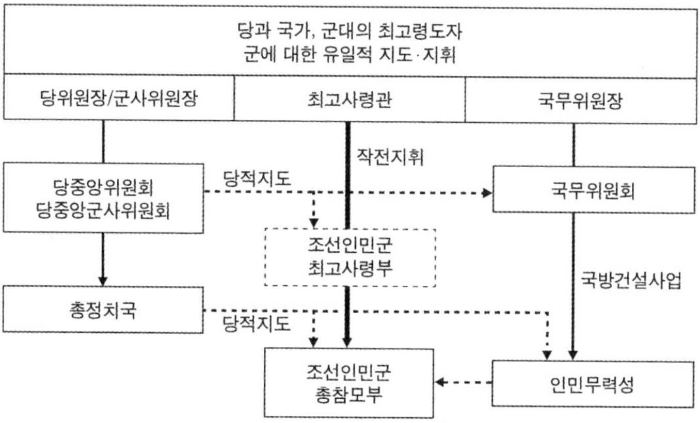

자료: 김동엽(2016: 53).

보완이 필요할 것으로 보인다. 또 내각총리가 국무위원회 부위원장으로 처음 진입했고 인민무력부가 인민무력성으로 명칭이 바뀌어 인민무력성의 소속이 내각으로 변경되었을 가능성도 제기되고 있다. 그러나 국무위원회에 내각총리가 들어온 것만으로 인민무력성이 내각으로 변경되었다고 단정하기는 어렵다. 지금까지 인민무력부와 제2경제 위원회가 담당해왔던 군사력 건설 등 오랜 기간 지속되어온 군사중심·군사우선 정책을 버리고 군경제를 바로 내각으로 바로 넘기게 되면 오히려 감당하기 어려운 혼란에 빠질 수 있다는 점에서 전적으로 내각으로 돌리는 것은 시기상조로 보인다. 오히려 군경제와 인민경제 어느 한쪽보다 국방건설과 경제발전의 균형과 조율 차원에서 김정은이 직접 챙기기 위한 조치로 이해할 수 있다. 또한 국가안전보위부와 인민보안성이 내각이 아닌 국무위원회 산하라면 인민무력성 역시 내각으로 소속이 변경되지는 않았을 것으로 보인다.

이러한 변화는 북한 내부적으로 군보다 정, 즉 국가의 개념이 확산되고 있는 것으로 해석할 수 있는 부분이다. 과거 김정일이 가지고 있던 조선로동당 총비서, 조선인민군의 최고사령관, 국가적으로는 국방위원회 위원장의 직위와 같이 김정은 역시 당, 정(국가), 군 3대 권력기구의 수장首長으로서 '수령'의 역할을 그대로 유지하고 있다. 그러나 과거와 비교해 조선인민군 최고사령관 직책을 제외하고 조선로동당 위원장, 국무위원회 위원장으로 명칭이 변했다. 이는 단순한 명칭만의 변화라고 보기 어렵다. 김정은 시대에 와서는 군에 대한 당의 영도와 지도가 더욱 강화되어 군권은 유지되면서 상대적으로 군의 위상과 역할은 낮아졌다. 반면, 당권과 국가를 대표하는 수반으로서의 권력이 보다 확대 강화되면서 이러한 변화가 북한의 권력정치와 향후 국가의 성격 변화와 무관하지 않을 것으로 보인다. 과거 과도한 군사우선주의 속에 병영국가, 유격대 국가처럼 군으로 상징되는 특수한 국가적 성격이 명실상부하게 보편적인 사회주의 당국가로 정상화되는 일련의 과정으로 평가할 수 있다. 이로써 김정은 시기 북한은 당을 통해 국가 안에서 수령의 영도가 실현될 수 있는 체계로 다시 돌아가려 하고 있다.

3. 선군정치의 극복과 탈군사주의화의 모색

김일성 이후 북한의 군사정책은 국방경제 병진노선을 바탕으로 한 군사 중심주의를 기반으로 하고 있었다. 북한경제는 1960년대 이후 국방·경제 병진노선을 바탕으로 중공업 우선의 불균형 발전전략이라는 정책기조를 지속해왔다. 중공업 우선 발전전략은 농업, 경공업 부문에서 부가가치를 창출할 자원을 흡수함으로써 경제의 비효율성을 극대화하는 우를 범하게 되었으며, 후진국의 자원, 자본, 기술수준 등의 발전 잠재력development potentials을 무시한 전략이었기 때문에 자원낭비를 초래했다. 국방·경제 병진노선은 소규모 경제economy of small size인 북한경제가 국방공업에 치중할 수밖에 없는 여건에서 인민경제를 구축하는 효과crowding-out effect로 경제의 효율성을 도모하는 데 많은 문제점이 노정되었다. 군대의 물적 토대를 보장하기 위해 우선적인 자원배분이 이루어짐으로써 경제를 더욱 어렵게 만들었다.

여기에 김정일 시기 위기상황을 모면하기 위해 시작된 선군정치가 덧씌워지면서 국가운영의 비정상화가 심화되었다. 선군정치 역시 과잉군사와 과잉안보의 문제점을 내포하고 있다. 국가의 거의 모든 역량을 군사 부문에 우선하여 국가를 운영하는 전략은 과거 국방·경제 병진노선과 같이 자원의 배분구조를 왜곡시키고 비효율성을 증가시키는 구조적 한계를 가지고 있기 때문이다. 현재 북한의 경제상황은 외부 지원이 이루어진다고 하더라도 내부적으로 자원의 효율적인 재분배가 이루어지지 않는다면 성공하기 어렵다. 결국 김정은은 과거부터 지속되어온 과도한 군사주의를 어떻게 부작용 없이 탈피할 것인가에 주력하고 있는 것으로 보인다. 김일성, 김정일 시기를 거쳐 오는 동안 체질화된 과도한 군사중심주의는 현재의 젊은 김정은이 볼 때 장기적 관점에서 오히려 자신의 권력과 세습정권의 불안정성을 높이는 중요한 위협 요인이 될 수도 있다. 김정은 정권이 생존하기 위해 선행되어야 할 것은 바로 비대해진 군을 어떻게 틀어쥐고 변화시키는가 하는 것이다.

김정은 정권 등장 이후 북한은 '경제·핵무력 병진노선' 하에서 당을 중심으로 강도 높은 소위 북한식 군 개혁을 추진해나가고 있는 것으로 보인다. 핵으로 안보 불안과 위협을 해소하면서도 이를 바탕으로 경제발전을 도모해 나가겠다는 것이지만 결국에는 오래된 군사중심주의에서 탈피하려는 몸부림이라고 할 수 있다. 군 개혁이란 군 구조와 운영 두 가지 분야에 대한 강도 높은 변화를 말한다. 군 구조는 조직과 지휘체계같이 사람과 관련된 것이고, 운영은 군사력 건설처럼 돈과 관련된 것이다. 과거 김일성이 내세운 국방경제노선이 운영 차원에서의 비정상화의 원인이었다면, 김정일 시기 선군정치는 조직 차원에서 비정상화를 심화시킨 요인이라고 할 수 있다. 이런 점에서 김일성의 국방·경제 병진노선과 김정일의 선군정치는 선대의 계승이 아니라 어떻게든 청산해야 하는 과거일 수밖에 없는 것이다. '당국가로의 정상화'와 '경제·핵무력 병진노선'은 선군과 함께 갈 수 없는 구조다. '경제·핵무력 병진노선'을 통해 안보에 문제가 생기지 않으면서도 경제를 회생시키기 위해 기존에 군경제에 우선해온 자원의 배분을 인민경제로 재분배하고 이에 따른 군심 이반을 어떻게 관리하는가 하는 것이 북한식 군 개혁의 핵심이라고 할 수 있다.

김정은의 군 개혁 의지는 제7차 당대회와 최고인민회의를 통해 보다 명확하게 나타났다. 제7차 당대회와 최고인민회의의 핵심 키워드는 당과 핵을 바탕으로 한 정상화이고, 이 두 가지가 향하고 있는 목표는 경제발전을 통한 세습정권의 안정과 영속화라고 할 수 있다. 이는 핵 선전선동Nuclear Propaganda and Agitation 차원에서도 잘 나타나고 있다. 강력한 핵억지력을 바탕으로 안보 문제를 해소하고 경제발전에 매진할 수 있는 여건을 조성하는 데 주력하는, 안보와 경제의 두 마리 토끼 잡기인 것이다. 경제·핵무력 병진노선의 성과를 극대화하여 대내적으로 핵역량을 과시하는 동시에, 핵-경제 병진노선을 정교화하고 이를 확고한 통치전략으로 제시하면서, 강성국가로의 진입을 선언하고 문명국가로의 비전을 제시하려는 의도를 가지고 있는 것이다. 또한 2016년 한 해 동안 핵미사일 개발내용을 다양한 매체를 통해 적극적으로 공개한 것 역시 대표적인 핵 선전선동의 하나로 핵을 김씨 정권의 '위대한 업적'으로 선전하면서 외부의 적을 부각하여 현 상황의 책임을 돌리고, 주민들을 사상무장과 내부결속을 통해 혁명과업 수행으로 발동시키는 데 활용하기 위함이었다.

당대회를 통해 당중앙군사위원회의 위원 구성에 변화를 준 것이나 최고인민회의에서 국방위원회를 국무위원회로 변경한 것을 비롯해 일련의 조치들을 보면 국가운영은 물론 사회 전반을 지배하고 있는 군사중심주의에서 벗어나기 위한 제도적 장치를 마련한 것으로 볼 수 있다. 특히 인민경제를 총괄하는 박봉주 내각총리가 당중앙군사위원회 위원과 국무위원회 부위원장이 된 것은 일면 김정은이 추진하는 군 개혁과 관련이 깊을 것으로 보인다. 당중앙군사위원회가 당의 군사노선과 정책을 결정하고 군수공업 등 국방사업 전반을 지도하며, 국무위원회가 국방위원회에서 확대 변경되었지만 여전히 국방건설사업을 담당한다는 점에서 볼 때 박봉주 내각총리의 양 위원회의 진입으로 군경제(제2경)와 인민경제와의 관계가 어떻게 재정립될지 주목해야 할 부분이다.

당대회에서 '국가경제발전 5개년 전략'을 제시하고 최고인민회의를 통해 법령까지 채택하면서 '인민경제전반의 활성화'와 '경제부문별 균형 보장'을 강조한 것도 '경제·핵무력 병진노선'을 앞세워 과거 국방공업 우선 정책의 폐단을 바로잡겠다는 의도라 할 수 있다. 북한은 기존에 강조하던 국방공업 중심의 중공업이 아니라 에너지 문제 해결과 인민경제 선행부문, 기초공업부문 정상화, 농업 및 경공업생산 증산 등을 중심과업으로 삼고 있다. 또한 경공업상 출신의 이주오를 새로 부총리로 임명한 것도 국방공업 중심의 중공업이 아니라 경공업 발전을 통해 인민생활을 향상하기 위한 포석으로 보인다. 여기에 전 노동당 재정경리부장이었던 한광상이 군의 재정 문제를 담당하는 인민무력성 부상(차관)을 맡아 중장 계급장의 군복을 입고 김정은의 현지지도를 수행하는 것 역시 경제문제에 있어 군에 대한 통제 강화를 보여주는 것이라 할 수 있다.

그러나 이러한 조치로 지금까지 국방에 우선적으로 집중되었던 자원이 민간경제로 바로 이동할 것이라고 예측하기에는 조심스럽다. 북한의 경제 규모 자체가 그렇게 크지 않다는 점에서 볼 때 기존 군경제로 투입되었던 자원을 인민경제로 전환하다고 해서 경제문제가 해결될 가능성은 크지 않다. 오히려 급격한 자원의 재배분은 군내 불만 등 부작용이 더 클 수 있다는 점에서 이번 당대회와 최고인민회의를 통한 군 개혁은 실질적인 자원배분의 이동이라기보다 정상화를 위한 근본적인 체질개선으로 보는 것이 적절할 것이다. 이는 그동안 유지되어온 김정일 시대 군 중심의 비상관리체제가 2016년을 기점으로 공식적으로 종료되고 사회주의 당국가체제가 정상화된 김정은 시대의 시작을 공식화한 것이라고 볼 수 있다.

4. 핵전력 강화와 운용전략의 확대

1) 북한의 핵무기 개발 수준 평가

김정은은 통치기간 동안 성과를 핵무력 완성에 집중했다고 볼 수 있다. 북한의 핵전력 강화와 운영전략 변화는 김정은 정권에 들어와 보다 구체적으로 드러나고 있다. 김정은은 당·정·군의 최고지도자 자리를 위임받자 2012년 4월 헌법 개정을 통해 핵보유국임을 선언했다. 2013년 2월 제3차 핵실험 이후 3월 31일 '경제건설과 핵무력건설 병진노선' 채택과 함께 4월 1일에 핵·우주 법제화를 단행했다.

북한은 제7차 당대회 사업총화를 통해 '국방공업 강화'를 언급하면서 핵무기의 소형화·다종화와 반反항공 방어체계의 수준을 끌어올려야 한다고 주문했다. 특히 핵을 당대회 개최의 최고 성과이자 승리의 원천으로 간주하면서도 제7차 당대회를 마치고 발표한 호소문을 통해 "주체적 핵무장력을 보다 질량적으로 강화"하자고 거듭 강조했다. 향후 '경제·핵무력 병진노선'하에서 핵억제력을 앞세운 북한의 군사력 건설 방향을 짐작케 한다.

북한의 핵물질·핵기술 능력은 빠르게 발전해왔다. 북한은 핵물질 생산과 함께 수많은 고폭실험과 6차례의 핵실험을 통해 이미 핵무기를 완성하는 수준에 이르렀다.

북한이 2006년 제1차 핵실험 전 중국에 4kt의 핵실험을 할 것임을 통보했다는 점에서 제1차 핵실험은 핵분열이 충분히 일어나지 않아 완전한 성공으로 보기 어렵다. 2009년 제2차 핵실험은 충분한 분열반응을 보이지 못한 제1차 핵실험과 동일한 실험을 반복한 것으로 실제 4kt의 폭발력을 보였다. 김정은 시기 들어 실시한 2012년 제3차 핵실험은 제2차 핵실험을 바탕으로 핵 폭발력을 증대시키기 위한 실험을 진행한 것으로 보이며, 그 결과 2배 이상 위력이 증가되었다. 또한 제1, 2차 핵실험이 확보가 제한적인 플루토늄(Pu)을 이용한 핵실험이었다면 제3차는 고농축우라늄을 이용한 핵실험을 실시했을 가능성도 있다.

북한은 2016년 1월 6일 제4차 핵실험을 시작으로 제5차 핵실험을 연이어 하면서, 수소탄 실험과 표준화된 핵탄두에 대한 핵실험이었음을 강조했다. 북한은 2016년 1월 제4차 핵실험 이후 3월에는 지름 약 70cm, 반사경 72개를 가진 '우리식 혼합장약구조'의 은색 기폭장치를 공개했다. 1~3차까지 기본적인 핵분열방식으로 핵실험을 한 것이라면 제4차 핵실험은 위력은 그대로 유지하면서 소형화·경량화를 위해 증폭핵분열방식을 적용하여 효율을 향상한 것으로서 북한 핵실험 중 가장 진전된 것으로 보인다. 핵증폭 기술을 활용할 경우, 핵탄두의 소형화에도 유리할 뿐 아니라 보다 소량의 핵물질로 더 많은 핵무기를 확보할 수 있게 된다.

9월에 실시한 제5차 핵실험은 제4차 핵실험 결과를 바탕으로 탄도미사일에 결합 가능한 소형화, 경량화, 규격화된 핵탄두의 위력 및 성능을 시험한 것이다. 미사일마다 탄두중량이 다르기 때문에 비교적 '작은 탄두' 개발에 초점을 맞출 것으로 예상된다. 5~6종의 미사일에 탑재할 탄두를 따로 만드는 것은 개발비용도 급증할 뿐만 아니라 상식에도 맞지 않으므로 '공통 탄두'로 활용할 수 있는 직경 80cm, 중량 500kg 내외의 탄두가 될 가능성이 크다(박창권, 2016). 결과적으로 북한은 제5차 핵실험을 통해 운반수단인 스커드, 노동, 무수단 등 다양한 종류의 탄도미사일과 핵을 결합하는 것이 가능한 단계까지 도달한 것으로 평가된다.

2017년에는 대륙간탄도미사일(ICBM)급 화성14형 시험발사에 이어 9월 3일에는 제6차 핵실험을 통해 ICBM에 탑재할 수소탄 개발을 완료했다고 주장

표 9-1 **북한의 핵실험 결과**

구분	제1차	제2차	제3차	제4차	제5차	제6차
시기	2006.10.9	2009.5.25	2012.2.12	2016.1.6	2016.9.9	2016.9.3
장소	풍계리 동쪽갱도	풍계리 서쪽갱도	풍계리 서쪽갱도	풍계리 북쪽갱도	풍계리 북쪽갱도	풍계리 북쪽갱도
지진파	3.9	4.5	4.9~5.2	4.8	5.0~5.2	5.7~6.3
위력(추정)	0.8kt	4kt	8~20kt	6~7kt	10~20kt	50~140kt

하고 있다. 2017년 11월 29일 북한은 미 본토 전역을 사거리로 둔 화성15형을 발사한 후 핵무력 완성을 선포하며 원자탄, 수소탄, 대륙간탄도미사일까지 보유함으로써 종합적 국력과 전략적 지위가 새로운 단계에 올라섰다고 자평하고 있다. 이는 미사일에 탑재할 핵탄두로 분열탄(원자탄), 융합탄(수소탄), EMP탄 등까지 제작할 능력을 갖추고 있다는 것이며, 폭발력의 규모를 다양화시킬 있는 자체 기술과 생산능력을 갖고 있다는 의미이기도 하다.

북한은 총 6차례의 핵실험을 했음에도 불구하고 플루토늄(Pu) 약 40kg과 다량의 고농축우라늄(HEU)을 확보하고 있는 것으로 추정된다. 이는 현재 플루토늄만으로도 10여 개의 핵탄두 생산이 가능하다. 정확히 양을 추정할 수 없는 농축우라늄(HEU)까지 포함할 경우 핵탄두의 수는 30~50개에 이를 것으로 보고 있다.

주목해야 할 것은 핵무기 생산량은 얼마든지 늘릴 수 있다는 점이다. 현재 북한은 무기급weapon-grade 핵물질의 양적 확보를 위해 플루토늄 재처리와 우라늄 농축을 동시 진행하면서 핵 억지력 확보를 위한 충분한 수량의 핵탄두 보유를 시도하고 있어 향후 상당량의 핵분열물질을 비축할 수 있게 될 것이다. 기존에 확보한 플루토늄과 별도로 영변의 5MWe급 흑연감속로 재가동과 함께 건설 중인 실험용경수로(ELWR)의 동시 가동을 통해 플루토늄 생산을 촉진할 가능성도 배제할 수 없다. 2010년 11월 방북한 해커 박사가 밝힌 원심분리기 2000여 대 수준의 우라늄 농축 프로그램이 사실일 경우 연간 30~40kg의 고농축우라늄 생산이 가능할 것으로 보인다(경남대 극동문제연구소, 2016c).

2) 북한의 탄도미사일 다종화와 핵전략의 확장

북한은 핵무력의 질적·양적 면을 모두 강조하고 있어 추가적인 핵실험과 함께 다양한 방식으로 핵무기를 운영할 방법을 모색해왔다. 특히 김정은 시기 다양한 종류의 탄도미사일을 발사한 것도 핵탄두 탑재가 가능한 탄도미사일의 다종화를 통해 핵억지전략을 확장하려는 의도 때문이라고 할 수 있다.

핵억지전략은 핵무기를 가짐으로써 상대가 느끼게 될 견디기 힘든 피해에 대한 우려와 심리적 공포를 이용한 전략이다. 억제전략이 성립하기 위해서는 세 가지 조건(3C)인 ① 의사전달Communication(금지행위와 위협 존재를 상대국에 명확히 알림), ② 역량Capability(위협을 실행에 옮길 수 있는 능력), ③ 신뢰성Credibility(위협을 실행할 수 있다는 분명한 의지와 확신)이 필요하다. 여기에 보다 확실한 억제의 성공을 위해서는 합리성Rationality(손익에 대한 상대방의 판단과정)과 불확실성Uncertainty(위협의 수단, 위치, 시기, 정도의 모호성으로 억제효과 증진) 등이 추가적으로 요구된다.

북한과 같은 약소국의 경우 강대국에 대응해 소규모의 핵전력으로도 강대국에 큰 피해를 줄 수 있다고 믿게 하는 경우, 최소억지전력만으로 충분한 억지력을 가질 수 있다. 상대의 핵무기 선제공격에도 살아남아 상대에게 감당하기 어려운 보복을 가할 수 있는 제2격Second Strike 능력에는 응징적 억지전략과 거부적 억지전략이 있다(Snyder, 1961). 여기서 응징적 억지전략은 잠재적 적국이 만일 공격을 한다면 견딜 수 없을 정도의 응징을 가할 수 있는 핵능력 보유를 통해 공포심을 일으키게 함으로써 침략을 억지하는 것이다. 북한의 경우 미국이 침략할 경우 미 본토를 핵무기로 타격하겠다는 전략적(국가목표) 억지 개념이다. 반면, 거부적 억지전략은 잠재적 적국의 특정 전략목적 달성을 위한 군사행동을 거부할 수 있는 핵공격 능력을 보유함으로써 공격을 차단하겠다는 것이다. 북한의 경우 군사적 행동에 직접 연관된 한반도와 인근 미군기지를 핵무기로 타격하겠다는 작전·전술적(군사목표) 억지 개념이다.

인근 지역 미군기지는 물론 미 본토까지 타격 가능한 맞춤형 핵억지 전략하에 탄도미사일이 핵폭탄의 중요한 투발(운반) 수단이라는 점에서 북한은 김정은 정권 등장 이래 지속적인 탄도미사일 시험발사를 통해 다양한 종류의 탄도미사일을 개발해오고 있다. 김정은은 "핵공격능력의 믿음성을 보다 높이기 위하여 빠른 시일 안에 핵탄두폭발시험과 핵탄두장착이 가능한 여러 종류의 탄도로케트 시험발사를 단행", "핵공격체계 가동의 신속성과 안전성을 확고히 보장하고 주체적인 화력타격전법을 더욱 완성하며 다양한 탄도로케트들을 개발해나갈 것"이라고 탄도미사일 개발을 지시했다.

북한은 화성10호(무수단) 발사를 통해 괌 타격능력을 명확히 하고 있고, 과거 재래식 탄도미사일인 스커드와 노동미사일까지 핵투발 수단으로 이용해 한반도 인근은 물론 주일미군 등 태평양지역의 미군주둔기지로 핵억지력을 넓혀나가고 있다. 북한이 2016년 7월 19일 노동미사일을 고각Lofted[2] 발사를 통해 사거리 약 500km 발사하면서 남쪽항구라고 언급하여 부산과 김해공항을 목표로 했다는 점을 밝히고 있다는 점에서, 노동미사일도 한반도 내 사용가능한 탄도미사일 위협으로 볼 수 있다. 여기에 8월 3일 노동미사일 2발 발사와 9월 5일 개량된 스커드 3발 발사 역시 한반도 핵심증원전력이 주둔하고 있는 일본의 주일미군기지를 대상으로 한 거부적 억지의 연장선상에 있다.

잠수함발사 탄도미사일(SLBM)의 경우에도 2016년 8월 24일 고체연료 엔

2 고각(Lofted) 발사에 대해서는 경남대 극동문제연구소(2016d) 참조.

진을 이용한 북극성1형이 500km까지 비행하는 데 성공했다. 최근에는 실전 배치를 위한 신형잠수함 건조와 함께 개량된 북극성3형 개발에도 박차를 가하고 있다. 또 이를 지상형으로 개량한 지상발사형 고체엔진 중장거리 탄도미사일인 북극성2형 발사에도 이미 두 차례 성공해 실전배치를 지시했다. 이 자리에서 김정은은 향후 북한의 모든 미사일을 액체연료에서 고체연료로 전환하라고 지시함으로써 미사일의 은밀성, 신속성을 높여 작전능력을 향상시키려는 의도를 확실히 보여주었다.

2017년에는 중거리탄도미사일(IRBM)인 화성12형과 대륙간탄도미사일(ICBM)인 화성14/15형 시험발사에도 성공했다. 화성12형의 경우에는 실제 일본 열도를 지나 태평양에 떨어지는 정상발사를 보여주었고 이를 이용해 괌 포위사격을 하겠다고 위협했다. 화성14형의 경우 제6차 핵실험을 실시한 핵탄두의 기폭장치가 화성14형의 핵탄두였음을 의도적으로 공개하고 이 역시 태평양으로 실거리사격할 것이라고 위협했다. 화성15형 발사 이후에도 북한은 핵무력의 기술적인 완결성을 위해 탄도미사일의 추가 시험발사를 지속할 것이다. 특히 지금까지 한 번도 발사해 보지 않은 KN-08/14와 같은 대륙간탄도미사일(ICBM)인 화성13형의 시험발사도 예상할 수 있다.

이처럼 북한의 다양한 탄도미사일 개발 및 운용은 응징적 억지전략과 거부적 억지전략을 병행하는 것으로 다양한 사거리대의 탄도미사일을 이용해 한반도와 인근 지역 미군기지는 물론 미 본토까지 타격 가능한 맞춤형 핵공격 능력을 보유하려는 의도라고 할 수 있다.[3] 앞으로도 북한은 공간적 확장에 필요한 핵전력의 다양성과 고도화를 통해 2격 능력 확보에 더욱 주력할 것이다. 북한은, 미 본토 타격을 목표로 하는 전략적 차원의 응징적 억제능력과 함께

3 이에 대해서는 경남대 극동문제연구소(2016b) 참조.

그림 9-2 **북한의 탄도미사일 운용과 핵전략**

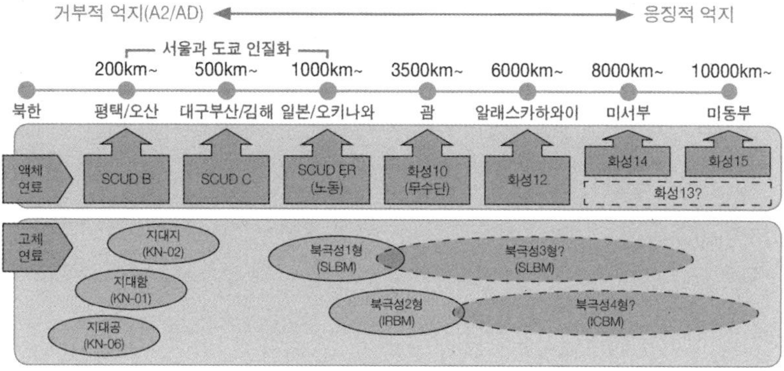

역내 사용가능한 작전·전술적 차원의 거부적 억제능력을 동시 구사하는 투트랙 핵 운용전략에 필요한 완전한 핵능력을 가질 때까지 '경제·핵무력 병진노선'을 움켜쥐고 갈 것이다. 궁극적으로는 재진입 기술을 해결해 미 본토 타격이 가능한 대륙간탄도미사일(ICBM)과 잠수함발사 탄도미사일(SLBM) 개발을 지속해 나갈 것으로 보인다.

최근 북한의 핵전략에 대해서는 미국의 핵전략연구자인 MIT의 비핀 나랑Vipin Narang 교수가 언급한 중소핵국의 핵전략인 촉매형catalytic, 확증보복형assured retaliation, 비대칭확전형asymmetric escalation의 세 가지 유형을 참고할 만하다. 나랑의 구분에 의하면 신생 핵무기 보유국들은 대체로 세 종류의 핵전략 중 하나를 택할 가능성이 크다. 첫째는 유인용, 혹은 촉매용catalytic 핵사용 전략이다. 이 전략은 신생 핵보유국이 기존 후원국을 자신 편으로 더욱 가까이 끌어들이기 위한 용도로 핵무기를 사용하는 경우이다. 둘째는 비대칭적 확전asymmetric escalation 전략이다. 위기 혹은 분쟁 시 이의 종결을 강제하거나 정치적 이익을 얻기 위해 선제적으로 핵무기를 사용하는 경우를 말한다. 셋째는 확증보복assured retaliation 전략이다. 핵 선제공격을 회피하고 살아남은 핵무기로 제2핵타격력을 보장할 목적으로 핵무기를 운용하는 경우이다(Narang, 2014).

김정은의 핵전략은 김일성, 김정일 시기와 달리 선제적으로 핵무기를 사용을 열어놓은 비대칭적 확전asymmetric escalation 전략을 취하고 있는 것으로 보인다. 이미 북한은 '경제-핵무력 건설 병진노선'을 채택한 다음날인 4월 1일 최고인민회의 제12기 7차 회의를 열어 「자위적 핵보유국의 지위를 더욱 공고히 할 데 대하여」(이하 「자위적 핵보유국 지위법」)를 최고인민회의 법령으로 채택하고 이러한 핵전략의 방향을 설정했다. 「자위적 핵보유국 지위법」 4조를 통해 "핵무기는 적대적인 다른 핵보유국이 우리 공화국을 침략하거나 공격하는 경우 그를 격퇴하고 보복타격을 가하기 위하여 군 최고사령관의 최종명령에 의하여서만 사용할 수 있다"라고 밝히고 있어 북한에 적대적인 핵보유국이 재래식 무기로 공격할 경우에도 이를 격퇴·보복하기 위해 핵무기를 사용할 수 있다는 여지를 남기고 있다. 또한 5조에서는 "적대적인 핵보유국과 야합하여 우리 공화국을 반대하는 침략이나 공격행위에 가담하지 않는 한 비핵국가들에 대하여 핵무기를 사용하거나 핵무기로 위협하지 않는다"라고 밝히고 있지만 이는 역으로 비핵국가라고 할지라도 북한에 적대적인 핵보유국과 협력해 북한을 침략·공격할 시 핵무기를 사용할 수 있다는 의미로 해석이 가능하다.

이러한 핵무기 사용에 대해서는 김정은의 발언에서도 찾아볼 수 있다. 김정은은 3월 초 '신형 대구경 방사포' 시험사격을 참관한 자리에서 "이제는 적들에 대한 우리의 군사적 대응방식을 선제공격적인 방식으로 모두 전환시킬 것"이라고 주장했다. 며칠 뒤에는 "핵선제 타격권은 결코 미국의 독점물이 아니"라며 "미제가 우리의 자주권과 생존권을 핵으로 덮치려 들 때에는 주저없이 핵으로 먼저 냅다 칠 것"이라고 언급했다. 김정은 위원장은 '화성-10' 시험발사를 참관한 자리에서 "선제핵공격능력을 지속적으로 확대 강화해나가며 다양한 전략공격무기들을 계속 연구 개발하여야 한다"라고 언급하기도 했다.

또한 제7차 당대회를 통해서 핵전략을 이러한 방향으로 확장해 나갈 것을 보다 확고히 했다. 대외적으로는 핵보유국의 지위 확보가 북한의 핵심 외교 목표라는 점을 분명히 하고 있으면서도 실제 국제적으로 승인받는 것은 불가능하다는 점에서, 핵협상을 위한 포지셔닝 극대화라는 차원에서 공세적 핵외교를 펼칠 것으로 전망된다. 여기에 미국의 핵위협과 연결하여 "경제-핵무력 병진노선을 항구적으로 틀어쥐고 자위적인 핵무력을 질량적으로 더욱 강화해나갈 것이다"라고 밝히고 있어 핵미사일의 지속적인 개발과 함께 미국에 평화협정을 지속적으로 요구할 것으로 보인다. 무엇보다 제7차 당대회에서 '세계 비핵화'를 거듭 주장했다는 점에서는 북한이 실제 비핵화 노선을 포기하고 공세적으로 핵 군축협상론을 제기할 우려가 제기되고 있다.

5. 결론

군사안보분야 변화 동향 및 전망

김정은 시기에 가장 두드러지게 나타나고 있는 군사분야의 변화는 '경제건설과 핵무력 건설의 병진노선'을 바탕으로 군력강화를 위한 4대 전략적 노선과 3대 과업의 추진이 핵심을 이루고 있다. 북한은 '경제·핵무력 병진노선' 하에서도 안보우려 속에 기존의 군사력이 약화되는 것을 방지하지 위해 '4대 전략적 노선'인 ① 정치사상의 강군화, ② 도덕의 강군화, ③ 전법의 강군화, ④ 다병종의 강군화와 '3대 과업'으로 ① 사상무장의 강조, ② 과학기술의 발전, ③ 실질적 훈련을 내세우고 있다(김동엽, 2015: 94~98). 이는 군 내부는 물론 군민관계와 인민생활에도 영향을 미치고 있다. 핵억지력을 앞세워 재래식 전력에 대해서는 선택적으로 강화하면서 실질적인 훈련과 군인생활 향상을 통해 군기와 사기를 잡는 노력을 해나가고 있다.

그렇다고 북한이 핵에만 전적으로 의존하고 재래식 군사력을 포기하겠다는 것은 아니다. 김일성 시기부터 김정일 시기까지 지속되어온 과도한 군사우선주의와 군 중심의 국가운영을 김정은 시기에 들어와 하루아침에 변경하기는 어렵다. 핵을 바탕으로 하되 일부 선별된 분야의 재래식 전력에 대해 집중적이고 효율적인 군사력 건설을 적극 도모하고 있다. 특히 제7차 당대회에서 별도로 언급한 반항공전력의 경우, 북한이 가지는 공습에 대한 공포감을 줄이고 핵과 미사일을 보호해 2격 능력을 가지기 위해서는 필수적이다. 지난 2016년 4월에 북한은 김정은이 신형 반항공 요격유도무기 체계의 시험발사를 현지지도한 것을 공개하기도 했다.

그러나 북한이 대공방어 전력 등 일부 제한된 재래식 군사력 건설에 집중하고 있다고 해서 북한의 군사전략전술이 수세적이거나 방어적이라고 단정하는 것은 곤란하다. 북한의 주장대로 핵무기가 있다고 하더라도 오랜 기간 유지해온 대규모 병력과 재래식 전력을 단숨에 줄일 수는 없을 것이다. 아직까지 북한이 군사비나 재래식 무기를 감축했다는 증거는 없다. 오히려 일부 저비용 고효율의 선별된 재래식 전력에 대해서도 집중적으로 군사력 건설을 도모해나가고 있다. 김정은 스스로 신형 대구경방사포 시험사격 현지지도 등을 지속하고 있고 파도관통형/스텔스함정, 다목적 무인기, 장사정포 등 신형무기를 공개하고 있다는 점에서도 오히려 북한의 신형무기 개발과 이에 따른 대남 전술 변화에 대해서 면밀한 검토와 대비가 필요하다. 최근 동계 훈련을 시작하면서 김정은이 특수작전부대 훈련이나 대규모 포사격 훈련을 지도한 것도 군사적으로 대남 재래식억지 위협을 극대화하려는 의도가 있는 것이다.

북한이 도발을 해올 가능성이 높은 또 다른 분야는 사이버 공격이다. 북한은 사이버전 전력을 약 20여 개 조직, 5000여 명의 전문 해커 및 지원인력 등으로 강화하고 있다. 한국의 주요 기간 전산망을 향한 북한의 해킹 시도는 전혀 새로운 현상은 아니며, 북한의 위협은 한국의 사이버 생태계를 근본적으로 붕괴시킬 잠재력을 갖고 있다. 첨단무기에 투자하기 어려운 약소국일수록 비대칭 수단으로서 사이버 무기에 의존할 가능성이 커진다는 점은 충분히 예상 가능하다(Hughes and Colarik, 2016). 만일 북한이 한국을 공격한다면 두 개의 전선에서 사이버 공격을 병행할 가능성이 크다. 제1전선은 전쟁과 직접 관련된 무기 및 지휘계통으로서, 군사적으로는 C4I가 최대 목표가 될 것이다. 킬체인이나 이지스, 미사일 방어체계가 마비되면 우리의 전쟁수행 능력에는 막대한 차질이 예상된다. 제2전선은 남한 내부 역량과 결합한 사이버 생태계 장악이 될 것이다. 사이버 공간에서 한국의 전쟁 지속 의지를 공격해 전쟁 수행 능력을 훼손시키는 심리전쟁이 한국사회를 커다란 혼란에 빠트리는 결과를 초래할 것이다.

최근 김정은이 당을 통해 북한을 이끌어나갈 것이라는 평가가 주를 이루고 있다. 3대세습이 가지는 태생적 한계 속에서 김정은 정권의 성격을 규정하기는 이르지만 무엇보다 우선 기존의 선군정치를 형식적으로나마 유지하면서도 정치적인 안정을 도모하기 위한 답을 당에서 찾으려 할 것으로 예상된다. 그러나 당을 통해서 정치적 안정이라는 목적을 완전히 달성하는 데는 분명 한계에 직면할 것으로 보인다. 과도하게 당에 편중된 시각은 오히려 김정은 정권을 예측하는 데 잘못된 시각을 제시할 가능성이 높다.

김정은 정권 초기 3대세습에 따른 권력을 안정적으로 유지하는 차원에서는 당이 분명 우선이다. 그러나 김정은 정권이 단순히 권력 장악을 통한 공포의 정치적 안정이 아닌 경제나 사회, 대외안보적 문제와 연관하여 사후정당성을 확보하기 위해서는 당을 넘어서는 조치가 필요하다. 특히 실제 정책의 시행에서는 당조직뿐만 아니라 당적 지도하에 군이 아닌 국가기관의 정상적인 역할을 필요로 할 것이다. 따라서 김정은이 오로지 당에만 전적으로 의존할 것으로 보이지는 않는다. 일정 시간이 흐르고 나면 권력기반은 당을 중심으로 하되 실제 국정은 국가기관인 국무위원회와 내각을 중심으로 운영할 가능성도 배제할 수 없다. 내부적으로 실질적인 권한과 정책결정은 당을 통해 이루어진다고 하더라도 외형적으로는 국가기관인 국무위원회 등을 통해 정책을 집행하는 형태를 보일 가능성이 높다.

김정은 정권 수립 시 기존의 군이 전면에 서 있는 당국가체제만으로는 궁극적으로 정권유지와 체제영속화가 불가능하다는 점을 인식했을 것이다. 과거 양극화된 냉전 시기에 많은 사회주의 국가가 존재했을 때와 현재의 상황은 판이하게 다르다. 과거 사회주의 국가들과는 국가 대 국가 간의 관계가 아닌 당 대 당 또는 국가 대 당의 관계가 가능했다. 그러나 지금은 중국과 베트남, 쿠바 등과 같이 여전히 사회주의 국가의 형태를 유지하고 있는 국가가 있다고는 하지만 대부분의 사회주의 국가들이 체제전환을 통해 과거와는 다른 국가중심의 정치체제로 탈바꿈한 상황에서, 북한이 이제 국제사회에서 당을 전면에 내세워 관계를 유지하고 활동하는 것에는 한계가 있을 수밖에 없다. 결국 내부적인 정치적 안정과는 별도로 외부적으로는 당조직이 아닌 국가조직을 통한 국가 대 국가의 관계 형성이 체제생존에 필연적일 수밖에 없다. 이는 향후 북한이 국제사회에서 정상적인 국가 행위자로 행동할 수 있을 것인가 하는 문제와 직결된다.

향후 김정은이 군 장악력을 바탕으로 김정일이 남긴 선군정치와 지금까지의 과도한 군사주의화를 어떻게 극복해 나갈 것인가에 대한 예측이 김정은 정권의 미래를 바라보는 중요한 기준이 될 것이라 본다. 최근 김정은 정권하에서 나타나고 있는 다양한 변화가 전략적인지 전술적인지를 판단하기는 시기상조다. 특히 '경제·핵무력 병진노선'을 앞세운 김정은 정권의 새로운 '탈군사화' 시도가 성공할 것인가 실패할 것인가를 판단하는 것은 시기상조다. 김정은이 추진하고 있는 변화는, 과거부터 지속되어온 '실질적 선군'의 굴레를 벗고 '명목상 선군'을 내세우면서도 '당 영도하 선군정치'에서 '당 영도하 내각경제'로 서서히 이동하고 있는 것으로 보인다. 김정은은 이를 추진해나가기 위해 군을 보다 확고히 장악해나가고, 정책추진에 적합한 인물들로 군부를 채워나갈 것이다.

어떠한 사회든 변화는 불안정을 수반한다. 단기적 안정에도 불구하고 최근 북한에서 나타나고 있는 현상들을 보면 장기적으로 북한의 불안정성이 증가할 가능성도 배제할 수 없다. 이는 곧 김정은 정권의 동태적 안정성에 따른 군부 장악력의 변화 가능성 또한 상존한다는 것이다. 지금은 김정은이 일면 확고한 군부장악력과 경제우선정책으로 군심 이반을 차단하고 군민관계도 호전시켜나갈 수 있을지 모르지만 북한 경제분야의 변화는 언젠가는 김정은 정권에게 부담으로 작용할 가능성이 높다. 김정은 정권이 이런 위험가능성을 얼마나 극복하는가에 따라 군사분야의 변화 방향도 다르게 나타날 것이다.

북한의 변화는 이제 시작된 셈이다. 특히 군사분야의 변화는 경제적 성과와 밀접한 관계가 있다는 점에서 향후 김정은 정권의 안정과 무관하지 않다. 지금까지의 변화만으로 북한의 군사분야를 평가하고 예측하기는 어렵다. 북한군이 변화를 넘어 개혁을 실현할 수 있을 것인지에 대해 우리가 지금 단정하는 것은 시기상조이고 주제넘는 일이 아닐까 한다. 그러나 거기에 북한뿐만 아니라 한반도의 전체의 미래가 있을지도 모른다.

참고문헌

경남대 극동문제연구소. 2016a.「핵무기 개발단계로 본 북한의 핵개발 수준」. ≪북핵미사일리포트≫, No. 2016-14(2016.9.30).

_____. 2016b.「북한의 탄도미사일 운용전략」. ≪북핵미사일리포트≫, No. 2016-07(2016.7.1).

_____. 2016c.「북한이 보유한 핵물질은 얼마나 될까?」. ≪북핵미사일리포트≫. No. 2016-04(2016.7.15).

_____. 2016d.「'무수단' 혹은 '화성-10' 미사일 발사 관전 포인트」. ≪북핵미사일리포트≫, No. 2016-01(2016.6.24).

국방부. 2016.『국방백서 2016』. 서울: 국방부.

김갑식. 2016. "북한 최고인민회의 제13기 제4차 회의 분석." 통일연구원 Online Series, CO 16-19(2016.6.30).

김갑식 외. 2015.『김정은 정권의 정치체제: 수령제, 당·정·군 관계, 권력엘리트의 지속성과 변화』. 서울: 통일연구원.

김동엽. 2016.「김정은 정권의 군사정책과 핵전략」. ≪한반도포커스≫. 제36호.

_____. 2015.「경제·핵무력 병진노선과 북한의 군사 분야 변화」. ≪현대북한연구≫, 18권 2호.

_____. 2013.「북한의 군사지도·지휘체계」. ≪북한연구학회보≫, 17권 2호.

박창권. "북한 비대칭 위협 평가와 전망: 북한 핵위협을 중심으로." 세종연구소 2016년 제9차 세종정책포럼(2016.9.23).

정성장 편. 2014.『김정은 정권의 대내전략과 대외관계』. 성남: 세종연구소.

38 North. 2016. "Sinpo South Shipyard: Is the GORAE Set to Sail?" 19 December 2016, http://38north.org/2016/12/sinpo111916/

Hughes, Daniel and Andrew M. Colarik. 2016. "Predicting the Proliferation of

Cyber Weapons into Small States." *Joint Forces Quarterly*, 83, 4th Quarter 2016.

Narang, Vipin. 2014. *Nuclear Strategy in the Modern Era: Regional Powers and International Conflict*. Princeton: Princeton University Press.

Snyder, Glenn. 1961. *Deterrence and Defense: Toward a Theory of National Security*. Princeton University Press.

10

김정은 시대의 외교전략

박인휘
이화여자대학교 국제학부 교수

1. 서론

우리는 북한을 하나의 독립적인 국가로 인식하는가? 아니면 헌법 제3조 및 제4조에 의거하여 북한을 일관되게 불법적 단체로만 대해야 하는가? 만약 그렇다면 1991년 UN 동시가입 이래 남북한 두 개의 정부가 별도의 국제법적 지위를 인정받고 있는 현실은 어떻게 이해해야 하는가? 북한을 대할 때마다 제기되는 근본적인 질문들이다. 북한을 하나의 독립된 국가로 인정하건 혹은 그렇지 않건 북한의 대외관계는 우리의 생명과 재산에 중요한 영향을 미친다. 북한처럼 벼랑끝 외교전술이 일상화되어 있고, 핵과 미사일 개발을 통해 국제사회를 상시적으로 위협하는 나라는 어떻게 외교전략을 만드는 것일까? 이 글이 가지는 근본적인 문제의식이다.

2011년 12월 17일 김정일이 사망한 지 6년 가까운 시간이 흘러갔다. 아버지의 갑작스러운 사망으로 권좌에 오른 김정은은, 젊은 나이와 불안정한 권력 전환기에 따른 리더십 위기를 겪게 될 것이라는 외부 세계의 우려와는 달리, 지난 6년여 동안 대내적인 공포정치와 대외적인 고립에도 불구하고 상대적으로 안정된 친정체제를 구축해온 것으로 평가된다(정근식·김병로 외, 2016; 정성장·백학순 외, 2017). 특히 2016년 이후 핵무기 및 미사일 개발에서 예상을 뛰어넘는 속도전을 전개함에 따라 북한문제는 국제안보의 가장 중요한 현안으로 자리 잡게 되었다. 북한이 스스로 생존적 차원이라고 밝힌 핵과 미사일 개발이 김정은 시대 대외관계의 상징처럼 평가되는 상황에서, 북한은 지금 내부적으로 어떤 외교적 생각과 계산을 하고 있는 것일까? 이 글은 이러한 문제에 대해서 생각해보고자 한다.

김정은 시대의 외교전략을 분석하기 위해서는 대체로 네 가지 문제에 대한 접근이 필요한 것으로 판단된다. 첫째, 김정은 시대의 북한은 대외관계 전략에서 어떤 원칙에 입각해 있는지 살펴보고자 한다. 그리고 그러한 원칙은 과거 김일성 및 김정일 시대로부터 무엇을 계승하고 있고 또 어떤 차이점을 보이는지 함께 생각해보고자 한다. 둘째, 김정은이 권좌에 오른 시기부터 지금까지 북한을 둘러싸고 있는 외교안보환경은 어떠한가의 문제이다. 북한은 스스로를 둘러싸고 있는 대외환경을 어떻게 인식하고 있는지 그리고 이러한 인식을 토대로 어떤 정책적 선택을 하게 되었는지 살펴볼 필요가 있다. 셋째, 김정은 집권 이후 지난 6년 동안 북한의 대외전략이 구체적으로 어떻게 전개되었는지 그 내용에 대해서 설명해보고자 한다. 주요국과의 관계, 핵개발, 국제사회의 인권문제제기에 대한 반응, 트럼프 행정부와의 치킨 게임 등이 주요 내용으로 다뤄지게 된다. 마지막으로 김정은 시대의 대외전략 내용 및 분석에서 발견할 수 있는 특징은 무엇인지 소위 '김정은식 외교전략 특징'을 도출해 보고, 관련하여 이것이 우리에게 주는 시사점에 대해서 생각해보고자 한다.

2. 외교전략 추진 원칙과 외교안보환경

1) 외교전략의 원칙

먼저 김정은 시대 외교전략을 추동케 하는 핵심 원칙이 무엇인지 살펴보겠다. 두 가지를 지적할 수 있는데, '선군정신의 계승과 리더십의 강화' 그리고 '북한의 영구적인 생존과 김정은식 균형의 추구'이다.

(1) 선군정신의 계승과 리더십의 강화

북한이 주장하는 소위 '우리식 사회주의'는 김일성 시대부터 중국의 개방과 사회주의권의 체제전환을 지켜보면서 독자적인 생존의 핵심 가치로 자리 잡았다(고유환, 1995). 아버지인 김정일 시대에 이르러 특히 1990년대 중후반 절체절명의 경제위기를 경험하면서, 김정일은 우리식 사회주의의 구체적인 비전으로 '강성대국'을 제시하게 된다. 그리고 강성대국을 달성하기 위한 실천전략으로 '선군정치'가 정착되었던 것이다. 김정은 집권 이후의 다양한 국가정책, 특히 대외전략과 관련해서 선군정신은 매우 적극적으로 대를 이어 계승되었다고 볼 수 있다.

왜냐하면 뒤에서 다시 한 번 설명하겠지만, 김정일 시대에 있었던 두 차례의 핵실험과 비교하여 김정은은 집권 2013년 2월부터 2017년 9월 사이에 모두 네 차례의 핵실험을 감행했다. 그뿐 아니라 김정일 시대의 경우 1998년 9월 4일 '다단계운반로켓(백두산 1호)으로 첫 장거리미사일(광명성 1호)을 발사한 이후 매우 간헐적으로 장거리 미사일 실험을 단행하면서 소위 대륙간탄도미사일(ICBM) 능력 향상과 관련하여 전략적 모호성을 취한 바 있다. 반면 김정은은 2017년 한 해만 하더라도 총 16회에 걸친 중장거리 탄도미사일 발사 실험을 감행하고 있다. 북한은 통상 강성대국을 정치와 사상, 군사, 경제, 과학문화강국으로 분야별로 나눠서 발전시키고 전략화하는 경향이 있는데, 김정은 시대에 와서는 선군정신을 계승한 강력한 군사강국을 바탕으로 우리식 사회주의 실천에 박차를 가하는 특징을 발견할 수 있다.

김정은은 이렇게 군사제일주의를 지향하는 선군사상을 적극 계승하면서, 이를 본인의 리더십으로 전환시키는 전략도 구사하고 있다. 잘 알려진 바와 같이, 북한은 2013년 3월 '경제건설과 핵무력건설의 병진노선'을 채택한 바 있다. 또한 2016년 5월에 치러진 제7차 당대회는 김정은 시대의 국가정체성 및 대외전략이라는 차원에서 매우 중요한 의미를 가지는데, 북한은 "일심단결, 핵무력을 중추로 하는 막강한 군사력, 자강력은 우리의 사회주의를 떠받드는 3대 기둥"이라고 강조하면서, 핵무력을 중추로 하는 군사력을 "우리식 사회주의 승리의 위력한 보검"이라고 주장한 바 있다(≪노동신문≫, 2017. 3.25). 북한이 왜 그렇게 핵무기 개발에 집착하는지 그리고 왜 그렇게 위험을 감수하면서까지 대륙간 탄도미사일 능력 확보에 몰두하는지에 대해서는 관련하여 다양한 해석이 존재하고 있다. 한 가지 분명한 사실은 핵능력의 완성은 우리식 사회주의 완성과 동일한 지위를 인정받고 있으며, 결과적으로 김정은의 리더십 강화에 핵심적인 자산이 되고 있다는 점이다.

외교전략적 차원에서, 김정은이 감행한 몇 건의 중요한 숙청정치 역시 리더십 강화에 크게 기여한 것으로 평가된다. 대표적으로 북한의 2인자로 알려졌던 장성택 당시 국방위원회 부위원장은 2013년 12월 3일 모든 직위에서 배제되고 출당 조치를 당했다. 정치국 확대회의에서 '반당 반혁명 종파행위'로 낙인찍힌 후, 불과 열흘도 채 되지 않은 12월 12일 처형당하게 된다. 당시 ≪노동신문≫은 "천하의 만고역적 장성택에 대한 재판 진행"이라는 제목의 글을 실었고, 당시 판결문에는 "우리 당과 국가, 군대와 인민은 오직 김일성, 김정일, 김정은 동지밖에는 그 누구도 모른다"라고 강조했다(백학순, 2017: 74~75). 장성택은 평소 북한 내에서 실용주의 외교노선을 주창하는 인물로 북한 내 대표적인 중국통으로 알려져 있었던바, 장성택의 제거는 김정은으로 대표되는 '자주파'와 장성택으로 대표되는 '북중동맹파' 간 대결에서, 자주파의 승리를 통해 김정은의 리더십을 확실하게 공고히 하는 계기가 되었던 것으로 볼 수 있다.

(2) 영구적인 생존과 김정은식 균형의 추구

김정은 시대 외교전략이 가지는 또 하나의 중요한 원칙은 '영구적인 생존'을 확실하게 확보하겠다는 입장, 그리고 그러한 목표를 추구하는 과정에서 북한식 '힘의 균형의 원칙'을 들 수 있다. 진위 여부를 떠나 북한은 스스로 핵과 미사일을 개발하는 이유가 외부로부터의 위협에 있다고 주장한다. 북한 정권은 늘 생존의 위협 앞에 놓여 있다는 점을 부각시키고 있는데, 이러한 주장은 소위 북한식 '벼랑끝외교'의 논리적 근거를 제공하고 있는 셈이다.

2012년 이후 지금까지 김정은이 추구한 외교전략을 돌이켜보면, 상대적으로 짧은 시간에 외부 세계와의 극단적인 고립을 감수하면서 북한 정권의 생존을 확보하기 위해 사력을 다하는 모습을 발견하게 된다. 미국, 중국 등과의 다양한 외교적 접촉을 통해 생존을 위한 담판의 시간표를 길게 잡았던 김일성 및 김정일과 비교하면, 쉽게 납득하기 어려운 부분이 있다. 뒤이어 설명하겠지만, 북한은 미국 트럼프 행정부의 등장, 미중경쟁 심화, 동아시아 지역의 각축전 등의 상황들을 자신에게 유리한 일종의 전략적 공간이 발생했다고 해석한 것으로 풀이된다. 상대적으로 젊은 나이에 북한의 지도자가 되어 장기적인 집권을 계획하면서, 국가 생존의 안전을 보장받지 못한 상태에서는 정상적인 통치가 이뤄질 수 없다는 부분 역시 고려되었을 것으로 판단된다.

한 가지 흥미로운 점은 김정은은 국제정치의 무정부적 질서를 강조하는 현실주의적 세계관을 적극 수용하고 있다. 결과적으로 무정부적 국제질서에서 비롯되는 '힘의 논리'를 누구보다도 강조하고 있는 것이다. 대외관계적 관점에서 설명하자면, 김정은은 북한의 안전을 위협하는 미국 그리고 잠재적으로 중국에 대해서도 힘의 논리로 맞서야 한다는 입장을 분명히 하고 있다. 미국 전역을 타격할 수 있는 ICBM 능력 향상을 위해 북한 정권의 명운을 걸었다고 해도 과언은 아니며, 대중국 관계에서도 "조중친선이 아무리 소중한 것이라고 해도 목숨과 같은 핵과 맞바꾸면서까지 구걸할 우리가 아니라는 것을 똑똑히 알아야 한다"라고 주장하고 있다.[1] 이처럼 김정은의 북한이 추구하는 외교정책에는 대강대국 관계에서 '힘을 통한 균형'을 추구하지 않고서는 북한의 안전과 국가정체성이 보장되지 않는다는 점, 그리고 그런 과정을 통해 확보한 북한의 힘은 김정은의 리더십 강화라는 순환과정으로 자연스럽게 이어지고 있다는 점이 발견된다.

2) 북한의 외교안보환경

다음으로 김정은의 외교전략을 분석하기 위한 또 하나의 중요한 분석의 기초로서 김정은 정권이 출범할 당시의 그리고 지금까지 북한을 둘러싼 외교안보환경이 어떠한가에 대해서 잠시 살펴보고자 한다. 김정은이 자신을 둘러싼 대외환경을 어떻게 인식하고 있는가는 지난 6년 동안 북한의 외교전략을 이해하는 중요한 전제조건이 되기 때문이다.

(1) 미중경쟁의 심화와 동아시아에서의 각축

많은 전문가들은 지금의 국제질서가 미국과 중국 사이의 협력과 갈등이 공존하는 G2시대라는 데에 공감하고 있다. 군사력을 포함한 다양한 기준에서 중국은 아직 미국에 한참 뒤처져 있다는 지적이 다수 있으나, 그럼에도 불구하고 미중 사이의 경쟁이 특히 동아시아를 중심으로 전개되고 있는 점은 분명해 보인다.[2] 김정은의 북한은 아시아에서 미국과 중국의 경쟁이 심화되는

1 ≪노동신문≫, 2017.5.4.

2 대표적인 연구서로는 Shambaugh(2012) 참조.

환경을 자국의 안보적 입지를 강화하는 결정적인 기회로 인식하고 있다. 특히 이러한 인식이 대미관계에서는 물론이고 대중관계에서도 나타나고 있다는 점이 흥미로운데, 글로벌한 상황의 국제정치 전반에 걸쳐서는 아니더라도 향후 적어도 동아시아에서는 중국이 보다 확고한 지역 패권을 차지할 가능성이 크다고 인식하고 있다. 비록 미국과 중국이 북한에게 결코 동일한 의미를 가지는 강대국일 수는 없으나, 궁극적으로는 중국 역시 북한이 모든 것을 신뢰할 수 없는 대상이라는 점을 인지하고 있다.

대표적으로 2016년 5월에 열린 제7차 당대회에서 나타난 북한의 대주변국 및 대강대국 인식은 '제국주의연합세력과 맞서 단독으로 싸웠다'는 내용이 핵심을 이뤘다. 중국을 직접적으로 거명하지는 않았지만 한중관계의 점진적인 발전을 거론하면서 중국을 향해 "동북 3성은 물론 중국 전역을 반공화국전초기지로 전락시킨 죄과"를 변명키 어렵다고 중국에 대한 비난의 수위를 올렸다(김철, 2017).[3] 물론 최근 북한이 보인 일련의 극단적 일탈행위에도 불구하고, 중국은 대북한 제재에 일정한 선을 그으면서 '전략적 참여'에 머무르고 있다는 점은 부인키 어렵다. 시진핑 주석 이후의 중국은 북한을 바라보는 시각이 전과 다르다는 점 역시 인정되나, 현재의 중국 지도부가 북한 내부의 리더십을 좋아하고 싫어하고를 떠나서 북한 자체가 가지고 있는 전략적 가치는 변화하지 않는다고 볼 수 있다. 그런데 흥미롭게도 이와 별도로, 최근에 와서 오히려 북한의 입장에서 미국과 중국 모두로부터 힘을 인정받아서 영구적인 생존을 확보하겠다는 전략적 계산이 작동하고 있는 것이다.

김정은이 자신의 집권과 함께 동아시아에서 전개되고 있던 미중 간 경쟁관계를 전략적 공간의 확장 기회로 삼은 점은 현명한 판단인 것으로 보인다.

3 북중관계를 구성하는 복합적인 요인에 대한 역사적인 분석에 대해서는 고유환(2016) 참조.

역사적으로 한반도가 가지는 지정학적 특성을 고려할 때, 각각 해양 세력과 대륙 세력을 대표하는 미국과 중국의 대립이 심할수록 두 국가는 한반도 전체가 어느 특정 세력의 영향력하에 놓이는 것을 꺼릴 것이기 때문이다. 특히 남중국해 문제, 무역분쟁, 영토분쟁, 지적재산권 문제 등 미중 간 외교전선이 다양한 차원에서 동시다발적으로 진행된다면, 어쨌든 북한문제에 대한 관심의 분산은 불가피해 보인다. 핵개발이라는 국제안보의 최대 현안을 제기했다는 차원에서 지금 당장은 미중의 적극적인 공동대응이 수반될 수도 있지만, 중국이 원유 차단, 북중 간 국경봉쇄 등 결심만 한다면 언제든 북핵문제를 해결할 수 있는 수단이 있다고 생각하는 한 미중이 북핵문제를 바라보는 시각이 미시적인 부분에서는 확연히 차이가 날 수 밖에 없고, 결국 이러한 전략적 판단은 김정은으로 하여금 미중 경쟁시대를 생존 확보의 적기로 판단하게 만든 부분이 분명히 있는 것이다.

(2) 트럼프 행정부의 등장

김정은이 최초 집권을 시작하던 시점인 2012년은 오바마 행정부 시절이다. 당시 오바마 행정부는 전임 부시 행정부가 감행했던 아프가니스탄 전쟁과 이라크 전쟁의 수습 및 뒤처리가 핵심 외교과제였고, 또한 시리아 내전이 악화되고 우크라이나 사태가 터지면서 외교자원을 북한에 충분히 투입하지 못한 점이 인정된다. 당시 힐러리 클린턴Hillary Clinton 국무장관을 중심으로 '아시아 재균형정책'을 과감하게 추진했지만, 아시아로의 회귀가 북한문제의 해결까지 맞닿지는 않았다. 이러한 배경에서 2016년 트럼프 대통령의 당선은 북한에게 중요한 의미를 던져주었을 것으로 판단된다.

물론 트럼프 대통령의 당선 전 주요 경력이 사업가라고 해서 북한문제를 다룰 때에도 극적인 담판을 선호할 것이라는 가정은 문제의 소지가 있을 수 있다. 하지만 트럼프 대통령이 보여온 일련의 언어 표현들을 살펴보면, 북한이 제기하는 '치킨게임적' 성격의 행동에 매우 민감하게 반응하고 있는 것은 사실이다. 특히 2017년 9월 19일 유엔 총회 연설에서 트럼프 대통령은 북한을 '완전파괴' 할 수 있다고 외교무대에서는 매우 이례적인 수준으로 공격했다. 관련해서 미국 내 언론에서조차 트럼프 대통령에게 보다 신중한 외교 레토릭을 주문하고 있는 상황이다(Baker and Gladstone, 2017 참고).[4] 미국 정부가 군사적 옵션을 사용할 수도 있다는 가능성이 과거보다 더 커진 것은 사실이지만, 동시에 북한의 핵미사일 능력 고도화가 어느 정도 완성되어가는 상황에서, 만에 하나 있을 수 있는 북미 간 외교담판에서 각자가 더욱 유리한 국면을 확보하기 위한 수사 차원의 엄포라는 해석도 있을 수 있다.

이런 맥락에서 김정은은 자신의 집권 5년차에 들어선 미국의 트럼프 행정부를 생존을 건 담판의 대상으로 선택했을 수 있다. 관련하여 향후 보다 다양한 1차 자료와 가설검증을 통한 분석이 뒤따를 것으로 보인다. 한편 미국 역사에서 커다란 전환적 외교사건은 모두 공화당 행정부 때에 단행되었다고 해도 과언이 아니다. 2차 대전 이후만 놓고 보면, 미중 데탕트, 구소련의 붕괴, 이라크 전쟁, 테러와의 전쟁 등 굵직한 외교안보적 사안들은 모두 공화당 정부가 주도한 공통점이 있다. 전임 오바마 행정부의 경우 미얀마, 쿠바 등 오랜 기간 동안 미국의 외교적 숙제로 남아 있던 사안들을 해결한 업적을 쌓았고, 트럼프 행정부의 경우 2018년 중간선거의 중요성 등을 고려할 때 북한문제를 해결해 미국인이 느끼는 불안감을 해소해주고 동시에 트럼프 대통령이 '미국 우선주의'를 취하면서 국제안보의 커다란 현안을 해결했다는 이미지를 미국

4 상대적으로 보수적인 보도성향을 보이는 ≪워싱턴포스트≫의 입장도 크게 다르지 않았다. Nakamura and Gearan(2017a) 참조.

국민들에게 각인시킬 수 있다면, 이는 트럼프 행정부에게 매우 의미 있는 성과가 아닐 수 없을 것이다. 북한 역시 이런 점들을 나름대로 충분히 고려하여 트럼프 행정부 내에서 안전과 생존을 확보하기 위해 사력을 다하고 있는 것으로 판단된다.

3. 김정은 시대 외교

주요국과의 관계

지금까지 살펴본 김정은 시대 북한 외교전략의 기본원칙 및 북한이 처한 외교안보적 환경 등에 대한 분석을 바탕으로, 지금부터는 지난 6년여의 시간 동안 북한이 펼쳤던 외교정책의 주요 내용을 구체적으로 살펴볼 예정이다. 두 개 장으로 나눠서 살펴보고자 하는데, 미국과 중국으로 대표되는 주요국과의 외교관계 그리고 핵개발, 유엔의 북한인권 문제제기 등 '주요 이슈별 전개'라는 두 가지 영역으로 나눠서 설명하고자 한다.

1) 대미관계

주요국과의 외교는 미국과 중국을 중심으로 살펴보되 일본 및 러시아와의 관계도 간단하게 짚어보고자 한다. 먼저 미국의 경우 북미관계에서 발견되는 가장 두드러진 특징은 '위기조성전략'과 '협상전략'의 반복이다. 김정은의 국내 정치적 비전이 핵·경제 건설의 병진이라면, 대외전략에서의 병진은 '위기와 협상'이라는 두 개 축이 동시 추진되어왔다. 핵실험이나 미사일 발사를 통해 위기를 고조시켰다가 다시 외교나 협상으로 국면을 전환시키는 방식은 이미 김정일 시대부터 정착된 외교 관행이다. 김정은 역시 이러한 방식을 대미관계에 대체로 일관되게 적용시켜왔다.[5]

김정은 집권 초기의 상황을 잠시 살펴보면, 2011년 김정일 위원장의 갑작스러운 사망에도 불구하고, 미국과 일회성 대화인 베이징회담을 2012년 2월 23, 24일에 걸쳐 진행한 바 있다. 당시 대북지원과 IAEA 핵사찰을 교환하는 2·29합의라는 북미 간 외교성과가 도출되었으나, 북한은 이를 파기하고 같은 해 4월 13일 제1차, 그리고 12월 12일 제2차에 걸쳐 장거리 로켓 은하 3호를 발사하게 된다. 아울러 2013년 2월 한국의 새로운 정부 출범과 미국 오바마 대통령의 합동연설State Union Address에 맞춰 스스로의 존재감을 극대화하고자 제3차 핵실험을 감행하게 된다. 이후 다시 북한은 외교적 위기를 벗어나기 위한 협상국면을 조성하게 되는데, 2013년 6월 16일 북핵문제와 평화정착에 대한 대미 고위급회담 제의, 2014년 2월과 2015년 10월 남북한 간 이뤄진 이산가족 상봉, 2015년 1월 9일 한미 합동군사훈련 임시중지와 핵실험 임시중지 교환 가능성 시사 등 진의를 정확하게 파악할 수는 없으나 북한식 대화를 지속적으로 제안한 바 있다. 그리고 모두가 주지하는 바와 같이, 2016년 1월 6일 첫 수소탄 실험 성공이라고 밝힌 제4차 핵실험을 전격 감행한 이후 2017년 9월 현재까지 북미 간 전례가 없는 최고조의 위기국면이 조성되고 있다.

전통적인 설명방식에 따르면, 현재 조성된 위기국면은 일정한 모멘텀을 계기로 다시 협상국면으로 전환되어야 하겠지만, 김정은이 계획하고 설정한 현재의 대미관계는 지금까지의 관례를 따르지 않을 것이라는 전망이 지배적이다. 대미관계는 북한의 안보를 관통하는 핵심 사안이라는 점이 김정은 시대에도 계승된 것은 과거로부터의 연속성을 보여주지만, 김정은은 현재의 위

5 관련한 설명은 황지환(2014), 서보혁(2014) 참조.

기국면을 끝까지 밀고 나가 오히려 핵 및 미사일 개발을 완성시키는 기회로 삼겠다는 의지를 갖고 있는 것으로 분석된다.

물론 2016년 1월 제4차 핵실험 이후에도 북한과 미국 사이에 외교접촉이 전혀 없었던 것은 아니고, 간헐적인 협상은 꾸준히 지속되고 있다. 예를 들어, 2016년 미국 대선 직전 한성렬 북한 외무성 부상과 미국 측의 로버트 갈루치Robert L. Gallucci 전 북핵 특사 및 조지프 디트라니Joseph R. DeTrani 전 6자회담 차석대사 등의 1.5트랙 접촉이 있었다. 또한 북한 외무성 최선희 미국국장의 활동은 눈여겨볼 필요가 있는데, 대표적으로 2017년 5월 8일 오슬로에서 있었던 1.5트랙 회담에서는 미국 측에서 로버트 아인혼Robert J. Einhorn 전 미 국무부 군축담당특보, 토머스 피커링Thomas R. Pickering 전 유엔 주재 미국대사 등이 참석해 공개 및 비공개 회담을 가진 것으로 알려졌다. 특히 이 자리에서는 미국의 대북정책 전환과 핵실험 중지를 협상카드로 미국 측에 제안했다는 사실이 알려지기도 했다.[6]

한편 북미 간 외교접촉과 관련하여 북한 내 억류 미국인들은 중요한 매개가 되기도 한다. 지난 오바마 행정부 시절 미국 정부의 끈질긴 요청에 의해 2014년 11월 8일 한국계 미국인 케네스 배Kenneth Bae와 매튜 토드 밀러Matthew Todd Miller가 북한에서 풀려났다. 반면 18개월간의 북한 억류 생활 끝에 지난 6월 12일 풀려난 오토 웜비어Otto F. Warmbier는 미국으로 귀국 당시 혼수상태였으며 귀국 후 일주일 만에 안타깝게 사망하는 사건이 발생하기도 했다. 전

6 2017년 5월 8~9일 오슬로 회의는 도널드 트럼프 행정부 출범 이후 처음으로 북미 간에 열린 1.5트랙 대화였다. 당시 참석한 최선희 외무성 미국국장은 별도의 비공개 미팅에서 미국이 대북 적대시 정책을 포기하면 핵실험을 중단할 수 있다는 입장을 전달한 것으로 알려져 있다(≪중앙일보≫, 2017.9.4 참고. 한편, 이 외에도 최선희는 2017년 3월과 8월 두 차례에 걸쳐 미국 싱크탱크의 초청 형식으로 미국을 방문하려 했으나 북한 내 미국인 억류자에 대한 북한 측의 성의 없는 자세로 마지막 순간에 취소된 것으로 밝혀졌다. 관련한 설명은 Rogin(2017) 참조.

반적으로 억류 미국인 사안은 북미 당국자 간 접촉이 지속적으로 이뤄지게 하는 계기를 제공하지만, 지금까지의 경험상 그러한 이슈들이 북미관계 전반을 지배하는 주도적인 어젠다가 되기에는 어려워 보인다.

전반적으로 김정은 집권 이후 대략 5년의 시간 동안은 아버지 김정일 시대의 대미외교 패턴이 큰 틀에서 반복되다가, 2016년 말 이후 본격적으로 김정은식 대미외교가 드러나고 있는 것으로 분석된다. 앞서 언급한 바와 같이 북한은 원래 국제사회를 '무정부적 질서'와 '제국주의적 질서'의 교착으로 정의하고, 김정일 시대 이래 이에 맞서는 북한의 대응은 '힘의 균형의 추구'였다. 그런데 김정은 시대에 들어서 미국에 맞선 힘의 균형을 시도하고자 하는 노력은 훨씬 노골적으로 가중되었다. 생존을 위해서 과감하게 미국과 담판을 벌여야 한다는 김정은식 '공포외교'가 작동하고 있는데, 결과적으로 트럼프 행정부 역시 쉽게 양보하지 않는 공세적 입장을 보이고 있어서 김정은의 도발을 의도하지 않게 정당화시켜주는 부분 역시 역설적으로 존재하고 있다.

북한이 미국을 향해 던지는 외교적 메시지는 일관되고 있는데, 그것은 외부로부터 오는 생존의 위협과 안보불안 때문이라는 것이다.[7] 적어도 현재로서는 이런 북한의 주장에 미국과 국제사회가 귀를 기울이기는 어려울 듯하다. 기본적으로 미국과 국제사회는 김정은 정권이 보이는 일련의 외교적 공세가 핵을 무기 삼아 국제사회 전체를 협박하는 것이라고 이해하고 있기 때문이다. 미국 역시 평화적인 외교수단을 고려하지 않고 있는 것은 아니지만, 비핵화와 관련한 조치가 선행되어야만 북한과의 대화에 응할 수 있다는 입장을 보이고 있기 때문에, 북한이 외교적으로 추구하는 핵보유국 지위를 확보한

7 "국가방위를 위한 강위력한 전쟁억제력은 필수불가결한의 전략적 선택이며 그 무엇으로써도 되돌려세울 수 없고 기 무엇과도 바꿀 수 없는 귀중한 전략자산이다", 북한 외무성 대변인 담화(2017년 7월 30일) 참조.

상태에서 미국과의 담판을 희망하는 전략적 계산과 큰 괴리가 있는 것이다.

2) 대중관계

김정은 시대의 북중관계는 한마디로 양면성의 관계이다. 북한은 대중관계에서 외교적으로는 독자적인 주체 역량을 더욱 강화하고자 하지만, 경제적으로는 천안함 사건 이후 우리 정부가 취한 5·24조치 그리고 유엔을 중심으로 한 국제사회의 제재가 심화되면서 대중 의존도가 급증하는 양면적 공존현상이 발생하고 있다. 과거의 경우 자료수집의 오류가 있을 수는 있지만, 1995년 북한의 전체 교역에서 북중교역이 차지하는 비중은 대략 20% 미만 수준이었다가 2000년대 초에 30%를 조금 웃도는 수준으로 늘어나고, 2016년의 경우 북한의 대중국 경제 의존도는 90% 수준에 이르는 것으로 나타나고 있다(대한무역투자공사, 각 연도). 중국에 대한 북한의 경제 의존은 양적인 측면은 물론 질과 구조적인 측면에서도 심화되는 경향을 보이고 있다.

이와 함께 흥미로운 사실은, 전문가들의 분석에 의하면 대체로 김정일 시대의 마지막 몇 년은 '세계적 추세' 혹은 '세계적 수준'이 강조되는 소위 '북한 세계화'가 시작된 것으로 알려져 있다는 것이다(백학순, 2017: 106~107). 북한에게 세계적인 수준의 국가건설은 중국과의 경제관계 심화라는 수단이 적극 고려될 수밖에 없다. 북한에게는 가장 손쉬우면서도 활용성이 높은 선택이 될 것이기 때문이다. 이러한 배경에서 김정일 사망 직전 중국과 다양한 대규모 경제사업 논의를 시작하게 되는데, 대표적으로 2011년 12월 3일 북한은 「나선경제무역구법」을 개정하고 「황금평·위화도 경제지구법」을 제정한 바 있다. 이 외에도 북중 간 국경지역을 경제특구로 지정하기도 하면서 대중관계는 더욱 확장되어왔다.

하지만 이와 동시에 시진핑 주석의 등장 이후 북중관계가 예전과 다르다는 설명 역시 상당한 설득력을 얻고 있다. 핵실험을 포함한 북한의 일탈행위가 중국의 글로벌 리더십에 커다란 부담이 되고 있으며, 영토적으로 국경을 접한 14개 국가를 포함하여 '주변국 관계'에 유독 많은 노력을 기울이는 중국 외교의 특징을 고려할 때, 시진핑의 중국에게 북한은 분명 외교적 짐이 아닐 수 없다. 그렇다고 하더라도 북한 내부의 리더십과 북중이 외교적으로 어떤 관계를 형성하느냐의 문제와 무관하게, 중국의 관점에서 북한이라는 나라 자체가 가지고 있는 전략적 가치가 변화한 것은 아니다. 북중관계의 이런 인식과 현실이 제6차 핵실험까지 이른 마당에도 중국이 일관되게 주장하는 북한 문제의 평화적인 해법 그리고 대북제재에 전략적으로 참여하는 외교적 계산의 배경을 잘 설명해주고 있다.

김정은 집권 6년이 넘어서고 있지만, 양국 간 정상회담이 아직 이뤄지지 않고 있다는 사실은 현 북중관계를 상징적으로 보여주고 있다. 오히려 시진핑의 중국이 북한에게 거리를 두고 있다는 설명 못지않게, 북한 역시 나름대로의 방식으로 중국을 외교적으로 길들이고 있다는 분석이 제기되기도 한다. 중국의 강대국화와 국제사회의 영향력 확대가 불가피하다고 판단되는 경우, 외교적으로 특수한 관계에 놓인 상대적 약소국인 북한은 중국의 성장에서 비롯되는 위협을 회피하고 자국의 국익을 극대화하기 위해 중국의 부상에 적극 조응하는 '편승전략'을 추구하는 것이 일차적인 선택일 수 있다. 하지만 김정은의 북한은 강대국의 부상은 인정하면서도 자국의 자율성을 확보하고자 노력하는 '제한적 편승' 혹은 북한식 사회주의를 인정받으면서 동시에 미중 대결의 전략적 공간을 활용하여 북한식 균형외교를 추구하는 대중국 '연성균형'을 적극 시도하는 것으로 판단된다.[8]

다시 말해 김정은 시대의 북한은 중국의 외교자산이 대북한 관계에 무기력하다는 중국에 대한 부정적인 이미지를 국제사회에 심어줄 수 있다. 물론 중국이 대북 원유공급을 전면 차단한다든지 혹은 북중 국경을 일시에 폐쇄하든지 등의 옵션을 사용한다면, 북한은 오래 버티지 못할 것이라는 전망이 지배적이다. 하지만 국가 사이에서 그런 극단적인 외교옵션은 최악의 상황에서만 채택될 수 있다. 북중관계의 경우, 북한 핵으로 인해 동북아 국가 모두에게 핵도미노 현상이 발생한다거나, 국제사회의 경제제재로 인한 경제적 고통을 못 이긴 북한 주민들의 탈북 러시가 진행된다거나, 국제사회가 일제히 북핵 문제에 무기력한 중국의 지도부를 비난하면서 중국의 글로벌 지위에 치명적인 문제점이 발생하는 경우가 아니면 지금과 같은 중국의 대북제재 스탠스는 변하지 않을 것이다. 이 과정에서 북한이 중국의 외교전략을 얼마나 정확하게 파악하고 있는지 알 수는 없으나, 중국의 부상을 최대한 자국에게 유리한 국가이익으로 전환하면서도, 지나치게 종속되지 않고 미국과 중국 사이에서 일정한 균형적 힘을 확보하는 '연성균형'을 시도하는 특징을 발견할 수 있다.

3) 대일관계 및 대러관계

이어서 지난 6년간 북한의 대일 외교 및 대러 외교를 간단하게 살펴보겠다. 먼저 북일관계의 경우 북핵문제로 인해 전반적인 외교관계는 매우 악화되었으나, 일본 아베 정권하에서 북한과 일본 사이에는 한 차례 매우 의미 있는 성과를 거둔 점이 눈에 띈다. 바로 2014년 5월 30일 북한과 일본이 공동으로 발표한 합의문인데, 당시 이 합의문은 첫 문장에서 "쌍방은 국교정상화를

8 북한이 추구하는 '제한적 균형' 및 '연성균형'에 대한 설명은 장용석(2014: 309~314) 참고. 관련한 이론적 설명은 Kuik[2010, 장용석(2014)에서 재인용] 참조.

실현하기 위한 진지한 협의를 진행하였다"라고 밝히고 있다.[9] 북한 외무성 송일호 국장과 일본 외무성 이하라 준이치伊原純一 아시아태평양 국장이 2014년 5월 26일부터 28일까지 스웨덴의 스톡홀름에서 협상을 진행하여 이와 같은 의미 있는 외교성과를 도출해낸 것이다.

특히 2014년 스톡홀름 북일협상은 2002년 당시 김정일 국방위원장과 고이즈미 일본 총리 사이에 있었던 "평양선언"의 정신을 계승하여, 김정은이 북한의 외교적 난국을 타개하기 위해 일본을 상대로 거둔 의미 있는 외교적 성과로 받아들여진 바 있어 그 의미가 더욱 중요한 것으로 평가된다. 물론 이후 북한의 반복적인 도발과 짧아진 핵실험 주기로 인해 북일 간에 더 이상의 외교적 진전이 없었고, 아베 정권은 북핵문제에 대한 국제사회의 제재를 국제 외교무대에서 가장 강력하게 주장하는 정치지도자가 되었다.

또한 최근 들어 북한의 핵개발이 완성 단계에 들어선 것이 아닌가 하는 우려가 고조되고, 특히 2017년 8월 29일 일본 영토를 통과한 중장거리 탄도미사일(IRBM)의 실험 성공 이후 북한 위기는 다시 한 번 일본이 '안보보통국가'를 시도하는 기회로 활용되고 있다. 최근 일본 평화헌법 개정 가능성 논란이 다시 한 번 불거졌는데, 아직까지는 헌법 개정이 일본 국민 다수로부터 지지를 받지 못하고 있지만, 일본 사회에서 가장 중요한 국가 어젠다로서의 상징적 의미는 점점 확산되고 있는 추세다(Westcott, 2017 참고). 결론적으로 김정은 시대의 북일관계는 서로 간 관계개선이 가지는 이점은 충분히 공감하면서도, 북한이 주도하는 위기의 일상화로 인해 외교관계가 고착상태에 빠져 있는 형국이다. 하지만 기본적으로 북한과 일본은 양국관계 개선의 필요성 자체에 대한 공감대를 간헐적으로나마 쌓아가고 있는 것으로 볼 수 있다.

9 〈조선중앙통신〉, 2014.5.30 참조.

한편 김정은 시대 대러시아 관계는 북러 간 전통적인 외교관계의 복원이라는 성격과 북중관계의 대체제적 성격, 이렇게 두 가지 특징을 보이고 있다. 먼저 전자의 경우 김정은 집권 이후 지난 6년 동안 김영남 북한 최고인민회의 상임위원장, 최룡해 노동당 비서, 리용호 외무상, 김계관 외무성 제1부상 등 북한 내 핵심 인물들의 방러가 이어졌다. 대표적으로 2014년 2월의 소치 동계올림픽, 2015년 2차 대전 전승 70주년 기념식, 그리고 리용남 대외경제상이 줄곧 참석하고 있는 동방경제포럼 등을 꼽을 수 있다.

전통적인 외교관계의 복원의 경우, 핵개발로 국제사회로부터의 고립이 심화되는 과정에서 북한의 관점에서 보자면 러시아는 대외관계 강화의 일차적인 목표가 되는 경우가 많은데, 북한의 이러한 외교적 계산은 러시아의 외교전략 목표와도 맞닿아 있다. 즉, 푸틴 대통령은 '신극동전략 2025'를 발표하면서 극동지역을 러시아 발전의 새로운 성장동력으로 삼겠다는 비전을 제시한 바 있다. 이러한 맥락에서 러시아는 지난 2014년 북한 내륙철도 현대화에 막대한 자금을 투자하기로 합의한 바 있고, 현재 북핵문제 악화로 인해 사업이 잠정 중단된 상태이지만, 북한과 러시아는 경제협력의 필요성에 대해 여전히 매우 높은 수준으로 공감하고 있다고 평가된다.[10] 또한 지난 2014년 유엔 산하 북한인권조사위원회(OCI) 보고서가 유엔 총회에서 압도적인 다수로 통과되는 상황에서, 당시 최룡해는 김정은의 특사 자격으로 러시아를 방문하여 외교적 궁지에서 벗어나고자 노력한 바 있다.

한편, 북한의 외교전략적 관점에서 러시아가 중국의 대체제적 성격을 가진다는 의미는 시진핑 주석 등장 이후 북중관계의 포괄적인 현실을 반영하고

10 참고로, 북한은 약 27조 원에 달하는 러시아의 북한 철도현대화사업 투자를 가리켜 김정은 집권 이후 최대의 외교적 성과로 평가한 바 있다(연합뉴스, 2014.11.14).

있다. 중국이 국제사회에서 영향력을 확장하면 확장할수록, 중국에게 북한은 지정학적 가치이자 동시에 외교적 부담이라는 성격이 더욱 강해지는 것이 사실이다. 표면적으로 국제자유주의 질서를 지지하는 중국의 입장에서 북한의 과도한 핵미사일 도발은 어떤 형태로든 중국에게 귀결되는 책임론을 피하기 어렵기 때문이다. 실제로 러시아는 중국에 못지않게 북핵문제 해결의 평화적 해법을 강조하고 있다. 따라서 향후 북–중–러 사이의 외교적 삼각관계는 과거와는 다른 패턴과 성격으로 변화할 가능성이 매우 커 보인다.

4. 김정은 시대 외교

주요 이슈별 전개

1) 핵과 미사일 개발을 위한 최고 속도전

미, 중, 일, 러로 대표되는 주요국 외교관계와 함께 김정은 집권 시대에 북한이 주력하고 있는 핵심 이슈들을 함께 살펴보기로 하자. 가장 중요한 외교안보 이슈는 김정은 등장 이후 전례가 없이 빨라지고 있는 핵과 미사일 개발의 속도전이다. 과연 북한이 국제사회 전체를 적으로 만들 수 있는 핵개발에 몰두하는 이유는 무엇일까? 아버지 김정일이 유지했던, 핵무기 개발과 관련된 전략적 모호성을 폐기하고 핵개발을 최고의 국가비전으로 제시하면서 국제제재를 감수하고 북한 주민들의 삶을 고통스럽게 만들면서까지 무모한 도발을 계속하는 이유는 무엇일까? 지난 6년 동안 김정은의 북한이 한국은 물론 국제사회를 향해 던진 질문이다.

핵무기 개발과 미사일 발사 실험은 2016년과 2017년에 특히 집중되었다.

2016년 1월 6일 제4차 핵실험에서의 수소폭탄 실험 주장, 2월 7일 광명성 4호 발사, 9월 9일 핵폭탄의 소형화를 주장한 진도 5.7 규모의 제5차 핵실험, 그리고 2017년에 들어 수차례의 장거리 및 중거리 탄도미사일 발사, 9월 13일 최대 150kt 위력이라는 평가가 나오고 있는 제6차 핵실험에 이르기까지 북한의 도발 속도전은 끝을 모르고 있다. 앞서 설명한 것처럼 북한의 전형적인 대외전략은 위기와 협상을 반복적으로 주도한다는 것이었는데, 지금 김정은이 도발하고 있는 위기의 경우는 과거와는 다른 외교적 행태의 궤적이다.

북한의 핵개발 과정에는 몇 가지 흥미로운 점이 발견된다. 우선 핵실험의 기술적 완성도를 점차 끌어올리는 과정에서 북한의 공격성과 국제규범 파괴 수준은 더욱 높아지고 있다는 점이다.[11] 물론 이러한 주장은 미국으로부터 핵보유국 지위를 인정받아 향후 군축회담 등 대미관계를 자국에게 유리한 방향으로 만들기 위한 전략적 스탠스로 이해된다. 또한 생존을 위한 방어용이라는 스스로의 주장과 달리 미국 본토 타격 능력을 갖춘 장거리미사일 능력 확보를 핵개발 못지않게 중요하게 여기고 있다는 점은 쉽게 납득하기 어려운 측면이 있다. 핵과 미사일 능력을 결합한 북한의 군사력이 미국의 국가안보 이익에 미치는 영향을 모르지 않을 터인데 미사일 개발에 전력투구하는 것은 이 글의 앞에서 밝힌 바와 같이 미국과 힘의 균형을 이루지 않고서는 정권의 안보를 보장받을 수 없다는 김정은식의 '힘의 균형 논리'가 작동했기 때문으로 풀이된다.

11 2009년 제2차 핵실험 이후인 2010년 4월 21일 외무성 비망록에 의하면, 핵무기 보유 목적, 사용 범위, 국제적 비확산 규범 준수 등의 원칙을 밝힌 바 있다. 그리고 2013년 2월 13일 제3차 핵실험 이후 채택된 「자위적 핵보유국의 지위를 더욱 공고히 할 데 대하여」라는 법령은 더욱 자세한 내용을 담고 있는데, 그 내용이 과거와 사뭇 다르다. 선제핵타격을 공공연하게 주장하는가 하면, 미국 내 백악관, 펜타곤 등 구체적인 공격 목표 지점을 거론하면서 과감한 공격성을 드러내고 있다(정성윤·이동선 외, 2016 참조).

김정은 집권 이후 전례가 없는 핵개발 속도전으로 북한은 무엇을 얻고 무엇을 잃었을까? 선군정치를 통한 강성대국의 유훈을 물려받은 김정은의 입장에서 핵과 미사일 능력의 완성은 대내적으로 권력 공고화의 가장 중요한 초석이 될 것임이 분명하다. 또한 북핵을 제거하기 위해 한미동맹이 먼저 군사력을 사용하지 않을 것이라고 가정한다면, 미국과 국제사회로부터 북핵문제의 해결을 위해 과거와 같은 접근방식으로는 해결할 수 없다는 생각을 하게 만들어, 북한의 실체를 인정하는 논의의 시작을 기대할 수도 있을 것이다. 또한 북핵으로 인해 최고조에 이른 위기국면이 지나고 대화 혹은 협상 상황을 맞이하게 된다면, 향후의 김정은 집권 기반은 더욱 안정적으로 다져질 것이라고 판단하고 있는 것으로 보인다.

2) 미국과의 생존을 건 담판

앞서 설명한 바와 같이 핵과 미사일 개발의 속도전은 미국과의 생존을 건 담판을 의미한다. 2017년 유엔 총회를 계기로 문재인 대통령이 뉴욕을 방문하고 전 세계 각국의 외교수장들이 미국에 모여드는 시점을 계기로, 그간 군사옵션에 대해서 매우 의도적으로 발언을 자제하던 미국의 매티스James Mattis 국방장관은 동맹국 한국에게 피해를 주지 않는 군사작전 방안을 거론하기에 이른다(연합뉴스, 2017.9.19). 김정은이 선택한 핵개발의속도전은 결과적으로 미국을 상대로 한 거대한 담판을 선택하는 외교전략을 의미한다.

북한은 이미 스스로의 안보불안과 생존위협이 근본적으로 미국의 적대시 정책 때문이라고 주장해왔기 때문에 북미관계가 김정은 시대의 핵심 외교 사안으로 등장한 것 자체는 크게 놀랄 일이 아니다. 하지만 김정은이 집권 수 년 만에 미국을 상대로 생존을 건 외교 담판을 시도하고, 심지어 북한 전략군사령관이 미국 영토인 괌 주변을 포위사격 할 수 있다고 발언한 것 등은 상식적인 수준을 뛰어넘고 있다(연합뉴스, 2017.8.10). 이처럼 김정은 시대에 들어 미국을 상대로 한 생존을 건 담판이 대표적인 외교전략의 하나로 등장하게 된 배경에는 핵심적으로 두 가지 계산이 깔려 있는 것으로 판단된다.

첫째, 북한이 설정한 핵 및 미사일 개발 시간표의 목표 시점이 거의 임박했음을 의미한다. 핵개발에 따른 국제사회의 반발과 제재는 당연한 것이므로, 차제에 미국과의 긴장관계를 최대로 끌어올려서 미국의 위협 때문에 핵개발이 불가피하다는 논리적 정당성을 확보하고, 한발 더 나아가 미국과 전례가 없는 외교전을 치러 보다 나은 안보환경을 만들어 보자는 의도가 숨어 있다. 둘째, 김정은이 집권과 함께 제시한 국가비전인 '핵·경제 병진전략'은 두 개 목표를 병행하겠다는 표현과는 달리 논리적으로 모순적인 구조에 놓여 있다. 핵을 포기하지 않는 한 북한의 경제발전은 불가능하기 때문이다. 따라서 미국을 상대로 한 핵개발 대결을 조속히 벌여 미국으로부터 과거와는 다른 새로운 외교적 협상틀을 이끌어내고, 향후 복잡하고 지루한 비핵화 관련 논의에 임하는 과정에서 경제제재의 굴레에서도 차츰 벗어나야만 비로소 '핵·경제 병진전략'이 가능할 것으로 계산하고 있는 것으로 보인다. 한마디로 김정은은 집권 6년 만에 미국을 상대로 생존을 건 담판을 시작한 것이다.

3) 외교단절과 고립의 심화

김정은 집권 6년 동안 국제무대에서 북한이 처한 외교적 고립은 크게 심화되었다. 2017년 9월 말 시점으로 지난 9월 12일 채택된 안보리 결의안 2375호를 포함해서 지금까지 총 9회에 걸친 유엔 안보리 결의안이 채택되었다. 이번 결의안은 북한이 9월 3일 단행한 제6차 핵실험 이후 9일 만에 합의된 내용이어서, 제5차 핵실험 이후 안보리 주요국들 간 합의 과정이 석 달 정도 소요되었던 상황과 비교하면 북한문제를 바라보는 국제사회의 결연한 입장을 짐작할 수 있다. 그뿐 아니라 미국 트럼프 대통령은 최근 마침내 서컨더리 보이콧(북한과 거래하는 제3국의 개인과 기업·금융기관 제재)에 준하는 대북한 단독 금융제재를 감행하겠다고 밝혔다(Nakamura and Anne Gearan, 2017b). 현 시점에서 북한과 거래하는 제3자를 겨냥하는 미국의 선택은 결국 중국을 타깃으로 하는 압박수단이고, 결과적으로 지금까지 적절한 수준에서 유지되던 중국의 대북 관여 입장은 더욱 곤궁에 처하게 될 것이다. 이렇게 되면 결과적으로 북한의 국제적 고립은 더욱 커져갈 수밖에 없다.

북한은 현재 160여 개 국가와 수교를 맺고 있으나 경제적인 어려움과 외교적 고립으로 인해 54개 국가에만 상주 공관을 파견하고 있다. 하지만 2017년 이후 국제사회를 향한 북한의 무모한 위협으로 인해 여러 국가에서 외교관을 추방당하는 사례가 점차 늘어나고 있다. 최근에만 해도 스페인, 페루, 멕시코, 쿠웨이트 등이 북한 외교관 추방을 단행했거나 혹은 결정한 바 있고, 특히 대북 인도적 지원 사업 전개를 포함해서 평소 북한문제의 평화적인 해법을 주장해온 독일이 자국 내 북한 외교관 일부를 추방하는 결정을 내렸다(연합뉴스, 2017.9.22). 또한 북한은 전통적으로 아세안 국가들과 우호적인 외교관계를 맺어왔고, 북한의 대아세안 외교는 상대적으로 다른 지역과 비교하여 영향력이 컸는데, 최근에는 크게 위축된 것으로 평가된다. 이는 2017년 2월 말레이시아 쿠알라룸푸르 공항에서 발생한 김정은의 이복형 김정남 살해 사건과 관련이 큰 것으로 알려져 있는데, 당시 북한과 말레이시아는 이 사안을 놓고서 심각한 외교전을 치른 바 있다.

북한의 외교적 고립은 물론 북한 스스로 자초한 결과다. 생존과 안보위협을 국가의 숙명적 과제로 제시하고 있는 북한은 왜 역설적이게도 생존을 더욱 위협하는 국제사회에서의 외교적 고립을 자초하는 것일까? 그것은 한마디로 북한이라는 국가의 국가이익과 김정은으로 상징되는 리더십의 이익을 동일시하고, 북한 내 주민들의 보편적인 이해관계의 총합인 국가안보와 김정은으로 상징되는 집권 세력의 안보가 동일시되는 기형적인 현상 때문이다.[12] 만일 북한의 지도자 김정은이 체제 개방과 경제개혁을 선택하게 된다면 리더십 안보의 불안감이 더욱 커지게 되겠지만, 반면 국제적 고립을 자초하고 국가 전체의 안보위기가 가중되더라도 역설적으로 집권 세력의 리더십이 보장받을 수만 있다면, 김정은은 후자를 택할 것이다. 이것이 지난 6년간 김정은이 보여온 대외관계의 가장 핵심적인 특징이다.

5. 결론

이 글은 김정은 집권 이후 북한의 대외관계가 어떤 내용과 특징으로 전개되었는지를 설명하는 데에 그 목적이 있다. 이상에서 살펴본 바와 같이, 김정은은 선군사상의 계승과 리더십 강화를 결합시키는 원칙과 함께 무정부적 국제질서에서 김정은식 힘의 균형 추구를 바탕으로 지난 6년간 국제사회를 상대로 생존을 건 위험한 게임을 벌여왔다. 여기에는 미중 경쟁이 본격화되는 국제질서의 틈바구니에서 양 강대국 간 새로운 권력관계의 형성을 자국의 안보와 생존을 확보하기 위한 기회로 삼은 '김정은식 국제질서 이해'가 또한 작용하고 있는 것으로 판단된다.

결론을 대신해서, 김정은 시대의 외교관계로부터 대체로 세 가지 주요 특

12 관련한 자세한 설명은 박인휘(2013) 참조.

징을 발견하게 된다. 첫째, 길어진 '위기와 협상'의 병진 주기이다. 과거 북한은 위기국면과 외교국면을 나름대로의 방식으로 반복하는 관행을 보인 바 있다. 김정은 시대 첫 수년간은 이러한 원칙이 지켜지는 듯했으나, 2016년 이후 제4차 핵실험 이후부터는 예상을 훨씬 뛰어넘는 핵미사일 속도전을 추진하고 있다. 지금 형성된 위기국면은 쉽게 협상국면으로 전환되기 어려워 보인다. 결과적으로 핵실험과 미사일 발사실험을 통한 도발의 주기는 훨씬 짧아진 셈이다. 둘째, 과거 김정일 시대에는 군사적 도발과 관련한 일종의 전략적 모호성을 유지한 바 있다. 국제사회와의 협상도 자주 있었고 상황에 따라 다양한 합의와 외교적 결과물도 도출된 바 있다. 하지만 김정은 시대의 외교는 적어도 외견상으로는 고립과 생존 사이의 교환 방식을 매우 분명하게 설정한 것으로 판단된다. 집권과 함께 핵개발을 국가비전으로 공표했으며, 이와 함께 군사과학기술 분야에 대한 전 국가적 자원 투입을 바탕으로 국가의 운명을 건 생존 추구의 외교게임을 벌이고 있는 상황이다. 셋째, 최근 북한이 행하는 일련의 행동은 결국 미중 경쟁을 전략적으로 극대화하여 활용하겠다는 계산의 결과로 판단된다. 미중을 상대로 절대적 힘의 균형은 이루지 못하겠지만 두 강대국의 경쟁관계를 활용해 자국의 안보를 확보하고, 이 과정에서 미국으로부터는 안보를, 또 중국으로부터는 일종의 연성균형을 얻어내겠다는 의지를 지닌 것으로 해석된다.

김정은 시대의 북한이 추구하는 이러한 외교전략이 성공을 거둘지는 미지수다. 우리의 입장에서 북핵문제가 평화롭게 해결되고 그 과정에서 북한을 대상으로 한국과 국제사회의 다양한 전략적 관여정책이 추진되어, 궁극적으로 북한을 연착륙시키고 한반도 평화통일의 큰 기틀이 마련되기를 바라는 마음이 간절하다. 한 가지 분명한 사실은 북한이 감당해야 할 국제적 고립과 제재의 고통이 크면 클수록 북한의 일탈행위 역시 더욱 거세질 것이므로, 한반도에서 당분간 지속될 안보위기를 잘 관리할 국가적 책임이 더욱 막중해진다는 점이다.

참고문헌

고유환. 2016.「북한 핵보유 요인에 관한 역사-구조적 접근」. ≪북한연구학회보≫, 제20권 1호.

_____. 1995.「사회주의의 위기와 북한의 우리식 사회주의」. ≪통일문제연구≫, 제7권 1호.

김철. 2017. "조중관계의 기둥을 찢어버리는 무모한 언행을 더 이상 하지 말아야 한다." 〈조선중앙통신〉, 2017.5.3.

≪노동신문≫, 2017. "우리식 사회주의 승리는 과학이다." 근로자 공동론설. 2017.3.25.

대한무역투자공사. 각 연도.『북한의 대외무역동향』.

민족화해협력범국민위원회 편. 2016.『김정은 체제 5년, 북한을 진단한다』. 서울: 늘품플러스.

박인휘. 2013.「북핵 20년과 한미동맹: 주어진 분단 vs. 선택적 분단」. ≪국제정치논총≫, 제53권 3호.

백학순. 2017.「김정은의 외교안보통일 리더십」. 정성장·백학순 외.『김정은 리더십 연구』. 성남: 세종연구소.

북한 외무성 대변인 담화, 2017년 7월 30일.

북한연구학회. 2014.『김정은 시대의 정치와 외교』. 파주: 한울.

서보혁. 2014.「김정은정권의 혼합외교」. 북한연구학회 편.『김정은 시대의 정치와 외교』. 파주: 한울.

연합뉴스. 2014.11.14. "러시아, 한반도 접근 강화, 남북한 동시 협력확대 추진."

_____. 2017.8.10. "북 화성-12 4발 사격방안 검토, 괌 주변 30~40km 해상 탄착될 것."

_____. 2017.9.19. "미 국방, 서울 위험 안 빠뜨리는 군사 옵션 있다."

_____. 2017.9.22. "독일, 작년부터 북핵 항의로 북한 외교관 일부 추방."

장용석. 2014.「중국의 부상에 대한 김정은 정권의 헤징전략」. 북한연구학회 편.『김정은 시대의 정치와 외교』. 파주: 한울.

정근식·김병로 외. 2016.『통일의식조사: 2016』. 서울: 서울대출판문화원.

정성윤·이동선 외. 2016.『북한 핵 개발 고도화의 파급영향과 대응 방향』. 서울: 통일연구원(통일연구원 연구총서).

정성장·백학순·임을출·전영선. 2017.『김정은 리더십 연구』. 성남: 세종연구소.

≪중앙일보≫. 2017.9.4. "최선희 북 외무성 국장 지난 5월 핵실험 중단조건 제시했다."

황지환. 2014.「김정은 시대 북한의 대외전략」. 북한연구학회.『김정은 시대의 정치와 외교』. 파주: 한울.

Baker, Peter and Rick Gladstone. 2017. "With Combative and Epithets, Trump Takes America First to UN." *The New York Times*, Sep 19, 2017.

Kuik, Cheng-Chwee. 2008. "The Essence of Hedging: Malaysia and Singapore's Response to a Rising China." *Contemporary Southeast Asia*, Vol. 30, No. 2.

Nakamura, David and Ann Gearan. 2017a. "Trump Attacks the Depraved North Korea Regime." *Washington Post*, Sep 19, 2017.

_____. 2017b. "Amid new sanctions, Trump calls North Korea's leader 'Madman'." *Washington Post*, Sep 21, 2017.

Peng Er, Lam, Narayanan Ganesan and Colin Durkoop, eds. 2010. *Facing a Rising China in East Asia*. Seoul: Konrad Adenauer Stifung.

Rogin, Josh. 2017. "Inside the New York Channel between the United States and North Korea." *Washington Post*, Aug 12, 2017.

Shambaugh, David. 2012. *Tangled Titans: The United States and China*. Lanham, MD.: Rowman and Littlefield.

Westcott, Ben. 2017. "Japan split over how to deal with North Korean missile launches." CNN, Sep 15, 2017.

11

김정은 시대 북한외교의 이해

김흥규
아주대학교 중국정책연구소 소장

이 장은 「김정은 시대 북한의 외교」, 『북한의 오늘』(서울: 2014, 늘봄플러스)에 기초하여 쓰인 것이다.

1. 서론

북한외교는 외교정책 이론을 원용하는 것으로나 이데올로기적인 측면만으로, 아니면 일반 약소국 외교이론으로는 설명하기 어려운 그 자체의 독특한 특성을 지니고 있다. 동시에 북한의 특수성만을 통해 북한외교를 설명하는 방식 역시 설득력이 부족할 뿐만 아니라 정책적 적실성을 기대하기 어렵다. 이는 북한체제가 지니고 있는 특수성과 일반성을 동시에 고려하면서, 이것이 외교정책에 어떻게 투영되고 있는지를 고민할 필요가 있다는 것을 말해준다.

북한의 외교를 이해하기 위해서는 일반 국가들의 외교정책 분석틀을 기본으로 하면서도 동시에 북한체제의 특수성을 가미해 종합적으로 조망해야 한다.[1] 북한외교를 냉전적 혹은 진영외교적 논리로 이해하려 하면 그 실체를 놓칠 개연성이 크다. 실제 북한이 전적으로 진영외교에 치중한 것은 1950년대 중반까지에 불과하다. 북한은 그 이후 이념과 실제 사이에서 끊임없이 고민하면서 자기 조정을 수행해왔고, 특히 변화하는 국제정세에 민감하게 반응하면서 이에 적응하려는 노력을 해왔다. 북한외교는 그간 종종 보여주었던 그 호전성과 대담한 수사에도 불구하고, 실제로는 약소국이라는 스스로의 자아인식을 바탕으로 하고 있다. 북한은 약소국으로서 변화무쌍하게 전개되고 있는 강대국 국제관계 속에서 어떻게 자신의 생존을 담보할 수 있는지를 고민해왔고, 1980년대까지는 북한이 주도하는 한반도 통일을 위한 여건을 조성하기 위해 지난하게 노력해왔다.

북한의 대외정책 추이를 분석해보면 북한은 강대국 국제관계의 변화가

1 북한 외교행보에 대한 다양한 시각에 대해서는 우승지(2014: 34~35)가 간략히 잘 정리하고 있다.

스스로의 명운에 얼마나 큰 영향을 미칠 수 있는지를 잘 인식하고 있었던 것으로 평가된다. 북한은 정권 수립 이후 내내 미국이라는 압도적인 초강대국의 적대정책에 직면했다. 냉전 기간 중 대부분의 시기 동안 충분히 신뢰할 수 없는 우방이었던 중국과 소련 사이에서 자신의 생존이익을 지켜내야 했다. 더구나 이들 북한의 우방은 1960년대에 이르면 이미 상호 간에 깊은 적대감을 지닌 채 분열되고 있었다. 심지어 중국은 1970년대 초반 중대한 전략적 조정을 단행하여, 소련을 주적으로 인식하면서 소련을 견제하기 위해 오히려 친서방정책으로 전환하고 있었다. 따라서 북한이 직면했던 대외환경은 결코 녹녹치 않은 상황이었다.

우리가 북한외교를 비합리적인 개인이 전횡하는 것으로 미리 전제하는 것은 좀 더 신중할 필요가 있다. 북한 정권의 생존과 관련된 대남사업 분야와 대외관계에는 아마도 북한 최고 수준의 인력들을 배치하고 양성해왔다고 평가하는 것이 더 합리적일 것이다. 국제관계의 중요성을 잘 인식하고 있는 북한 지도부로서는 대외관계에 대한 나름의 정세판단을 바탕으로 자신들의 입장에서는 대단히 합목적적인 대외정책을 추진해왔다고 평가하는 것이 더 실체에 가깝다.

북한의 외교 수사를 살펴보자면, 이데올로기적인 성향이 강하고, 자주적이고 강한 국가를 지향하고 있다. 사회주의권의 붕괴 이후 최근까지도 국제정치와 외교정책을 계급투쟁이론에 의한 세계혁명의 과정으로 간주해왔다. 그러나 실제 북한의 외교는 약소국이라는 자의식을 바탕으로 점차 이념지향에서 실리지향으로 변모해왔다(박재규, 1997). 사회주의권 국가 중심에서, 비사회주의적인 제3세계 국가들, 그리고 이후 서방국가들과의 관계개선으로 그 시야를 확대해왔다. 그런 의미에서 북한의 외교는 그간 적대외교, 협력외교, 동맹외교, 비동맹외교 등의 스펙트럼을 비교적 유연하게 구사해왔다고 할 수 있다(김계동, 2012: 7~20). 그러나 1990년대 이후 혹독한 국내외 정치·안보 환경은 북한이 생존을 중심으로 한 외교전략, 즉 선군 추진외교, '벼랑끝' 줄타기 외교, 안보 우선주의 외교를 추진하도록 했다.

냉전 시기 북한의 외교활동은 한반도의 공산화와 대남 우위확보를 목표로 사회주의권 국가들과 비동맹 국가들에 치중해 있었다. 특히 중소 간에 분열과 분쟁이 가속화되는 상황에서 중소 양자 간의 갈등에 휘말리는 편승적인 태도를 지양하고 실리적인 태도를 취하려 노력했다. 강대국들과의 관계를 우호적으로 가져가려 노력하면서도, 강대국 간의 영향력을 서로 상쇄시켜 자국의 안전과 자주성을 확보하려는 노력을 취했다(김태운, 2006: 36~39). 이는 약소국이 강대국 틈바구니에서 취할 수 있는 대외정책의 원칙들을 교묘히 잘 적용해온 사례라 할 수 있다.

한국사회에는 21세기인 오늘날까지도 냉전적인 인식의 영향으로 북중관계를 흔히 불가분의 이해관계脣亡齒寒로 결합되어 있다거나 피로 맺어진 특수동맹관계로 인식하는 것이 일반적이다. 1961년 체결한 북중 우호협력조약에 군사개입의 조항이 포함되어 있고, 동 조항이 여전히 유효한 상황이라 국내의 많은 전문가들은 북중관계를 종종 준동맹관계로 평가한다. 북중관계를 동맹으로 보는 견해는 북한의 핵실험에도 불구하고 중국이 북한을 돕고 보호하는 것은 당연하고, 북한에 급변상황이 발생할 경우에는 중국군이 개입할 개연성이 대단히 높다고 생각하는 주요 근거가 되고 있다. 흥미로운 사실은 중국의 입장에서는 대외정책에서 동맹을 추구하지 않기 때문에 어느 국가에 대해서도 동맹이라 칭하지 않으며, 이는 북한도 예외가 아니라는 것이다.

북한은 약소국으로서 변화하는 국제정세 속에서 기민하게 적응하려 노력했다. 냉전 시기, 강대국에 일방적으로 편승하는 정책보다는 자신의 이익을 극대화하려 했던 외교적 노력은 이러한 북한외교의 특성을 잘 말해준다.

1990년대 이후 북핵 위기의 과정도 이와 유사한 설명이 가능하다. 북한의 이러한 행동 이면에는 국제정치 무대에서 소외될 개연성과 안보에 대한 스스로의 불안감이 깊이 내재되어 있었다.

탈냉전 시기는 북한의 외교환경이 보다 더 열악하게 바뀌는 시기였다. 북한의 오랜 후원자였던 소련은 1990년에, 중국 역시 1992년에 한국과 수교를 단행했다. 북한은 이에 대한 균형을 맞추기 위해 미국 및 일본과의 수교를 강력히 요구했지만 이루지 못했고, 북한의 고립은 가속화되었다. 이에 북한은 한반도 공산화 목표를 추진하기 어렵다는 현실을 인지하여 보다 현상유지적인 태도를 보여주었고, 서방국가들과도 관계개선을 추진하는 등 외교를 다변화하려는 노력을 보여주었다. 특히 미국과의 관계 정상화를 체제 생존의 핵심적인 요소로 보고 관계개선을 다각적으로 시도했다. 남북관계는 다만 북미관계의 종속변수로 보고, 북미관계개선을 위한 도구적인 관점에서 다루어왔던 경향이 강했다. 그러나 북미관계는 북한이 체제의 생존을 위해 추진한 핵개발로 인해 교착상태에 빠지게 되었다.

21세기 들어 동북아에서 미국과 중국이 현상유지 및 관리정책을 강화하려 할 때마다 북한은 중국의 노력에 배치되는 벼랑끝 전술을 통해 미국과 직접적인 대화를 시도하고 어려운 국면을 타개하고자 했다. 동시에 중국에 대해 전통적인 유대를 강조하고, 자신의 전략적 가치를 증명하려 노력했다. 2010년 연평도 사태도 중국 후진타오 주석이 2011년 1월 임기 중 마지막으로 미국 방문을 앞두고 미국과의 관계를 우호적으로 전환하려 하는 상황에서 발생한 것이었다. 이러한 북한의 태도는 중국에 대해서도 일방적으로 편승하기보다는 자신의 전략적 이해에 강대국을 견인하려는 적극적인 의지를 담은 외교를 추진했다는 것을 말해준다.

북한은 김정일 국방위원장이 2008년 발병한 이후, 핵무장을 협상 카드로 활용하고 생존을 담보하는 기존의 전략에서 핵무장을 확보한 이후 협상을 하는 전략으로 전환한 것으로 보인다. 이러한 정책의 연장선상에서 고려할 때, 향후 김정은 시기 북한의 외교는 약소국으로서의 입지를 고려하면서도 약소국 외교의 전형을 넘어서는 '약소국 외교+α' 전략을 취하고 있는 것으로 보인다. 최근 핵무장의 완성단계에 이르러서는 스스로를 강국으로 인식하는 듯하다. 북한은 핵무장을 완성한 이후, 이전의 생존전략 위주에서 점차 자신들의 목표와 지향점을 달성하기 위해 기존의 수세적인 전략을 보다 적극적으로 전환해나가는 타개전략을 구사할 개연성이 크다.

북한 정권 수립 이후, 그들이 지금까지 일관되게 추진해온 목표는 북한 주도의 한반도 통일이었다. 간과할 수 없는 점은 북한의 대외전략이 이러한 목표에 종속된다는 것이다. 그리고 수령제로 표방되는 북한의 독특한 통치구조는 북한의 대외전략이나 정책이 국가이익보다는 정권의 이해에 종속된다는 것을 말해준다. 북한은 노동당규약에서 "전국적 범위에서 민족해방민주주의 혁명의 과업을 수행"하고 최종목적은 "온 사회를 주체사상화하여 인민대중의 자주성을 완전히 실현"하고, "남조선에서 미제의 침략무력을 몰아내고 온갖 외세의 지배와 간섭을 종식"시키며, "남조선 인민들의 투쟁을 적극 지지성원하며 자주, 평화통일, 민족 대단결의 원칙에서 조국을 통일하고" 등을 명시하고 있다. 이러한 통일전략은 1964년 3대혁명역량 전략으로 체계화된 이후, 통일 달성이라는 목표를 이루기 위한 외교활동으로 구체화되어왔다. 그러나 1990년대 초 사회주의권의 몰락과 경제적 어려움으로 북한의 통일외교 전략은 점차 수세에 몰려 북한 정권의 생존을 우선적으로 담보하고자 하는 방어적 성격으로 전환되었다.

김정은 시대에 핵무장과 미국 본토를 타격할 수 있는 대륙간 탄도미사일(ICBM)을 결합시키는 데 성공한다면 북한 지도부는 보다 적극적이고 공세적인 전략으로 전환하고자 하는 유혹을 받게 될 것이다. 이러한 북한의 통일외교 전략은, 자유민주주의와 시장경제 체제에 입각한 평화통일을 주장하는 한국 측과 주도권 문제를 놓고 상호 충돌하고 있다. 남북한은 현재 명시적으로는 평화통일이라는 원칙에 공통된 입장을 견지하고 있으나, 그 의도에 대한 상호 간 불신은 해소되기 어려운 상황에 놓여 있다. 상호 신뢰가 형성되기 어려운 국제정치 환경과 남북한 관계 속에서 북한외교는 스스로의 안보를 보장하고, 향후 한반도 문제의 주도권을 쥘 가장 핵심적인 군사역량으로서 핵무장을 추진하면서 국제적으로 이를 용인받고자 하는 노력을 경주할 것이다. 동시에 새로이 출범한 김정은 정권은 기존 정권과 차별화하고 정권의 정당성을 강화하기 위해서 경제발전과 민생안정을 위한 실익외교를 병진적으로 추진해야 할 필요성을 인식하고 있다. 북한은 실제 2020년까지 핵개발과 경제발전을 모두 이룩한다는 야심찬 계획을 추진하고 있다.[2] 물론 이는 쉽지 않은 일일 것이다. 김정은 시기 북한외교는 한국을 포함한 국제사회와 아마도 정권의 사활을 건 본격적인 게임에 진입했다고 보아야 할 것이다. 북한에게 주변 환경은 최악이다. 그럼에도 주변 각국의 이해관계는 제각각이어서 그 최종 결과는 여전히 속단하기 어렵다.

2 주요 중국의 한반도 전문가와의 인터뷰(2014년 4월 26일). 그에 따르면 북한은 대륙간 탄도미사일(ICBM)과 잠수함 발사 탄도미사일(SLBM) 능력을 2025년 전후로 완비하는 것으로 계획을 세웠으나 최근 그 개발속도가 빨라지고 있다.

2. 북한외교의 역사적 전개

1) 1950년대 균형외교의 추진

1945년 한반도 분단 이후 북한은 체제의 형성 과정에서 소련에 전적으로 의존했다. 북한은 국가수립 이후에도 소련을 위시한 사회주의 진영 외교에 집중하고 있다. 한국전쟁 이전 북한은 소련의 후견하에 사회주의 진영 내에서 합법적인 외교적 승인을 받고 국가건설에 필요한 대외원조를 획득하는 데 주력했다. 그 결과 북한은 사회주의 진영 11개 국가들과 외교관계를 체결할 수 있었다. 한국전쟁을 시작한 이후 북한외교는 미국의 전쟁 도발 책임을 강조하고, 반미 대외선전활동을 통해 미국을 국제적으로 고립시키고 전쟁의지를 약화시키는 데 집중했다. 한국전쟁이 예상보다 길어지고 중공군이 참전하면서 정치적으로는 소련보다는 중국의 대북 영향력이 증대되었다. 6·25전쟁 이후 북한 외교정책의 초점은 정전회담, 전후복구를 위한 원조 획득, 판문점 정치회의와 제네바회의에 있었다. 당시 북한의 입장에서는 전후복구와 경제발전을 추진하기 위해 소련과 중국으로부터 모두 최대의 지원을 받아내는 것이 중요했다. 이를 위해 북한외교는 소련 및 중국과 동시에 우호적인 관계를 유지하려 노력하면서 실리를 취하려는 태도를 유지했다.

북한은 1950년대 중반에 들어서면서부터 점차 다변화 외교를 추구하기 시작했다. 1955년 2월 25일 '대일관계에 관한 외무상의 성명'을 통해 일본과의 관계정상화 의사를 밝히면서 "상이한 사회제도를 가진 모든 나라들이 평화적 공존할 수 있다"는 외교정책 다변화의 논리를 표명했다. 이런 다변외교 추진방침은 이후 1956년 4월 제3차 전당대회를 통해 구체화되었다. 이렇게 북한이 외교정책의 다변화를 모색하고 전개하는 데 영향을 준 국제환경 요인은 소련의 평화공존정책과 제3세계의 등장이었다.

북한외교의 전환점은 1956년이라 할 수 있다. 1956년 제20차 소련 공산당대회에서 흐루쇼프N. S. Khrushchyov는 스탈린 격하운동을 시작했다. 소련이 서방과 평화공존 노선으로 전환하자 김일성은 이에 크게 반발했다. 당시 사조의 영향을 받아 북한 내부에서 김일성에 대한 반反김일성 진영의 연대도 강화되었다. 이 연대는 친중親中파가 주력이었던 것으로 알려지고 있지만, 친소親蘇파 역시 참여했던 것으로 보인다. 김일성이 1956년 전당대회를 통해 반김일성 연합을 제거하려 하자, 중국과 소련은 이들을 보호하기 위해 서로 연대하여 북한의 내정에 개입했다. 당시 김일성은 자신의 실각 가능성까지도 위협받게 되자 어쩔 수 없이 양국의 압력에 굴복했다. 이 사건으로 인해 김일성과 북한 지도자들은 이후 같은 사회주의 진영 강대국들에 대해 깊은 불신을 안게 되었다.[3] 김일성을 중심으로 한 당시 북한 지도부는 결국 북한식의 생존 전략을 모색하면서 스스로 자립할 수 있는 역량을 키우는 것이 가장 중요하다는 결론에 도달한 것으로 보인다. 북한은 이후 강대국 국제정치와 내정간섭의 위험성에 대해 경계하면서 보다 독자적인 외교노선(주체 외교)과 외교정책의 다변화를 추진했다. 북한외교는 어느 강대국에 일방적으로 편승하는 상황을 가급적 억제하고, 적절한 균형 속에서 실리를 챙기면서도 스스로의 역량을 강화하는 것을 가장 중시하게 되었다.

2) 1960년대 자주 외교노선의 확립

이 시기 북한은 외교력, 경제력, 군사력 모든 분야에서 대남 우위를 확보

3 북한 내정에 대한 중국과 소련의 이 개입에 대해서는 이종석(2000: 209~215) 참조.

했다. 이러한 자신감은 북한이 스스로의 주체 외교와 다변화 외교를 더욱 적극적으로 추진하게 하는 주요한 동력이 되었다.

북한은 1955년 4월 개최된 반둥회의 이후, 1961년 9월 제1차 비동맹정상회의와 같은 비동맹운동에 적극 참여하면서 비동맹 세력과의 관계증진을 도모했다. 1960년대에 들어 신생독립국가의 수가 급증하고 이들이 표방하는 반제국주의, 반식민주의, 반서구적 입장이 자신의 이해와 일치한다고 판단했고 이들을 우군화하는 노력을 기울였다. 전후복구 3개년 계획(1954~1956) 및 5개년 계획(1957~1961)을 통해 성취한 북한의 경제력 상승은 다변화된 외교정책의 효율적 전개를 뒷받침하는 주요한 국내 환경적 요인이었다. 1960년대에 북한은 경제력을 바탕으로 제3세계 국가들에게 원조를 제공하고 자신의 경제발전 모델을 신생독립국가에게 부각시키면서 외교정책의 다변화를 적극 추진할 수 있었다. 북한이 외교정책의 다변화를 추진하는 데 있어서 가장 먼저 시도한 나라가 일본이었다. 북한은 이미 1955년부터 인도, 인도네시아와 접촉을 시작하여 점차 중동, 아프리카 국가들로 범위를 확대했고, 제3세계 국가들에 대한 진출을 가속화했다. 심지어 자본주의 국가들과 무역관계를 체결하기도 했다.

북한은 이미 1956년 중·러의 공동 내정간섭을 경험한 후, 1960년대에 중소 분쟁이라는 사회주의권의 분열이 가속화되자 사회주의 국가 간 평등과 자주, 상호존중 및 내정불간섭을 주장하면서 자주적 입장을 모색했다. 그 결과, 1966년 10월에 개최된 당대표자회를 통해 대외관계에서 완전한 자주권과 평등권을 행사한다는 내용의 '자주' 노선을 공식 선포했다. 그 이후부터 북한은 '자주'를 북한 외교정책의 제1원칙이자 가장 특징적인 면으로 내세웠다. 동시에 한국에 대한 군사적 도발이라는 대남 강경정책을 강화하고 반미투쟁 슬로건을 내세웠다. 중국의 한 한반도 전문가에 의하면 1960년대 말 북한이 채택한 일련의 대남 무력도발 정책에는 점차 불확실해지는 중국의 대북지원 의지를 확인하고자 하는 의도도 존재했다. 물론 중국의 행태는 북한에게 실망스러운 것이었다. 중국은 북한에 연루되어 한반도에서 다시 무력 충돌에 개입하거나 그러한 사태 자체가 발생하는 것에 명확한 반대 입장을 표명했다. 그 이후 북한은 '자주' 외교노선에 더 강한 집착을 가지게 되었다.

3) 1970년대~1980년대 다변화 외교 추진

이 시기 북한은 경제력에서는 점차 한국에 열세 상황으로 전환하고, 외교력은 백중세를 보이나, 군사력은 여전히 우위의 상황을 유지했다.

당시 미소 간 데탕트 추세 진전과 미중 간 화해 움직임은 북한 외교정책에 일대 변화를 야기할 정도의 충격을 안겨주었다. 이런 국제환경으로 인해 북한은 1971년 11월 당중앙위원회 제5기 제3차 전원회의를 통해 '국제정세에서 제기된 몇 가지 문제에 대하여'를 논의한 결과, 세계 모든 나라와 친선과 협조관계를 발전시킨다는 외교정책의 '세계화'를 추진하게 되었다. 외교정책의 세계화 논리는 김일성의 연설(1972년 12월 최고인민회의 제5기 제1차 회의)에서 체계화되어 표명되는데, 이는 북한이 국제환경의 변화에 적극 대처하는 동시에 6개년 계획(1971~1976)의 효율적 수행과 남한과의 정통성 경쟁을 위해서도 전 세계를 대상으로 한 외교활동 전개에서 우위를 차지하기 위함이었다. 외교정책의 세계화를 활발히 추진한 결과 북한은 1970년 제5차 당대회 이후 1980년 제6차 당대회까지 66개국과 외교관계를 수립하는 결실을 맺었다. 특히 북한이 추진한 외교정책 세계화의 성과는 자본주의 국가들과의 관계개선과 서방으로부터의 차관 도입 등 경제관계 확대, 유엔주재 상주대표부 개설과 유엔 산하기구 가입, 미국에 대한 직접접촉 제의, 비동맹운동 가입 등으로 나타났다.

1980년대 북한 외교정책의 가장 큰 특징은 외교정책 이념이 체계화된 것과 대외개방정책을 점차적으로 추진했다는 점이다. 김일성은 제6차 당대회에서 대외무역의 확대발전, '고려민주연방공화국 창립방안' 제의와 함께 북한 외교정책의 기본원칙을 '자주, 친선, 평화'라고 체계화하여 공표했다. 이런 슬로건으로 인해 북한은 사회주의 국가는 물론 민주주의국가 또는 자본주의 국가들과의 지속적인 관계개선을 도모할 수 있게 되었고 동시에 비동맹국가, 제3세계국가들과의 유대관계를 지속할 수 있었다.

이러한 환경은 자연스럽게 북한으로 하여금 대외개방을 모색하게 했다. 북한이 대외개방을 모색하게 된 가장 근본적인 원인은 사회주의 계획경제 및 외부와 자원의 교류가 없는 자력갱생 정책의 한계를 경험했기 때문이다. 북한이 제2차 7개년계획(1978~1984)과 제3차 7개년계획(1987~1993)을 추진하면서 기본과업으로 제시한 사회주의 인민경제의 '주체화, 현대화, 과학화'를 달성하기 위해서는 대외경제관계 확대가 필연적으로 수반되어야 했다. 이와 더불어 제6차 당대회에서 김일성의 아들인 김정일을 후계자로 공식화한 이후, 북한은 경제발전이라는 업적을 통해 후계체제를 공고화할 필요성이 있었다. 1978년부터 추진된 중국의 개방정책은 북한의 정책추진에 결정적인 영향을 미쳤다. 그러나 북한은 김정일이 주도한 것으로 알려진 1983년 10월 랭군폭파사건, 1987년 11월 대한항공 여객기 격추사건으로 인해 국제사회에서 외교적 고립과 국가위신의 실추를 겪어야 했다. 북한은 실추된 국가위신을 회복하고자 1984년 1월 미국과 남북한이 참여하는 3자 회담 개최, 미국과의 평화협정 체결 등을 제의하기도 했으나, 북한의 고립은 가중되었다.

1980년대는 북한 외교정책상 가장 큰 변화가 발생한 때였다. 1980년대 후반에 시작된 사회주의권 체제의 붕괴, 남한과의 격차 심화, 경제침체 등의 요인으로 인해 북한은 1988년 남한과의 공존을 최초로 표명했다. 그해 12월에는 미국과 북경에서 참사관급 외교관 접촉 도 시작했다. 이후 북한은 탈냉전과 사회주의권 붕괴라는 세계질서 재편과정에 적극 적응하려는 노력을 기울였다. 1990년 9월 일본과 국교정상화 추진 합의 및 남북고위급회담 개최, 1991년 9월 남북한 유엔 동시가입, 1991년 12월 나진·선봉지역의 자유무역지대 지정, 1992년 1월 미국과 최초의 차관급회담 개최 등에서 나타나듯이 대미·일 관계정상화 추진, 남북공존 모색, 새로운 단계의 대외경제개방 추진 등과 같은 특징을 보이는 새로운 외교정책을 추진했다. 이는 1990년대 들어 북한이 '대미외교를 중심으로 한 주변4강 외교를 기본 축으로 하고, 아시아 및 서구권국가들과의 관계개선을 보조축'으로 하는 외교 전략으로 전환하는 동시에 대남정책 및 대외개방 문제를 재조정하려 한 것을 의미한다. 북한은 1993년 3월 핵확산금지조약(NPT) 탈퇴선언 이후 외교정책의 초점을 미국과의 직접 협상에 두었으며, 북한의 이러한 외교정책은 1994년 7월 김일성 사망에 이르기까지 추진되었다.

4) 유훈통치기의 외교(1994~1998): 활로 외교

북한은 이 시기 한국과의 경쟁에서 경제력과 외교력의 열세가 심화되었고, 재래식 군사력은 역전이 불가능한 질적 열세가 본격화되기 시작했다. 북한은 경제력과 외교력의 압도적인 열세를 단기적으로 극복하기 어렵다고 판단하고, 우선 핵무장을 통해 군사력의 우위를 구축하여 생존을 우선적으로 확보한 후 이에 기반을 두고 다른 영역에서 우위를 구축해나가는 전략으로 전환했다.

김일성 사후 1995년부터 시작된 여름 수재와 냉해 등은 북한 내 식량난을 악화시켰고, 북한은 곧 최악의 경제난을 맞이하게 되었다. 이러한 상황은 1996년 신년공동사설에서 '고난의 행군정신'이라는 구호로 드러났다. 북한은 우선 체제안정성 확보에 주력할 수밖에 없었다. 정권유지에 불가결한 물리적 강제력을 장악하기 위해 군사우선정책인 선군정치를 적극 추진하면서, 새로운 정책방향을 제시하기보다는 김일성 시대 정립된 '유훈통치'로 알려진 정책을 고수했다.

유훈통치 기간 동안 북한외교의 가장 특징적인 성과는 1993년 3월 NPT 탈퇴, 그리고 그 이후 불거진 핵문제를 해결하고자 1994년 10월에 미국과 양자협상을 했다는 것이다. 북한은 미국과 '제네바 기본합의문'을 채택함으로써, 핵개발 동결 대가로 미국으로부터 경수로 및 중유 지원이라는 경제적 이익과 관계개선의 발판을 마련했다. 과거 핵 규명 시한을 연장함으로써 미국에 대한 협상카드를 계속 보유할 수도 있게 되었다.

일본과는 1992년 8월 이후 중단된 수교회담을 재개할 수 있는 근거를 마련하기 위해 1997년 11월 일본인 처 고향방문을 처음 허용하기도 했다. 그러나 일본과 관계개선을 이루지는 못했다. 중국과는 김일성 사후 지속적인 방중 외교를 통해 정치·군사·경제 등 제 분야에서의 교류·협력을 유지하려 노력했다. 중국의 대북한 식량·원유의 무상원조도 계속되었다. 그러나 동 기간 양국의 최고위급 지도자 간 교류가 전혀 없었던 것은 주목할 만한 일이다. 러시아와는 1995년 9월, 러시아가 북한과의 동맹조약을 연장하지 않는다고 발표함으로써 러시아와 이념적 유대 및 군사적 동맹관계를 재조정할 수밖에 없게 되었다. 대신 실용주의적 협력관계를 구축하기 위해 무역·과학기술 등 다른 분야에서 협력을 확대하고자 노력했다.

한편, 북한은 1993년 11월 출범한 유럽연합 회원국들에 대표단을 파견하여 관계개선에 적극적인 태도를 보였다. 1995년 8월 북한이 유엔에 수재 긴급 지원 요청을 한 이후 EU는 대북 인도적 지원을 제공하기 시작했으며, 1995년 12월에는 한반도 에너지개발지구(KEDO)의 공식회원국으로 참여했다. 이후 북한은 EU로부터 인도적 차원의 지원을 획득하는 것은 물론 이들과 경제관계를 확대하려고 주력했다.

대아시아 외교정책은 1995년 신년공동사설을 통해 "남남협조를 발전시키기 위해 적극 노력할 것"이라고 강조했다. 동남아시아 국가들에 대한 초청·방문외교도 지속적으로 전개했다. 동남아시아 국가들에 대한 북한의 초청·방문외교는 주로 경제 분야에 관련된 것이었지만, 1995년 11월 최광을 단장으로 하는 군사대표단이 파키스탄 방문하기도 했다. 북한이 파키스탄의 칸 박사와 핵관련 협력을 했던 것이 우연은 아닌 듯하다. 또한 북한은 당시 외교적인 고립을 탈피하고자 인도네시아·태국·베트남·라오스·말레이시아 등 동남아국가들에 대한 외교활동을 적극 추진하는 한편 미얀마, 필리핀과의 외교관계를 정상화했다.

5) 김정일 정권의 외교(1998~2012): 강성대국 추진 외교

이 시기는 북한이 6자회담을 통해 비핵화 협상을 진행하면서도 핵무장을 지속적으로 추진해간 시기이다. 김정일 정권은 1998년 9월 개정헌법을 공표하면서 공식적으로 출범했다. 공식적인 북한의 최고지도자로서 김정일은 1998년 8월 22일 자 노동당 기관지 ≪노동신문≫ 정론을 통해 처음으로 '강성대국' 건설을 추진하기 위한 새로운 대외정책의 방향을 제시했다. 당시 정론은 "사상의 강국을 만드는 것부터 시작하여 군대를 혁명의 기둥으로 튼튼히 세우고 그 위력으로 경제건설의 눈부신 비약을 일으키는 것이 주체적인 강성대국 건설방식"이라고 밝힌 바 있다.

북한은 강성대국의 추진과 동시에 1998년 8월 대포동 로켓을 발사했고, 당시 금창리 지하시설에 대한 의혹으로 미국과 다시 위기상황에 빠지게 되었다. 그러나 당시 대북정책 조정관에 임명된 페리William J. Perry 전 국방장관은 북한에 대한 강공책을 펴는 대신, 1999년 5월 북한을 방문하여 조명록 제1부위원장 등과 만나 양국 현안을 논의한 뒤 같은 해 10월 "페리 프로세스"를 내놓았다. 대북 포용정책을 기조로 한 페리 보고서는 북한과 미국 등 동맹국들이 상호위협을 줄이면서 호혜관계를 구축하기 위한 3단계 접근방식을 제시했다.[4]

북한은 이에 호응하여 미국과도 관계개선을 추진했다. 클린턴 행정부 말기 북미 양자대화를 통해 협상이 진전을 보이자 북한은 2000년 10월 조명록 차수를 워싱턴에 파견했고, '적대관계 종식' 등의 내용이 담긴 '조미 공동 코뮤니케'와 '반테러 공동성명'을 채택하는 등 미국과의 관계 정상화를 시도했다. 미국 역시 당시 클린턴 대통령의 방북을 진지하게 고려했다.

강성대국 건설을 뒷받침하기 위한 새로운 외교정책은 1999년 6월 김영남 최고인민회의 상임위원회 위원장이 홍성남 내각총리, 백남순 외상, 김일철 인민무력상 등 고위층을 대거 대동하고 방중하면서 본격화되었다. 2000년에는 북한 인민군의 2인자인 조명록 차수를 미국에 파견했고 2003년에 다시 중국에 파견했다. 김정일 자신도 2000년 5월과 2001년 1월 중국 방문으로 대중관계 긴밀화, 대일 수교협상 재개, 2001년에는 러시아 방문으로 대러관계를 재정립하는 등 활발한 방문외교를 전개했다. 그리고 남북한 관계에서도 2000년 6월 드디어 최초로 남북 정상회담 및 6·15선언이 성사되는 결과를 낳았다.

4 1단계로 북한의 미사일 발사 중지와 미국의 대북 경제제재 해제, 2단계로 북한의 핵과 미사일 개발 중단, 마지막으로 북미, 북일 관계정상화와 한반도 평화체제 구축 등을 권고하는 내용이다.

남북정상회담 이후 개선된 한반도 분위기에 힘입어 김정일 정권은 고립을 탈피하기 위해 중국·러시아·일본과의 정상회담을 가진 것은 물론이고 유럽연합 국가들과 적극적으로 수교했다. 이탈리아(2000.1)를 포함한 영국(2000.12), 독일(2001.3) 등과 수교했으며, 2010년까지 유럽연합 25개 회원국들과 외교관계를 수립했다. 당시 오랜 고립에서 탈피하기 위한 외교적 노력은 필리핀·홍콩 등 아시아 국가들과의 관계 강화 등으로 나타났다.

북한의 이러한 전방위적인 외교 추진은 2001년 1월 출범한 부시 미 행정부가 북한을 "악의 축"으로 규정하고 강경한 입장을 보임으로써 심각한 좌절을 겪게 되었다. 북미 간의 갈등과 대립이 크게 격화된 것이다. 이러한 갈등 과정에서 2002년 10월 미국의 켈리James A. Kelly 국무부 차관보에게 북한이 고농축우라늄 프로그램 추진을 언급함으로써 새로운 제2차 북핵 위기의 시기를 맞이하게 되었다.[5] 또한 김정일이 2002년 9월 고이즈미 총리와의 회담에서 일본과의 관계개선을 위한 노력의 일환으로 일본인 납치문제를 인정하고 사과한 것이 일본 내의 비판적 여론을 확산시키는 결과를 초래했다. 북한이 국가적 차원에서 국제법을 무시한 범죄를 저질렀다는 점을 공식 시인한 것으로, 그에 따라 국제적 명성이 실추한 것은 물론이고, 일본과의 관계가 역으로 악화되었다. 이러한 상황들은 그간 김정일 정권이 추진해온 대외관계 활성화 정책에 심각한 타격을 주게 되었으며 북한 외교안보 정책의 축은 핵개발로 전환되었다.

2002년부터 시작된 김정일 중반기 시대의 외교는 핵위기 외교를 중심으로 전개되었다고 해도 과언이 아니다. 제2차 핵외교 시기는 북한 "선군외교"가 본격적으로 발전해간 시기이기도 하다. 선군외교는 서훈의 정리에 따르

5 이 위기 과정에 대해서는 후나바시 요이치(2007), 김근식(2011: 147~148) 참조.

면, 악명 유지 전략, 모호성 유지 전략, 그리고 벼랑끝 대응과 위기관리 능력을 그 내용으로 한다(서훈, 2008, 특히 제6장 참조). 김정일 시대 선군외교는 북한 정권의 안보 확보를 최우선의 목표로 놓고, 북한 자신들이 지닌 체제적인 장점과 미국의 약점을 결합한 비대칭적 수단의 개발, 북한의 지정학적 이점의 활용, 북한 지도부의 적절한 전략구사능력, 중국 활용전략 등을 결합하여 결국은 핵무장화의 단계로 진전시켰다.

북한은 핵개발을 시인한 이후, 중국의 중재를 받아들여 기존의 3자 혹은 4자회담 체제를 포기하고 러시아를 회원으로 추가하는 조건으로 6자회담이라는 새로운 다자협의체를 받아들였다. 북한은 러시아와는 전통적인 우호협력관계를 유지하기 위해 줄곧 노력했다. 러시아에서는 2000년 7월 푸틴 대통령이 방북했고, 김정일은 2001년 7월, 2002년 8월 러시아를 방문한 바 있다. 당시 북한이 6자회담에 동의한 것은 미국과의 관계를 파국으로 끌고 가지 않기 위한 고육책이기도 했다. 북한의 비핵화를 중재할 6자회담은 2003년부터 2007년까지 여섯 차례 개최되었다.

북한의 전략은 북미 간의 일괄타결 방식을 제안하고, 동시행동 원칙에 따라 단계별 이행을 추진하는 것이었다. 미국이 북한의 요구를 무시하거나 타협안을 제시하지 않고 강경책을 구사하는 경우, 상황을 더욱 악화시키는 압박전략을 구사했다.

김근식에 의하면 이 기간 북미는 상호 간의 불신과 적대의식을 증폭시키고, 군사적 관점에서 서로를 단순화하여 바라보는 "거울영상효과mirror-image effect"를 더욱 강화시켰다(김근식, 2011: 제5장). 그간 북한외교는 2005년 북핵 폐기에 합의한 9·19공동성명, 그 구체적인 이행 계획을 담은 2007년 2·13합의에 도달하기는 했으나 결국 이는 지켜지지 못했다. 9·19공동성명 직후 나온 미국 재무부의 방코델타 은행에 대한 자금 동결 조치, 핵동결검증을 둘러싼 마찰 등으로 북핵 협상은 파국으로 치달았다.

결국, 북핵문제는 해결책을 찾지 못하고, 2006년 10월 북한은 제1차 핵실험을 단행했다. 그리고 2009년 5월에는 두 번째의 핵실험을 강행했다. 북한은 2009년 제2차 핵실험을 전후하여 비핵화 정책 포기를 공개적으로 선언했으며, 관련된 정책 논리도 그에 부합되게 수정했다. 이후 북한은 일관되게 핵능력 및 탄도미사일 능력을 증가시키는 정책을 추진했다. 미국 오바마 대통령의 관계개선 제의를 거절하는 한편, "이제까지의 핵정책 재검토", "평화협정 체결과 핵보유국으로서 북미관계 정상화", "핵 군축" 등을 요구했다. 2009년 4월 북한의 미사일 발사를 규탄하는 유엔 안전보장이사회 의장성명이 발표되자 북한은 이를 빌미로 6자회담 불참을 선언하면서 6자회담은 지금까지 공전되고 있다.

북한의 일본 및 EU와의 관계는 핵·미사일 위기와 더불어 악화되었다. 일본인 납치문제는 북한의 대일 접근을 저해하는 요인이었으며, 북한의 인권문제는 EU와의 관계 진전을 저해했다. 북한은 핵위기의 와중에 국제적인 고립을 탈피하기 위한 수단으로서 비동맹운동, 아세안지역안보포럼(ARF) 등에는 적극 참여하고, 제3세계국가들에 대한 초청·방문외교를 지속하면서 국제적 지지 및 지원 확보를 도모했지만 그 성과는 미진한 것이었다.

김정일 말년 시기의 외교는 북중관계에 집중하고 있는데, 이는 김정은 후계자 추진외교와 깊은 관련이 있다. 김정은을 후계자로 내부적으로 결정하고 준비 작업에 들어간 시기는 대체로 2007년부터로 추정된다. 이 기간 동안 김정일 체제는 불안정성과 불확실성이 동시에 공존하는 북한이 나아가야 할 방향을 찾는 데, 그리고 김정일 정권과 세습에 대한 정통성을 세우는 데 열중했다. 김정일 총비서가 2008년 8월 뇌졸중으로 쓰러진 것으로 알려진 이후, 북한은 김정은 후계구도 구축을 위해 속도를 내기 시작한 것으로 보인다. 북한 김정일 위원장은 2006년 방중 이후 한동안 뜸했던 중국을 2011년 12월 17일 사망하기 직전 시기인 2010년 5월 3~7일간 4년 만에 방문했고, 다시 방중한 지 4개월도 안 된 8월 26일 4박 5일의 일정으로 방문했다. 그리고 사망한 해인 2011년 5월과 8월에도 방중을 단행했다. 김정일의 방중에 대한 다양한 설명이 존재하겠지만, 가장 중요한 것은 김정은 후계체제를 구축하고 중국의 지지를 획득하기 위한 김정일의 지난한 노력의 일환으로 볼 수 있다. 김정일은 사망한 해인 2011년 8월 러시아도 방문해 후계구도에 대한 러시아의 지지를 받아내고자 했다.

북한이 2009년 5월 제2차 핵실험을 단행한 이후 당시 북중 간의 관계는 역설적으로 더 호전된 것으로 알려져 있다. 당시 중국은 북한이 핵무기를 단기간에 포기할 개연성이 적어짐에 따라 북한문제와 북핵문제를 분리하여 처리한다는 방침을 정하고 북한에 대해 유연한 접근전략을 더 강화했다. 이에 따라 2009년 10월 중국의 총리 원자바오溫家寶가 북한을 방문했고, 그 이후 북중 사이에는 다양한 경제협력 논의가 진행되었다. 그러나 실제 북중관계가 표면상 드러난 것처럼 그리 우호적인 것은 아니었다. 중국은 북한이 요구한 현금성 경협자금의 제공과 북한군 현대화 지원요구를 지속적으로 거부했다.[6] 동시에 북한에 대한 경제협력 역시 상호 간의 시장경제 원칙과 공영의 입장에서 진행한다는 방침을 세우고 과거와 같이 일방적인 정치적 지원은 하지 않겠다는 입장을 분명히 했다.

특히 후진타오는 2010년 3월 천안함 사태로 한반도의 전쟁 위험이 고조

6 2010년 5월 북중 정상회담 당시 김정일이 요구한 내용은 대략 최신형 전폭기 30대, 300억 달러 수준의 경협, 매년 50만 톤 지원하는 원유를 100만 톤으로 확대 지원, 여기에다 100만 톤 상당의 식량 지원을 먼저 해달라는 것으로 알려졌다. http://www.polinews.co.kr/news/article.html?no=79995(검색일: 2013.9.12)

된 위기상황에서 북한 김정은 총비서가 5월 방중을 했을 때, 5개 항의 합의 사항을 요구했다. 그중 주목할 만한 것은 내정에 대한 전략적 소통을 하기로 한 합의였다. 중국 대외정책의 주요 원칙이 내정불간섭인 것을 감안하면 중국의 이러한 요구는 대단히 의외의 일이었으며, 주체사상을 정권의 정당성 기조로 여기는 북한의 입장에서는 대단히 굴욕적인 요구였다고 할 수 있다. 북한의 김정일이 그럼에도 불구하고 이를 수락한 것은 김정은 후계체제 구축을 위한 중국의 지지를 획득하기 위해 상당한 대가를 치른 것이라 할 수 있다. 북중 간 전략적 소통에 대한 합의에 입각하여 2011년 6월 리위안차오李源潮 정치국원의 방북 시, 북한의 노동당과 중국의 공산당 사이에 필요에 따라 "북 노동당-중 공산당 전략대화"를 갖기로 합의했고 평양에서 제1차 전략대화를 개최했다. 이러한 합의에 근거하여 북중은 북한의 위성발사 실패 직후인 2012년 4월 21일 북경에서 전략대화를 개최했다. 북한 김정일은 중국 측과 대화의 기회가 있을 때마다 중국의 입장을 반영해 한반도 비핵화가 김일성의 유훈이며, 북한은 한반도 비핵화를 분명한 목표로 하고 있다는 입장을 지속적으로 천명했다. 김정일의 외교는 어떤 형태로든 불안정한 한반도 안보정세 속에서 북중 간의 관계를 잘 관리하면서 중국을 끌어안고 가야겠다는 의지를 지속적으로 보였다.

중국 측은 2011년 12월 19일 북한 김정일 위원장의 사망소식이 알려진 이후, 정치국 상무위원회 9인의 모든 구성원이 조의를 표하면서 최대한의 예를 갖추었다. 동시에 새로운 북한 정권의 불안정성을 방지하기 위해 가장 먼저 19일 자 조문에서 김정은 조선노동당 중앙군사위원회 부위원장을 차기 지도자로서 인정하는 문구를 포함시켜, 북한의 새로운 정권에 대한 지지를 표명했다. 또한 중국의 관영 매체인 ≪환구시보環球時報≫는 사망이 알려진 직후인 20일 사설에서 "중국이 과도기의 북한에 믿을 만한 지지 국가가 되어야 하며 외풍을 막아줘야 한다"고까지 주장하고 나섰다. 중국에서는 또한 19일 장즈쥔張志軍 외교부 부부장이 주중 미국, 한국, 일본, 러시아 대사를 불러들여, 북한의 안정을 해치는 어떠한 조치도 취하지 말아줄 것을 요구했다. 이는 한편으로는 중국의 북한 관련 위기관리 준비체제가 작동한 것으로 볼 수도 있으나, 동시에 김정일 총비서 사후 북한 김정은 체제의 조기 정착과 북한 정권의 안위를 위해 안배한 대중외교가 성과를 거두었다고 평가할 수 있을 것이다.

3. 김정은 시대의 외교(2012~)

고슴도치 외교 전략

김정은 체제가 들어선 지 이미 6년여의 시간이 흘러가고 있다. 그간 김정은 외교는 정권의 공고화와 핵무장이라는 두 가지 목표를 위해 봉사했다고 할 수 있다. 보다 세분해서는, 김정은 정권 수립시기인 2012년 새 정권 안정화 외교단계, 2013년 제3차 핵실험 이후 위기 극대화 외교단계, 2013년 5월 최룡해 방중을 계기로 시작된 유연한 외교단계, 2016년 1월 제4차 핵실험 이후 핵무장을 공고화하기 위한 고슴도치식 외교단계로 크게 대별할 수 있다.

김정은은 핵무장 및 핵무기 보유를 헌법에 규정하여, 핵무장이 북한 정권의 정당성과 영속성을 담보하는 핵심요소라는 것을 분명히 했다. 이미 2009년 제2차 핵실험을 전후로 설정된 핵무장 방침을 지속적으로 추진하면서 대내정치, 경제정책, 대남정책을 재정립하고자 했다. 핵무장 노력을 통해 대내정치의 정당성을 담보하면서, 핵보유에 맞춰 보다 대담하게 군사체계를 개편하고, 통일을 추진하기 위한 통일전쟁론을 제기했다. 그리고 핵무기의 실전화를 위해 경량화, 다종화, 소형화, 표준화를 추진했다.

김정은 정권의 북한은 그간 선군외교의 성과를 극대화했던 전략적 모호성을 포기하는 대신 핵무장을 정책의 최우선 순위로 놓고, 외교는 이러한 목표의 하위단위로 자리매김하게 했다. 북한은 현재 미국은 물론이고 중국 등 주변 강대국과의 마찰도 불사하면서 독자적인 계획에 따라 핵무장을 추진하고 있으며, 미국을 포함한 국제사회에 핵보유 군사강국임을 인정하는 전제 위에서 새로운 관계를 설정하자고 요구하고 있다. 그에 기반하여 북한은 자신에게 유리한 일방적인 협상조건을 제시하면서 상대방의 반응을 실험하거나 유인하는 외교를 하고 있다.

1) 김정은 시대 새로운 대외정책의 모색

새로이 출범한 김정은 정권은 2012년 신년공동사설에서 군대를 중심으로 한 선군체제를 더 강화할 것을 표명했다. 김정은 체제는 우선 국내 권력을 공고히 하기 위해 군부와 당의 권력 재편을 본격적으로 시행했다. 2012년 7월 15일 그간 김정은의 군사적 멘토 역할을 하던 총참모장 이영호를 전격 교체하면서 군부 고위 장령들을 점차 교체하고 있다.

다음으로 김정은은 위성발사와 핵실험을 통해 자신의 지도력과 역량을 대내외에 과시하고자 했다. 북한은 핵·미사일 실험 중지와 식량지원 및 관계 개선을 교환하기로 미국과 합의(2.29)했음에도 불구하고, 김일성 탄생 100주년 기념일 직전인 2012년 4월 13일 광명성 3호 위성발사를 단행했다. 실패로 끝나기는 했지만 이는 '북한은 탄도미사일 기술을 이용한 발사를 해서는 안 된다'는 2009년 유엔결의 1874를 명백히 위반한 것이었다. 미국은 물론 일본, 러시아, 중국 등 국제사회가 다 반대했음에도 단행한 것이다. 특히 중국은 이전에는 북한에 평화적 우주공간 이용권리가 있다는 입장이었으나, 이 시점부터 UN결의 위반으로 반대한다는 입장을 분명히 했다. 중국의 시진핑 신임 당총서기는 신지도체제 출범(2012년 11월 제18차 당대회) 이후 정치국원인 리젠궈李建國 전인대 상무위 부위원장(부총리급)을 11월 29~30일간 대북 특사로 파견하여 김정은이 위성발사를 포기할 것을 종용했다. 그러나 김정은은 중국의 특사 귀환 다음날인 12월 1일, 북한의 장거리로켓 은하 3호의 재발사(10~22일 사이)를 공표했다. 이상과 같은 김정은의 태도는 본인이 중국에 대해서도 자주적인 입장을 견지할 것임을 분명히 한 것이었다.

김정은의 예상보다 빠른 권력 장악 현상과 대내 경제정책의 변화 조짐은 그간 선군외교로 특징지어지는 대외정책의 변화가능성에 대한 기대도 동시에 불러일으켰다. 실제로 2012년 북한의 외교는 주요 국가들과 전방위적인 관계개선에 나섰다. 북한식 외교의 세계화가 시작되고 있다고 해석할 수 있을 정도였다. 주변 4강과 접촉 및 관계증진 노력은 물론 국제적인 고립을 탈피하기 위해 동남아시아 외교를 크게 강화했고, 동시에 다양한 국제기구와의 협력 등 국제사회와의 접촉을 강화했다. 아울러 대아프리카 외교 역시 진전시켰다.

김정일의 사망에도 불구하고 북한은 2011년 10월 태국에서 개최된 북미회담에서 합의한 북한 내 미군 유해 발굴 작업을 계속 추진하기로 하여 2012년 네 차례에 걸쳐 이를 진행했다. 동시에 2월에는 중국 베이징에서 미국 글렌 데이비스Glen Davis 6자회담 대표와 북한의 김계관 제1부외상이 제3차 북미고위급 회담을 개최했고 북한은 3월 1일 자 ≪조선신보≫에서 외무성 대변인의 말을 인용하여 북미 간에 신뢰조성을 위한 조치들을 동시에 취하기로 합의했다고 보도했다.

3월에는 이용호 외무성 부상을 미국 시라큐스 대학에서 개최한 안보토론회에 파견했고, 김정은의 의지임을 밝히면서 미국에 연락사무소 설치를 제안했다. 또 3월 30일 리근 외무성 미주국장은 독일 베를린에 가서 미국 측 대표와 양국의 관심사를 논의했다. 북한은 동시에 민간 교류도 추진하여 북한의 태권도 대표단이 미국을 방문하고, 미국의 친선 농구단이 북한을 방문하도록 했다. 미국의 민간인 20여 명을 초청하여 북한의 산업시설을 시찰하게 하기도 했다. 이처럼 북한은 2012년 미국과의 접촉을 다방면으로 강화하면서 미국과의 관계증진을 시도한 것으로 보인다.

중국과는 김정은의 방중문제로 일정 정도 긴장을 유지하면서도 경제협력, 관광, 국경보안 등의 영역에서 눈부신 협력증진을 가져왔다. 2012년 3월 북한 외무부상 이용호는 중국을 방문했고, 중국 측에서는 7월 중국 대외연락부장 왕자루이王家瑞가 방북하여 김정은을 면담했다. 8월에는 김정은의 후견인으로 알려진 장성택 당 행정부장이 중국을 방문하여 후진타오 주석 및 원자바오 총리와 회담을 했다. 11월에는 중국 공산당 정치국원이자 전인대 부위원장인 리젠궈李建國가 방북하여 김정은에게 중국 공산당 제18차 당대회의 결과를 설명했다.

북한 김정은은 집권하자마자 일본과의 관계를 개선하려는 의지 역시 보여주었다. 일본이 2월 조총련계에 대한 압수수색을 했고, 3월에는 대북제재 연장방침을 정했음에도 불구하고, 북한은 일본과의 공식·비공식 접촉을 강화했다. 김일성 생일에 60여 명의 일본 정치인 및 민간단체 인사들을 초청했고, 납북자 문제와 관련한 비공식회담, 일본인 유족의 북한 성묘 허용, 성묘를 위한 직항 허용 등 전향적인 조치를 취했다. 특히 북일 간 2002년 9월 17일에 합의했던 평양선언을 논의하기 위해 국장급 회담을 추진했고, 실제 2012년 기간 동안 두 차례의 회담을 개최했다. 이때 북한과 일본은 향후에도 정부 간 국장급 협상기제를 지속할 것을 합의한 것으로 보인다.

북한은 러시아와도 경제협력을 중심으로 교류를 강화했다. 그중에서도 가장 주목할 만한 일은 북한이 구소련에 지고 있던 110억 달러에 달하는 채무를 탕감하는 데 북한과 러시아가 2012년 합의한 사실이다. 이로써 그간 북러 간 경제협력에 가장 큰 장애를 형성한 요인이 사라짐으로써 향후 협력이 크게 활성화될 기반을 마련했다. 그리고 러시아와 북한의 외무성은 2013~2014년 교류계획서에 합의했고, 2014~2016년 북러 경제공동위원회를 개최했다.

북한은 김영남 최고인민회의 상임위원장이 2012년 5월 싱가포르와 인도네시아, 김영일 당 국제비서가 6월 캄보디아, 라오스, 베트남, 미얀마를 방문하는 등 동남아 지역에 대한 외교를 강화했다. 7월에는 다시 김완수 최고인민회의 부의장이 베트남과 라오스를 방문했고, 박의춘 북한 외무상이 아세안안보지역포럼에 참석하여 캄보디아, 중국, 베트남, 싱가포르 외무상들과 만났다. 그리고 김영남 상임위원장은 다시 8월에 베트남과 라오스를 방문했고, 9월에는 말레이시아와 협력 강화에 합의했으며, 북한의 군사대표단이 인도네시아를 방문했다. 아울러 필리핀과는 2013년 2월 이후 북한 관광을 시작하기로 합의했다. 이처럼 북한은 동남아시아와의 관계 증진을 위해 상당한 노력을 기울였다.

그 밖에도 북한의 외교는 UN, 세계식량계획(WFP) 및 서구의 다양한 NGO 기구들과 접촉을 강화하면서 필요한 협력과 지원을 얻고, 나이지리아, 피지, 이집트, 쿠바, 쿠웨이트 등 다양한 국가들과 교류와 협력을 강화하는 조치를 취했다. 캐나다, 스위스 등에도 자본주의 경영 수업을 위한 교육지원을 받도록 하는 조치를 취했다.

2) 북한의 제3차 핵실험 이후 고립돌파 외교와 병진 노선의 채택

북한 김정은 정권 초기의 활발한 외교활동은 실제 김정은 정권의 안정성을 대내외에 공표하는 수단으로 활용되었다. 보다 다면적이고 유연한 대외정책의 채택을 통해 경제발전을 도모하려는 입장 역시 지니고 있었던 것으로 보인다. 그러나 이러한 계획은 지난 김정일 시기부터 지속적으로 추진해온 핵과 미사일 개발 계획과 상호 충돌하는 안이었다. 북한의 연이은 위성발사는 국제사회의 반대와 제재국면을 강화했다. 유엔 안전보장이사회는 북한의 12월 위성발사에 대해 2013년 1월 22일 대북제재 결의안 2087호를 만장일치로 채택했다. 안보리는 기존 결의 1718호(2006년)와 1874호(2009년)를 위반한 북한의 로켓 발사를 규탄하면서 탄도미사일 기술을 이용한 추가 발사와 관련 활동을 전면 중단하고 로켓 발사 모라토리엄에 관한 과거 약속을 재확립할 것을 요구했다. 후속조치로 북한에 대한 제재대상(기관, 개인)을 확대하고 핵·미사일 개발 관련 통제대상품목을 대폭 확대하며 현금·금융거래를 포함하여 북한 금융기관과 관련한 모든 활동에 대한 감시강화를 촉구했다.

김정은 체제의 북한은 이에 대해 강하게 반발했다. 대북제재 결의안이 채택된 지 2시간 만에 외무성 명의의 성명을 내고 한반도 비핵화 노력의 종말을 선언했다. 북한은 2013년 1월 23일 〈조선중앙통신〉을 통해 "미국의 가중되는 대조선 적대시정책으로 6자회담, 9·19공동성명은 사멸되고 조선반도 비핵화는 종말을 고했다. 앞으로 조선반도 지역의 평화와 안정을 보장하기 위한 대화는 있어도 조선반도 비핵화를 논의하는 대화는 없을 것이다. 미국의 제재압박책동에 대처해 핵억제력을 포함한 자위적인 군사력을 질량적으로 확대 강화하는 임의의 물리적 대응조치들을 취하게 될 것"이라고 밝혀 제3차 핵실험을 예고했다.

북한은 2006년 7월 대포동 2호 발사, 2009년 4월 은하 2호의 발사 이후 단기간 내에 핵실험을 단행한 바 있다. 이는 핵무기 능력과 대륙간 탄도탄 능력을 결합시켜야 미국에 가장 강력한 위협이 될 수 있고, 외교적인 카드로서도 유용하기 때문이다. 또 핵무기의 소형화 및 우라늄탄 핵기술의 제고를 위해서라도 핵실험을 단행해야 할 기술적 필요성도 존재했다. 어찌되었든, 북한은 유엔 제재결의에 강력히 반발하면서 한반도 정세를 일촉즉발의 위기상황으로 이끌어갔다.

북한은 미국과 중국 등의 강력한 반대에도 불구하고 유엔 제재를 빌미로 결국 2013년 2월 12일 핵실험을 단행했다. 북한 당국은 〈조선중앙통신〉 보도를 통해 제3차 핵실험 성공 사실을 공식 발표했다. 이 통신은 "이전과 달리 폭발력이 크면서 소형화, 경량화된 원자탄을 사용해 높은 수준에서 안전하고 완벽하게 진행된 이번 핵실험은 주위생태환경에 그 어떤 부정적 영향도 주지 않았다는 것이 확인되었다"라고 밝혔다. 이는 중국 시진핑이 3월 초 전국인민대표대회를 통해 새로운 국가 주석으로 취임하기 직전이었다.

북한은 2월 12일 제3차 핵실험 직후 미국이 적대적으로 정세를 복잡하게 하면 2, 3차 대응조치를 취할 것이라고 위협했다. 또한 3월 5일에는 최고사령부 대변인 성명으로 정전협정의 백지화와 키리졸브 등 한미합동훈련에 맞선 '강력하고 실제적인 2차, 3차 대응조치'를 경고했다. 유엔의 제재결의에 대응하는 군사적 조치가 이어질 것임을 경고한 것이다. 북한 노동당 기관지 ≪노동신문≫은 더 나아가 3월 6일 자 1면 기사에서 미국이 핵무기를 휘두르면 핵타격 수단으로 서울뿐만 아니라 워싱턴까지 불바다로 만들겠다고 위협하기도 했다. 북한 외무성 대변인은 3월 7일 유엔 안보리의 대북제재결의를 앞두고 '핵선제 공격권'을 행사할 것이라며 '제2의 조선전쟁'을 언급하며 압박을 더 강화했다.

북한은 핵문제와 관련하여 공세적 수사를 강화하면서도 동시에 2013년 3월 조선 노동당 중앙위원회 전원회의에서 경제건설과 핵무력을 병진시키는 노선의 채택을 대내외에 공식화했다. 북한은 핵무장으로 자위의 능력을 갖추는 것과 동시에 인민경제를 발전시키기 위해 더 많은 노력을 기울이겠다는 것이다. 이는 2013년 3월 북한의 제3차 핵실험으로 한반도는 물론 동북아 지역에 다시 긴장과 갈등이 크게 고조되는 가운데, 북한이 선군정책과 핵개발 우선주의에서 벗어나 북한 정권의 궁극적인 안정에 필요한 경제발전을 동시에 병행하여 추진하겠다는 의지를 드러낸 것이었다.[7]

북한이 한반도 긴장을 고조시키는 전략의 이면에는 미국은 물론이고 중국에 대한 압박의 측면도 분명히 존재했다. 후진타오 시기 발전도상국이었던 중국은 경제발전에 집중하기 위해서 주변지역, 특히 한반도 지역에서의 안정을 대한반도 정책의 최우선 순위로 설정했다. 북한은 그간 중국의 이러한 방침에 가장 강력한 비용을 안겨줄 수 있는 국가라는 것을 증명해보임으로써 대중국 레버리지를 극대화하고 양보를 이끌어내는 벼랑끝전술을 채택하고는 했다. 2009년의 제2차 북핵 실험이나 2010년 천안함 사건 및 2011년 연평도 사태가 그 중요한 예이다. 특히 미국의 대북 입장이 강경하거나 북한을 무시할 때, 중국이 북한의 이해에 긍정적인 역할을 담당해주기를 기대했다.

시진핑 시기 중국의 외교정책은 북한의 이러한 기대와는 거리가 먼 것이었다. 북한의 긴장고조 전략에 대해 중국은 전례 없이 북한에 대한 반감과 대응방침을 노골적으로 드러냈다. 중국은 민간차원에서 반북 항의나 시위를 허용했고, 인터넷이나 사회인터넷망(SNS)에서 대북 반감이 고조되는 것을 방치했다. 과거에 북중 간에 관계가 악화되었을 때, 간혹 학계나 싱크탱크의 인사들을 통해 간접적으로 대북 경고를 한 적은 있으나 민간 차원에서 대북 반감을 노골적으로 드러내도록 허용한 예는 없었다. 더구나 흥미로운 것은 소위

7 북한의 병진노선은 새로운 것은 아니었다. 1962년 노동당 중앙위원회 회의에서 최초로 제안되었고, 1966년에 공식적인 정책으로 채택되어 북한의 주요 정책방향이 되었다. 이는 1990년대 초 동구 사회주의 몰락과 안보 위기 속에 중단되었다.

말하는 북한의 지정학적 중요성이나 "순망치한" 류의 사고를 강조하는 "전통적 지정학"파의 주요 담지자인 중국 군부인사들까지 나서서 노골적으로 북한을 비난하기 시작한 것이다. 특히 인민해방군 퇴역소장인 뤄웬羅援 장군은 2013년 5월 다롄에서 개최된 한중 민간전략대화에서 시진핑 시기 대북정책의 우선순위가 바뀌어 비핵화를 가장 우선시하면서 전쟁방지, 혼란방지 순으로 제시했다. 중국은 이후 북한 금융기관들의 불법적인 중국 내 활동 억제, 국경지대 검역 강화 등을 조치하기 시작했다.

김정은은 북한외교의 최후 보루일 수 있는 중국과의 관계를 복원하기 위한 노력을 시도했다. 4월 24일 〈조선중앙통신〉은 김정은이 한국전쟁에 참전한 인민군 열사묘를 새로이 성대하고 화려하게 짓도록 하게 했다고 보도했다. 5월 22~25일간에는 정치국 상무위원인 최룡해 인민군 총정치국장이 중국을 방문하여 시진핑 주석과 면담했다. 그 이후 북한은 6월 17일 김계관 외무성 제1부상을 다시 방중시켜 당국 간 전략대화를 개최하게 했다. 북중 간에는 2011년의 후진타오와 김정일의 합의로 당 대 당의 전략대화가 이미 두 차례 개최된 바 있었다. 그간 북중관계의 특수성은 당 대 당의 특별한 연대와 우호에 기초했다. 그러나 중국은 당국 간 전략대화를 주장함으로써 북중관계를 정상적인 국가 간의 관계로 다루어 나가겠다는 의지를 분명히 했다. 중국은 이전과 달리 북중관계를 정례적인 국가 간의 교류처럼 공개적으로 다루었다. 그리고 이 과정을 통해 북한이 비핵화에 보다 전향적인 조치들을 취하도록 압박을 가했다. 북한으로서는 중국이 과거와는 전혀 다른 차원의 대북정책 의지를 지니고 있다는 점을 확인한 것이었다. 중국 왕이王毅 외교부장은 또한 7월 1일 브루나이에서 개최한 아세안지역안보포럼에서 북한의 박의춘 외상과 만나 중국의 한반도 비핵화 원칙은 변하지 않는 입장임을 분명히 하고 북한도 이에 전향적인 입장을 밝힐 것을 압박했다.

북한은 미국과도 뉴욕 등의 공식 및 비공식 채널을 통해 접촉했으며 이 과정에서 미국의 입장이 대단히 강경하다는 것을 확인했다. 일본과도 접촉을 시도했다. 5월에 일본과 납북자문제를 매개로 이지마 이사오飯島勳 내각참여를 방북하게 하여 외교적 공간을 확보하려 했다. 그러나 미국의 입장이 강경한 상황에서 일본 단독으로 북한을 경제적으로 지원할 수는 없다는 것이 명백해졌다. 북한은 다시 7월 5일에 김계관을 러시아에 파견하여 활발한 고립탈피 외교를 전개했다. 러시아 측 역시 김계관에게 6자회담 복귀와 한반도 비핵화에 대해 북한이 전향적인 조치를 취하라는 압박을 가한 것으로 보인다. 북한은 이후 한국에 대해서도 대화의 제스처를 강하게 내보였다.

이러한 국제사회의 비판과 제재에도 불구하고 김정은의 북한은 이 시점에 이미 핵개발을 가속화하기로 결정한 것으로 보인다. 그러나 대외적으로는 유화정책의 태도를 표방했다. 북한외교가 핵과 경제발전 병진노선을 추진하고자 국제사회로부터 경제적 지원을 이끌어내기 위한 공세적 매력정책을 추진하고 있는 것처럼 보였다. 심지어 평화를 바란다면 전쟁을 준비하자고 했던 최룡해조차도 "우리 인민은 전쟁을 바라지 않으며 동족 상쟁을 피하고 조국을 자주적으로, 평화적으로 통일할 것을 바라고 있다"는 유화적인 발언을 하기까지 했다.

그러나 2013년 말 장성택의 숙청은 대외적으로 북한을 더욱 고립시켰다. 장성택의 숙청으로 가장 직간접적 영향을 받은 것은 북중관계였다. 장성택은 북중 경협을 지휘한 인물로 알려져 있고 또 상대적으로 합리적인 경제개혁의 지지자로 인식되어 있었기 때문이다. 이 숙청으로 인해 북한에 대한 중국의 우려와 불신감은 더욱 커지게 되었다. 국제사회 역시 북한에 대한 인식이 크게 악화되었다.

2014년 들어 김정은은 국제 고립을 만회하기 위한 노력을 강화했다. 신년사에서 "올해가 김일성 주석이 조국통일과 관련한 역사적 문건에 생애의 마지막 친필을 남기신 20돐"이라고 언급하여, 남북정상회담과 북중정상회담을 추진할 의지를 드러냈다. 서해 인근에서 대남 비방과 삐라 살포를 중단하고 고위급 접촉에 나서는 등 남북관계 개선을 위한 보다 적극적인 노력을 전개하기도 했다. 2~4월까지 지속되는 한미군사훈련에도 불구하고 2월 20~24일 동안에는 남북 이산가족 상봉을 성사시켰다. 이는 지난 2013년 동 기간의 대남태도와는 확연히 달라진 것이라 할 수 있다. 1월 16일 북한은 북한주재 외교관들을 마식령 스키장에 초대하여, 시설들을 보여주면서 홍보했다. 1월 말에는 베트남에서 일본의 국장급과 다시 북일 간의 접촉을 시작하면서 납북자 문제 해결 및 북일관계 개선을 타진했다. 대외적으로 지재룡 주중 북한대사가 기자회견에 나서는가 하면, 현학봉 영국대사는 1월 30일 스카이TV와 일대일 인터뷰를 했다. 비록 북한 선수단이 참가하지는 못했지만 명목상 국가원수인 김영남 최고인민회의 상임위원장은 2월 개최된 러시아 소치올림픽 개막식에 참석하여 푸틴 대통령의 체면을 살려주었다. 북일 간 국장급 회의도 세 차례나 개최되었다. 10월에는 김영남 최고위원회의 상임위원장이 아프리카 국가들을 순방했다.

북한의 이러한 적극적인 대외 유화정책은 2015년에도 계속되었다. 4월에 북한은 아시아·아프리카 정상회의에 참석했고, 일본에 대해서는 5월 스웨덴에서 납북자 문제 해결을 위한 '특별조사위원회' 설립을 제안했으며 일본으로부터 일부 대북제재조치 해제를 이끌어냈다. 6월에는 북한 유럽연합 간의 국장급 정치대화를 평양에서 개최했다. 북한 노동당 대표단(단장은 강석주 당비서)은 6월 쿠바를 방문했고, 상호 간에 답방이 이어졌다. 9월에는 독일, 벨기에, 스위스, 이탈리아 역시 방문하여 유럽연합과의 관계개선을 시도했다. 또한 최룡해 노동당 비서를 9월 초 중국 전승절 기념행사에 참석하게 했고, 10

월에는 북한 당창건 70주년 행사에 류윈산劉雲山 중국 공산당 정치국 상무위원을 초청했다. 이렇게 북한은 지속적으로 제3세계 비동맹국가들과도 외교를 강화하려 노력했다.

주목할 것은 북한이 2014~2015년 동안 국제사회에서 고립을 탈피하기 위한 외교적 노력을 강화하면서도 핵개발을 계속 가속해왔다는 점이다. 이는 북한 모란봉 악단이 북경을 친선 방문하고 있던 12월 10일에 김정은이 북한이 수소탄을 보유하고 있다고 공개발언을 하면서 명백해졌다. 이 발언은 당시 북중관계 개선을 위해 북한이 당분간 추가적인 도발을 하지 않을 것으로 예상했던 중국 측을 크게 당혹스럽게 만들었다. 북한은 결국 국제사회의 반대를 무시하고 북핵 실험을 단행(2016.1.6)했고, 중국 외교부 한반도 판공실 우다웨이 주임이 방북(2016.2.2)한 당일 '광명성 4호' 위성으로 명명한 장거리 미사일 실험계획을 공표하고 결국 이를 단행(2016.2.7)했다.

3) 북한의 제4차 핵실험과 고슴도치 전략의 전개

북한의 제4차 핵실험은 국제사회에 그야말로 커다란 충격을 안겨주었다. 북한은 이제 어떠한 국제사회의 압력에 상관없이 핵무장의 길을 가속화해갈 것임을 명백히 한 것이다. 미국은 물론 중국 및 다른 국가들도 북한의 핵무장이 더 이상 협상을 위한 카드가 아니며, 핵무장의 순간이 예상보다 더 가까워지고 있다는 것을 분명하게 인식하게 되었다. 북한은 2016년 이후 중장거리 탄도미사일 실험을 본격적으로 실시했다. 2016년에 8차례의 미사일 발사 실험이 있었고, 이 중 오직 한 번만 성공했다. 그러나 2017년 들어서서 이미 9월 15일을 기준으로 15차례에 달하는 미사일 발사실험을 통해, 태평양 상의 미군기지는 물론이고 미국 본토를 타격할 수 있는 능력에 도달하는 시간이 얼마

남지 않았다는 점을 증명했다.

북한은 2016년 1월에 이어 9월에 다시 제5차 핵실험을 단행했고, 그로부터 1년 후인 2017년 9월 3일 수소탄 실험이라 명명한 실험을 성공시켰다. 북한의 이러한 도발은 국제사회로부터 광범위한 비판을 받았고 유엔의 제재를 강화시켰다. 2016년 북한의 제4, 5차 핵실험이후 유엔 대북제재 결의 2270호와 2321호가 채택되었으며, 중국 역시 이를 이전보다 적극적인 태도로 찬성했다. 그리고 북한의 장거리 탄도미사일 실험과 제6차 핵실험 결과 다시 유엔 대북제재 결의안 2371호(2017.8.5)과 2375호(2017.9.12)가 채택되었다. 이 제재들은 북한 정권의 주요 수입원이자 대외무역의 주요 영역인 석탄, 철광석, 희토류, 수산물, 석유 수입 등에 대해 광범위하게 적용되고 있으며 점차 그 강도를 더해가고 있다. 중국 역시 대북 유엔 제재 결의안에 적극 동참할 것임을 천명하고 있어, 향후 국민총생산(GDP)액의 48% 수준에 다다른 북한 대외무역(2015년 기준)에 커다란 타격을 입힐 것으로 보인다.

국제사회의 이러한 제재에도 불구하고 북한은 여전히 핵무기 개발을 추진하고 있다. 2017년 9월 7일 개최된 노동당 제7기 2차 전원회의에서 김정은은 핵-경제 건설 병진노선의 지속적인 추진과 자력갱생을 통한 제재의 극복을 강조했다. 국제적 제재와 고립에도 불구하고 핵무장을 지속 추진하겠다는 의지를 분명히 한 것이다. 북한은 핵무기를 탑재하여 태평양 상의 주요 미군 군사시설과 미국 본토를 공격할 수 있는 역량을 갖추고 있다는 점을 조속히 증명하려 하고 있다. 아마도 수년 내에 이러한 역량이 존재한다는 것을 보여주려 최대한의 노력을 다할 것으로 예상된다. 북한의 이러한 핵개발이 더 이상 '내부결속용'이나 '체제보장용'으로 설명할 수 없다는 것이 분명해졌다. 우선 핵무장을 통해 군사력의 압도적인 우위를 구축하고, 이를 바탕으로 외교력 열세를 보강해나가면서 결국 대남 우위를 점하겠다는 복안이다. 이는 북한이 2013년부터 구체화하기 시작한 '통일대전' 계획과 맞물려 한국에 대단한 위협을 안겨주고 있다. 향후 북한은 인도나 파키스탄과 같이 국제사회로부터 '핵 강국'의 지위를 인정받는 데 외교적 목표를 집중하고, 전략적으로 '지속가능한 대남 우위'와 '한반도 상황의 주도권 확보'를 추진해나갈 것으로 보인다. 다만, 그러한 역량을 갖추기까지는 여전히 많은 난관들이 존재할 것이다. 북한 역시 강화되는 국제제재, 경제적 역량의 한계, 시장경제의 강화와 개방 등으로 인한 내부 구조에 상당한 취약점을 안고 있기 때문이다.

4. 김정은식 병진노선 외교의 미래

김정은 시기 북한은 김정일 시대에 공언한 강성대국의 문을 열지는 못했지만, 핵을 보유함으로써 강국의 길로 접어들었다고 믿고 있다. 적어도 강대국들의 군사개입 위협으로부터는 벗어났다고 보는 것이다. 북한은 향후 보다 강하게 압박을 전개할 미국과 중국을 동시에 상대해야 한다. 북한은 핵무기를 쉽사리 포기하려 하지 않을 것이다. 핵무장은 주변 강대국들을 불신하고 자주적인 역량을 중시하는 북한이 국제무대의 중요한 변수로서 남기 위해 반드시 필요하기 때문이다. 동시에 북한은 핵무기가 정권 생존의 보루라고 믿고 있으며 미국과 중국도 이를 잘 이해하고 있다.

또 하나 고려할 점은 김정은이 핵무장을 완성한 이후 새로운 돌파구로서 협상을 염두에 두고 있을 것이라는 점이다. 이는 핵-경제 건설 병진 정책을 추진하기 위해서는 필수불가결하다. 북한외교가 그간 보여준 실용주의적 측면, 당면한 경제적 어려움, 국제적인 고립으로 인해 북한은 현재의 노선을 장기간 고수할 수는 없을 것이다. 그렇지 않다면 북한은 스스로의 무게를 감당하지 못해 오히려 내적인 불안정이 촉발될 것이다.

북한의 대외정책을 이해하는 데 주의할 점은 북한의 외교가 국가로서 북한의 생존보다 김정은 개인의 정치적 생존이 우선시되는 도구라는 점이다. 북한은 외부에서 어떠한 경제적 지원을 약속한다고 할지라도 이를 정권의 생존 여부와 우선적으로 결부하여 판단할 것이다. 기존의 6자회담에서 미국이 핵 프로그램 포기를 대가로 하는 경제지원을 지속적으로 제시해왔는데도 북한은 기아에 허덕이는 주민을 아랑곳하지 않고 핵개발을 지속해왔다. 사실 미국은 북핵 위기에도 불구하고 2002년 이후 상당한 규모의 물자를 북한에 지원해왔다. 그럼에도 불구하고 미국의 경제지원 카드가 북핵문제 해결에 큰 영향을 주지 못한 이유는 경제난 극복보다 김정일·김정은의 정치적 생존을 우선시하는 구조 때문이다. 이는 결국 북한이 정권 생존의 담보인 핵무기를 포기할 개연성은 거의 존재하지 않는다는 것을 의미한다. 또한 최고지도부에 대한 공격에 대해서는 상당한 대가를 치르더라도 반드시 도전적인 응징을 하겠다는 의지가 강하다. 즉, 협상의 전제는 김정은 정권의 생존을 어떻게 담보해주느냐가 될 것이다.

만약 미국이나 한국의 강압coercion이 가해질 경우 북한은 이 위협이 우선 북한의 안보에 대한 위협인가 아니면 김정은 정권의 생존에 대한 위협인가로 구분할 것이다. 김정은에 대한 비난이나 정권의 생존에 영향을 줄 만한 사안으로 인식할 경우 협상의 진전 상황에 관계없이 가장 호전적인 반응을 보일 것이다. 이는 절대 권력자에 대한 과잉충성이나 전체주의적 속성이 반영된 것으로 볼 수도 있지만, 북한의 이해에 대한 인식구조에서 최우선시되는 김정은의 생존과 결부된 사안에 대한 반응으로 파악해야 할 것이다.

북한이 현재 김정은 시대에 추진하고 있는 선군을 넘어선 병진노선 외교가 과연 성공할 수 있을지에 대한 국내의 평가는 대체로 부정적이다. 서훈의 정리에 따르면, 우선 북한 선군외교는 약소국으로서 피포위의식에 기반하면서 절대적인 자주성을 추구하고 있다. 그러나 이러한 절대적인 자주성은 실제 강대국도 추구하기 어려운 전략이다. 둘째, 주변국에 안보딜레마를 유발하여 의도하지 않았던 군비경쟁을 촉발시킨다는 것이다. 그 결과 주변국의 대응수단도 강화하고 또 기존의 우호적인 국가들조차 북한의 이러한 행태에 대해 비우호적으로 전환하고 있다. 시진핑 시기 중국의 외교가 그 한 예이다. 세 번째, 핵확산의 가능성이 더 커지면서 한국과 일본의 핵무장을 차단하기 위한 미국의 균형자적 역할이 더 강화된다는 것이다. 이는 중국이 바라지 않는 옵션이다. 마지막으로, 선군외교는 갈등 중심의 외교전략인데, 이는 주변국과 협력의 가능성을 차단하면서 궁극적으로는 오히려 주변국으로부터 포위당할 위험에 노출된다는 것이다. 선군외교하에 북한은 마치 "죄수의 선택" 게임에서 최선 혹은 최악이라는 극단적인 선택을 하려는 죄수와 유사한 행태를 보이는 것이다. 이것이 중국을 포함한 주변국들이 북한의 급변사태에 대해 우려하는 연유이기도 하다.

김정은 체제하에서 병진노선 외교는 이러한 선군외교의 함정을 피하려 노력하고 있는 것으로 평가된다. 다만, 분명한 것은 한국은 물론이고 주변 강대국들이 북한이 원하는 게임을 할 수 있도록 용인하지는 않을 것이라는 점이다. 결과적으로 김정일 시대의 선군외교가 안고 있었던 문제점으로 다시 귀결될 수밖에 없을 것으로 보인다. 정권의 공고화와 안정성 유지가 더 급한 김정은 외교가 남북 상생을 추구할 공간을 가질 개연성은 아직 그리 많아 보이지 않는다. 따라서 북한의 이러한 선택은 남북관계가 당분간 상호 위험하고 비용이 많이 드는 동시에 결코 상생을 추구할 수 없는 게임 상황에서 헤어 나오지 못할 개연성이 크다는 것을 말해준다. 북한의 입장에서 한국은 동급의 협상대상도 아니며, 실제 한국이 제공할 당근에 대해서 기대를 가지고 있지 않다.

그럼에도 불구하고 결국 한반도 긴장 상황을 해결할 과제는 한국 정부에게 넘겨진다. 우선은 한국 스스로의 안보와 생존성을 확보하기 위해 북한의 비대칭적 위협에 맞설 안보역량을 시급히 확충할 필요가 있다. 미중이 이에 협력을 해주지 않는다면 최종 종착역은 동북아 지역에서의 핵확산으로 귀결될 것이다. 동시에 한국은 미국과 중국이 다 같이 협력을 유지하면서 북한의 비핵화를 추진하는 것이 동북아 안정을 유지할 수 있을 뿐만 아니라 남북한이 모두 상생할 수 있는 전략적 비전이라는 것을 설득할 수 있어야 한다. 그러기 위해서는 미국은 물론 중국과도 눈높이를 맞추면서 공동의 비전과 전략을 개발해나가는 대북 외교를 수행해야 한다. 현 단계에서 북한을 움직이기 위해서는 중국의 역할이 대단히 중요하고, 중국의 대북정책의 변화를 담보하는 데는 미국의 역할이 가장 중요하며, 미국의 북핵 관련 정책 형성에 한국의 주도적인 역할은 필수적인 것으로 보인다.

다음과 같이 제안한다. 한국은 미·중과 더불어 대북정책에서 하루빨리 차이점에 대한 식별보다는 대북제재에 대한 국제 공조 유지 등과 같은 공통의 이해에 대해 공감대를 우선적으로 확인할 필요가 있다. 이를 바탕으로 차이점들의 간극을 좁히는 보다 솔직하고 구체적인 대북정책을 공동으로 추진할 수 있어야 한다. 다음으로, 북한의 붕괴를 기다리거나 급변사태를 촉진하는 방향은 한국을 포함한 그 어느 강대국도 현실적으로 감내할 수 있는 상황이 아니다. 오히려 한반도 안정을 위해 필요한 대전제에 합의하고 상호 간 신뢰를 구축하는 작업이 긴요하다. 이것이 한·미·중 전략대화의 전제가 되어야 한다. 셋째, 한·미·중은 이러한 합의를 바탕으로 북한의 핵·미사일 개발 중지 선언, 동결과 검증, 비핵화에 이르는 '행동 vs. 행동'의 과정을 설정하고, 비평화적 도발에 대해서는 공동으로 대처하는 데 합의해야 한다. 넷째, 북한이 그 과정에서 시장 개혁과 개방정책을 채택할 수 있도록 유도하는 조치를 협력적으로 취해야 한다. 다섯째, 한국은 이 과정에서 북한과도 끊임없이 대화의 계기를 만들어내면서 공존의 원칙에 합의하고, 공동 번영하면서, 남북 간에 자연스러운 희망과 합의를 담아 평화적으로 통일이 이뤄질 수 있는 환경을 조성해가는 노력이 필요하다. 이 길만이 한반도가 강대국 외교의 장으로 전락하고 분단이 지속되는 상황을 막으면서 보다 자주적인 통일을 이뤄내는 첩경이다.

참고문헌

김계동. 2012. 『북한의 외교정책과 대외관계』. 서울: 명인문화사, 7~20쪽.

김근식. 2011. 『대북포용정책의 진화를 위하여』. 서울: 한울. 147~148쪽.

김태운. 2006. 『북한의 한반도 주변 대4강 외교정책에 대한 이해』 서울: 한국학술정보(주). 36~39쪽.

박재규. 1997. 『북한의 신외교와 생존전략』. 서울: 나남.

서훈. 2008. 『북한의 선군외교』. 서울: 명인문화사.

우승지. 2014. 「북한외교에서 리듬 읽기」. ≪한국정치학회 소식≫, 제38권 1호, 34~35쪽.

이종석. 2000. 『북한-중국 관계: 1945~2000』. 서울: 중심, 209~215쪽.

후나바시 요이치(船橋洋一). 2007. 『김정일 최후의 도박』. 서울: 중앙일보 시사미디어.

12

김정은 정권 등장 이후 남북관계

서보혁
서울대학교 통일평화연구원 HK연구교수

이 글은 2010년 정부(교육과학기술부)의 재원으로 한국연구재단의 지원을 받아 수행된 연구이다.
(NRF-2010-361-A00017)

1. 서론

21세기 문턱에 들어섰을 때 한반도는 화해와 평화의 길을 걸어갔다. 새천년의 희망이 한반도에도 비추는 듯했다. 남북한은 분단 이후 처음으로 두 차례의 정상회담(2000.6.15, 2007.10.4)을 가지며 적대와 대결의 남북관계를 화해와 협력의 길로 전환시켜 신뢰를 쌓아갔다. 또 미국과 북한의 적대관계와 북한의 핵개발 문제는 부침이 없지 않았지만 6자회담의 틀 안팎에서 논의되어갔다. 특히, 2005년 6자회담 3단계 회의 결과인 9·19공동성명과 이후 일련의 상황 진전은 한반도 비핵화와 북미·북일관계 정상화, 그리고 한반도 평화체제의 길을 닦아가는 것처럼 보였다. 북한을 '악의 축'으로 지칭하고 김정일 국방위원장을 비난하던 부시George W. Bush 미국 대통령이 김 위원장과 한국전쟁의 완전한 종식을 선언할 용의가 있다고 말하기도 했다.

그러나 60년을 넘은 분단·정전체제는 견고했다. 2008년 남한에서 이명박 정부가 들어서면서 남북한 관계와 6자회담의 진로는 180도 바뀌지기 시작했다. 그 이전 일부 진전이 있었던 비핵화 프로세스도 중단되었다. 북한이 완전한 비핵화의 길을 걸어왔는지 묻는 것은 미국의 대북 적대정책이 관계정상화 길로 전환되었는지 하는 질문과 묶어서 파악할 문제이다. 이명박 정부가 내놓은 새로운 대북정책, 곧 '비핵·개방·3천'은 기존의 비핵화 프로세스를 부정할 뿐만 아니라 발전해가던 남북관계를 악화시키는 방향으로 틀어버렸다. 거기에 2011년 12월 17일 김정일 사망으로 들어선 김정은 정권은 남북관계와 한반도 안보 상황을 새로운 국면으로 바꾸기 시작했다. 김정은 정권의 고립주의, 군사주의 노선은 남북관계를 더욱 경색시켰고 북핵문제를 비롯한 한반도 안보 정세를 급격히 악화시켜 나갔다.

이 장에서는 김정은 정권 등장 이후 남북관계(2012~2017)의 전개과정을 두 시기로 나누어 살펴보고 향후 남북대화 가능성을 전망하고 있다. 두 시기는 이명박·박근혜 정부 시기와 문재인 정부 등장 초기를 말한다. 각 시기의 남북관계 분석은 남한의 대북정책과 북한의 대북정책을 살펴본 뒤 실제 나타난 남북관계 양상을 평가하는 식으로 이루어질 것이다. 그럼으로써 두 시기 남북관계의 특징을 생각할 단서를 찾아볼 수 있을 것이다. 향후 남북관계를 전망함에 있어서는 현 남북한 정권의 정책 성향과 행태도 고려하겠지만, 북한의 핵·미사일 고도화와 국제사회의 제재가 빚어내는 안보 변수도 주요 고려사항이다. 그런 가운데 문재인 정부의 대북정책방향과 선택지를 전망해볼 것이다.

2. 박근혜 정부 시기

상호대결

1) 박근혜 정부의 대북정책

김정은이 북한의 새 권력자로 등장하는 2012년은 이명박 정부 마지막 해였다. 2008년 2월 시작한 이명박 정부는 '비핵·개방·3천'으로 알려진 대북정책으로 인해 출발부터 북한과 관계를 맺지 못했다. 또 2010년 잇달아 발생한 천안함 사태와 연평도 포격전으로 남북관계는 급속히 얼어갔다. 결국 이명박 정부 시기 남북관계는 그 이전 김대중, 노무현 정부 때 닦아놓은 화해와 협력의 관계에서 불신과 대결의 관계로 악화되었다. 김정일 국방위원장이 사망한 이후 2012년은 북한에서 새로운 최고지도자 김정은으로 권력이 승계된 시간이었다. 동시에 북한은 핵·미사일 능력 고도화 노력을 중단 없이 추진해나갔다. 북한이 제3차 핵실험을 감행한 시점(2013.2.12)은 박근혜 대통령의 취임 직전이었다.

박근혜 정부는 남북관계를 개선시키겠다고 천명했다. 박근혜 정부는 남북관계 정상화를 주요 국정과제로 설정하면서 그 실천방법으로 '한반도 신뢰프로세스'를 제시했다. 정부는 남북관계 발전을 위해서는 신뢰가 가장 중요하다고 판단하고, 서로 대화하고 약속을 지키며 호혜적으로 교류·협력하는 것을 그 구체적 방안으로 제시했다. 신뢰는 남북관계 발전과 한반도 평화정착, 통일기반 구축을 가능케 하는 동시에 국민적 지지와 국제사회와의 협력하에 대북·외교정책을 강력하게 추진할 수 있는 사회적 자본이라고 할 수 있다. 물론 '한반도 신뢰프로세스'는 남북 간 신뢰만이 아니라 국민적 신뢰, 국제사회와의 신뢰를 포괄하지만 관건은 남북 간 신뢰이다. 당시 정부는 신뢰프로세스는 튼튼한 안보를 바탕으로 남북 간에 신뢰를 형성함으로써 남북관

그림 12-1 **한반도 신뢰프로세스 개념도**

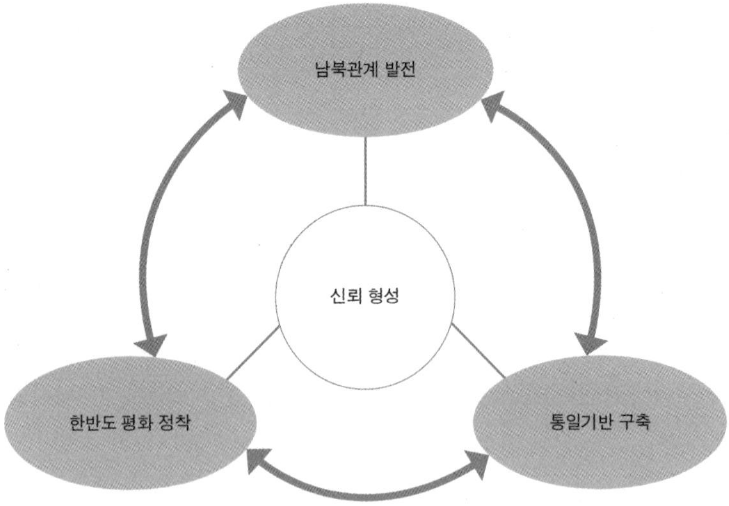

계를 발전시키고, 한반도에 평화를 정착시키며, 나아가서 통일기반을 구축하려는 정책이라 말했다(그림 12-1).

박근혜 정부의 대북정책은 위 목표를 달성하기 위해 △ 균형 있는 접근, △ 진화하는 대북정책, △ 국제협력 등 세 가지 원칙을 제시했다. 여기서 '균형 있는 접근'은 안보와 교류·협력, 남북관계와 국제공조의 균형을 말하고, '진화하는 대북정책'은 한반도 안보환경의 변화와 기존 대북정책의 한계를 고려하여 대북정책을 새롭게 발전시켜 나갈 필요를 반영한 것이다.

박근혜 정부는 한반도 신뢰프로세스를 추진함에서 △ 튼튼한 안보에 기초, △ 합의 이행을 통한 신뢰 쌓기, △ 북한의 올바른 선택 유도, △ 국민적 신뢰와 국제사회의 신뢰에 기반을 둔 정책추진 등을 정책기조로 삼았으며 이를 바탕으로 다음과 같은 정책과제를 제시하고 있다. 첫째가 신뢰형성을 통한 남북관계 정상화이다. 이를 구현하기 위해 인도적 문제의 지속적 해결, 상시적 대화채널 구축과 합의정신 실천, 호혜적 교류협력의 심화·확대, '비전 코리아 프로젝트' 등을 제시했다. 둘째, 한반도의 지속가능한 평화를 구축하기 위해 확고한 안보태세 완비, 북핵문제 해결 노력, 비무장지대(DMZ) 세계평화공원 조성, 정치적·군사적 신뢰구축 등을 추진해나갈 것이라고 밝혔다. 셋째는 통일 인프라를 강화하기 위해 '민족공동체 통일방안'의 발전적 계승, 국민과 함께 하는 통일 추진, 북한 주민의 삶의 질 개선 추구를 제시하고 있다. 넷째로는 한반도 평화통일과 동북아 평화협력의 선순환 모색이다. 한반도 평화통일과 동북아 평화협력의 선순환을 위해 통일에 대한 국제사회의 지지를 확대하고, 동북아의 평화와 발전 추구를 통해 궁극적으로 북한문제 해결에 기여하면서 북방 3각협력 등을 추진해나갈 것이라고 공약했다.

박근혜 정부의 대북정책방향은 기존 대북 포용정책과 압박정책을 넘어서려는 노력이 엿보이지만, 북한과의 신뢰 형성을 통한 남북관계 개선에는 실패했다. 거기에는 장거리미사일 발사, 제3차 핵실험 등 북한의 잇단 도발에 따라 한국이 국제사회의 대북제재에 동참하는 불가피한 현실이 작용했다. 하지만 박근혜 정부 스스로 공약한 신뢰프로세스를 가동시킬 정책 환경을 조성하려는 적극적인 노력이 부족했던 것도 사실이다.

2) 김정은 정권의 대남정책

냉전 해체 이후 북한은 체제 안전에 대한 위협인식이 극도로 높아졌다. 북한은 이를 극복하기 위해 대내적으로 경제재건 및 대중통제, 대외적으로는 한편으로 대화전술을 펴면서도 지속적인 핵·미사일 능력 고도화 조치를 전개해왔다. 그런 북한의 정책은 통일과 같은 현상타파보다는 생존에 우선순위를 두는 현상유지의 성격이 짙어 보였다. 그러나 북한은 조지 W. 부시 정부 등장 이후 일련의 안보환경 변화에 대응하여 핵개발을 적극 추진하기 시작했다. 이는 북한이 사상강국〉 군사강국〉 경제강국의 순서로 스스로 제시한 '강성대국' 건설을 완성해나갈 것임을 암시하는 것이었다. 그런 점에서 제3차 핵실험을 전후로 한 북한의 대남 메시지에는 비장함이 묻어 있었다.

2013년 벽두에 김정은 노동당 제1비서는 신년사를 통해 통일문제를 북한 체제 내부의 통합으로 인식하는 면을 보여주었다. 북한 관영언론인 〈조선중앙통신〉이 보도한 김정은의 신년사에서 그런 점을 볼 수 있다. 그리고 김정은은 북핵문제로 긴장된 한반도 상황을 염두에 두고 남한에 정책 전환을 요구하면서 민족대단결을 앞세웠다.

김정은이 제시한 남한의 대북정책 전환, 곧 남북관계 개선의 징표는 기존 합의의 존중에 그치지 않고 이행을 강조했다. 그리고 한미동맹관계를 비롯한 대북제재에 나서는 한국과 국제사회의 공조에 대해 '우리 민족끼리' 논리를 내세워 중단할 것을 요구했다. 김정은은 2013년 신년사에서 이렇게 말한다.

> 북남공동선언을 존중하고 리행하는 것은 북남관계를 전진시키고 통일을 앞당기기 위한 근본전제입니다. 북과 남, 해외의 온 겨레는 새 세기 민족공동의 통일대강이며 평화번영의 리정표인 6·15공동선언과 10·4선언을 철저히 리행하기 위한 투쟁을 적극 벌려나가야 할 것입니다. 조국통일문제는 우리 민족끼리 힘을 합쳐 자주적으로 풀어나가야 합니다. …… 전체 조선민족은 외세의 지배와 간섭, 침략과 전쟁책동을 단호히 반대배격하며 조국통일을 방해하는 그 어떤 행위도 절대로 허용하지 말아야 합니다.

북한은 핵개발을 공공연하게 전개해갔다. 북한의 핵개발은 6자회담에서 채택된 국제 합의는 물론 1991년 12월 말 남북이 합의한 '한반도 비핵화 공동선언'을 무시한 처사이기도 하다. 제3차 핵실험 이후 북한은 새로운 국가발전 전략을 확정하며 '강성대국' 완성에 대한 기대를 숨기지 않았다. 2013년 3월 31일 조선노동당 중앙위원회 전원회의에서 김정은 노동당 제1비서는 '경제건설과 핵무력건설 병진노선'을 제시했다. 북한 관영언론은 병진노선이 "경제강국 건설에서 보다 큰 비약과 혁신을 일으켜 나갈 수 있는 불멸의 대강"을 마련했다고 의의를 부여했다. 북한은 병진노선이 국방비를 추가적으로 늘리지 않고도 전쟁억제력과 방위력의 효과를 결정적으로 높임으로써 경제건설과 인민생활 향상에 힘을 집중할 수 있게 한다고 선전했다.[1] 북한의 이런 신발전전략은 핵억제력 확보라는 새로운 조건하에서 추진되는 것으로서 대외정책이 △ 핵무기에 의한 외부 위협 억제, △ 핵보유국 지위의 기정사실화, △

1 〈조선중앙통신〉, 2013.3.31.

경제교류 확대의 방향으로 전개될 것임을 시사하고 있다.

김정은 정권이 계속해서 집요하게 전개하는 핵·미사일 능력의 고도화가 남북관계에 어떤 의미를 던져주는가? 그에 앞서 김정은 정권은 박근혜 정부와 남북관계 개선에 나설 의지가 있는가?

2013년 1월 1일, 김정은 노동당 제1비서가 발표한 신년사는 김일성 주석 이후 19년 만에 나타난 최고지도자 개인의 연설이었다. 그는 남북관계에 대해 "중요한 문제는 북과 남 사이의 대결상태를 해소하는 것"이고, "지나온 북남관계가 보여주는 바와 같이 동족대결로 초래될 것은 전쟁뿐"이라고 강변했다. 김정은은 '우리 민족끼리' 남북합의 이행을 강조했지만, 이 언사를 보면 대단히 공격적인 면을 읽을 수 있다. 북한 정권은 핵개발을 계속할 명분과 시간이 필요했을 뿐 남한과 대화할 의지가 얼마나 있었는지 의심하지 않을 수 없다. 김정은이 위 신년사를 읽어나갈 때 핵개발 인력들은 다음달 단행할 핵실험을 준비하고 있었다. 이후 김정은 정권은 2016년 제4차(2016.1.6), 제5차(2016.9.9), 2017년 제6차(2017.9.3) 핵실험을, 그리고 그 전후로 일련의 탄도미사일 발사시험을 단행했다. 이렇게 북한의 핵·미사일 능력 고도화 조치가 이어지는 가운데 긴장완화를 바탕으로 남북이 대화하고 관계를 개선할 길을 찾기는 어려웠다. 사실은 그런 북한의 핵·미사일 능력 고도화 조치 자체가 긴장완화, 분쟁의 평화적 해결, 그리고 한반도 비핵화 등 남북 간의 기존 합의를 명백히 위반한 처사이다.

2013년 이후에도 김정은은 매년 신년사를 통해 통일을 반복해서 내세웠다. 그러나 그 내용은 통일 원칙 중 특정한 것(자주)만 강조하면서 남북 합의 이행을 주장하거나(2014), "자주통일의 대통로"(2015), "전민족통일 대회합"(2017) 등 선전이나, "한미 침략전쟁연습" 중단(2016)과 같은 일방적인 주장을 내놓았다. 이런 김정은의 대남정책에 맞서 박근혜 정부는 원칙적으로 대화를 포기하지 않는다고 하면서도 "화전和戰 양면전술", "진정성에 의구심이 든다"는 식으로 경계와 대립의 시선을 감추지 않았다.

결국 김정은 정권이 집권 초기부터 추진한 병진노선하의 핵·미사일 능력의 고도화는 기존의 소극적인 체제생존에서 벗어나 남한과 새로운 형태의 체제경쟁을 전개하려는 적극적인 의미를 갖는다. 1980년대 말 냉전체제의 해체, 곧 공산권이 붕괴하는 때부터 김정일 사망까지 북한은 군사, 경제를 막론하고 대내외적으로 체제위협 상황에서 벗어나지 못했다. 그러나 '고난의 행군' 시기를 지나 핵능력을 높여가고, 결국 김정은으로 권력세습이 이루어지면서 북한은 자신감을 갖게 되었다. 핵능력의 발전을 한편으로 하고, 시장화, 자력갱생, 다양한 대외교역의 결과 나타난 경제 회복을 다른 한편으로 해서 북한은 남한에 취했던 협조적인 자세를 걷어냈다. 인도적 지원이나 경제협력을 얻어내기 위해 남한과 대화에 나서던 과거의 관행에서 벗어나 '공화국이 개발해낸 핵억제력으로 남조선 인민들도 안전하게 살 수 있게 되었다'는 고자세로 바뀐 것이다. 그런 태도 변화 과정에서 박근혜 정부 시기 남한에서 나온 흡수통일론은 김정은 정권이 남북관계 개선에 응하지 않고 무력증강에 박차를 가하는 명분만 제공한 셈이다.

3) 남북관계 양상

2012년 1월 당시 남북관계는 △ 당국 간 정례 회담 없음, △ 교역 중단, △ 제한적 대북 인도적 지원, △ 기약 없는 이산가족 상봉, △ 개성공단 가동, △ 북한 핵·미사일 고도화 대 대북제재 강화 등과 같은 상황에서 출발했다. 이때부터 2017년 3월 10일, 즉 박근혜 대통령 탄핵까지 남북관계의 전개과정과 그 결과에 대한 평가는 위 출발점을 고려할 필요가 있다.[2]

먼저, 이명박 정부 이후 남북 당국대화는 정치군사, 경제, 사회문화 분야를 막론하고 이전 정부에 비해 급격히 줄어들었다. 노무현 정부 시기인 2003~2007년 남북대화 개최 건수는 5년간 총 171건인 반면, 이명박 정부 시기인 2008~2012년 남북대화는 총 21건에 불과하다. 2011~2012년에는 대화의 문이 닫혔다. 박근혜 정부 들어서도 남북대화는 37건에 머물렀고 2016~2017년 3월까지는 한 번도 만나지 못했다.

당국회담에서 가장 아쉬운 것은 박근혜 정부 첫해인 2013년 6월에 있었던 남북당국회담 개최 준비를 위한 실무접촉이 수석대표의 '격' 문제로 본 회담으로 이어지지 못한 것이다. 남한 정부는 기존 남북회담의 "잘못된 관행"을 언급하면서 통일부 장관에 맞서는 북한 측 대표가 노동당 통일전선부장이 되어야 한다고 주장했다. 이는 남북한 체제의 차이와 기존 회담의 관행에 비추어볼 때 불필요한 지적이었다.

이 시기 남북 당국회담이 제대로(?) 한번 열린 적이 있다. 2015년 8월 4일 군사분계선 일대에서 목함지뢰 폭발사건이 일어난 것을 계기로 상호 비방 및 준전시상태 돌입 등 위험한 상황까지 치달은 후 남북은 2+2 형식의 고위급회담을 가졌다. 남한의 김관진 청와대 국가안보실장, 홍용표 통일부 장관과 북한의 황병서 인민군 총정치국장, 김양건 노동당 비서는 8월 22일 밤부터 25일 새벽까지 무박 4일의 마라톤 회담을 가졌다. 회담 결과 양측은 남북 당국회담 개최, 확성기 방송 중단(남한), 준전시상태 해제(북한) 등 6개 항을 담은 '남북 공동 보도문'을 발표했다. 이어 그해 하반기 남북은 차관급 당국회담과 이산가족상봉을 가졌다. 그러나 그것이 전부였다. 다시 남북한은 "대화 거부하면 파멸과 죽음 뿐"(북한), "8·25합의 되새기고 핵개발·대남도발 중단하라"(남

2 이하 남북관계 실태는 참여연대(2017), 서보혁(2013)을 바탕으로 수정 보완한 것이다.

한)고 하며 대결국면을 이어갔다.

둘째, 남북경제협력은 5·24 대북제재 조치의 지속과 북한 핵실험에 대한 추가 대북제재 등으로 위축상태를 벗어나지 못했다. 통계는 천안함 사건이 발생한 2010년을 정점으로 개성공단을 제외한 일반교역, 위탁가공, 비상업

5·24조치 2010년 3월 26일 발생한 천안함 침몰사건을 북한의 소행으로 규정한 정부는 5월 24일 5대 남북교류협력 중단조치(5·24조치)를 발표했다. 북한 선박의 우리 해역 운행 불허, 남북교역 중단, 방북 불허, 북한에 대한 신규투자 불허, 취약계층을 제외한 대북지원사업 보류 등을 포함하고 있다. 그러나 북한은 천안함을 침몰시키지 않았다는 주장을 굽히지 않고 있고, 중국, 러시아 등 일부 주변국들도 한국 정부의 입장에 동의하지 않고 있어 제재의 타당성과 효과 양 측면에서 논란이 되어 왔다.

표 12-1 **유형별 남북 교역액 현황**

(단위: 100만 달러)

구분	남북교역 유형	'05	'06	'07	'08	'09	'10	'11	'12	'13	'14	'15	'16
반입	일반교역·위탁가공	320	441	646	624	499	334	4	1	1	0	0	-
	경제협력 (개성공단 등)	20	77	120	308	435	710	909	1,073	615	1,206	1,452	185
	비상업적 거래 (지원협력 등)	0	1	0	0	0	0	1	-	-	0	0	0
	반입 합계	340	520	765	932	934	1,044	914	1,074	615	1,206	1,452	186
반출	일반교역·위탁가공	99	116	146	184	167	101	-	-	-	0	-	-
	경제협력 (개성공단 등)	250	294	520	596	541	744	789	888	518	1,132	1,252	145
	비상업적 거래 (지원협력 등)	366	421	367	108	37	23	11	9	3	4	10	2
	반출 합계	715	830	1,033	888	745	868	800	897	521	1,136	1,262	147

자료: 통일부 홈페이지(검색: 2017.9.20).

적 거래에서 모두 교역액이 큰 폭으로 줄어들었음을 보여주고 있다(표 12-1).

개성공단사업은 이명박 정부가 5·24 대북제재 조치에도 불구하고 유일하게 이루어지던 경제협력의 상징이었다. 개성공단을 통한 교역은 남북관계의 위축에도 불구하고 늘어나고 있어 전체적인 남북교역 총액 규모를 완만하게 상승시켰다.

그러나 개성공단사업은 시범 규모를 벗어나지 못한 상태에서 2013년 일시 가동중지가 있었고 임금문제가 잠복해 있었다. 결국 2016년 1월 북한이 제4차 핵실험을 단행하자, 박근혜 대통령은 2월 10일 "우리가 지급한 달러 대부분이 핵과 미사일 개발을 책임지고 있는 노동당 지도부에 간 것으로 파악되고 있다"면서 개성공단을 전격 폐쇄했다. 그러나 뚜렷한 제재의 효과는 확인되지 않은 채 공단에 입주한 남측 기업만 고통을 받는 형국이 되었다. 공단 피해대책위는 폐쇄 1년 동안 입주 기업 123개 사의 상품, 원자재 등 유동자산 피해는 2400억 원, 기계설비와 건물 등 투자자산 피해규모는 6000억 원에 이를 것으로 추산했다. 당시 홍용표 통일부 장관은 개성공단으로 들어간 자금이 핵개발에 "얼마가 들어갔는지 확인할 수는 없다"라며 근거자료를 제시하지 못했다.

셋째, 인도주의 문제는 박근혜 정부의 대북정책의 신뢰성을 가늠하는 주요 분야였다. 박근혜 대통령은 대선후보 시절부터 "북한의 영유아·임산부 등 취약계층을 대상으로 하는 인도적 지원은 정치적 상황과 무관하게 지속적으로 추진해 나가겠다"고 밝혀왔기 때문이다. 그에 따라 박근혜 정부는 취약계층을 대상으로 하는 인도적 지원을 추진해 2015년 중반까지 총 176억 원 상당을 지원했고, 분배 투명성을 강화하기 위해 세 차례 민간단체의 모니터링 방북을 허용했다. 그러나 대북지원단체들은 정부의 그런 설명에 강하게 반발했다. 대북협력민간단체협의회(북민협)는 정부가 북한 어린이를 위한 기초식량

(밀가루, 옥수수, 분유) 지원과 개별단체들의 소규모 밀가루 지원을 막고 있다고 비판했다. 북민협은 북한 영유아에 대한 기초식량 지원은 "남북관계가 훨씬 더 냉랭했던 이명박 정부 때도 유지되었던 정책"으로서, 정부의 지원 중단 방침은 △ '한반도 신뢰프로세스'의 원칙을 포기하고, △ 인도적 지원문제에 대한 정치적 접근이자, △ '민간단체의 대북지원 품목 확대 방침'에 역행하는 처사라고 주장했다.

전체적으로 대북 인도적 지원은 민간지원을 모두 포함해도 이명박 정부 기간에 총 2574억 원으로 김대중, 노무현 정부 기간의 1년 평균액에 그친다. 박근혜 정부 4년간 지원액은 661억 원으로 이명박 정부의 1/4, 김대중, 노무현 정부 기간의 3개월 지원액에 불과하다.

이산가족 상봉은 2000년 이후 매년 2~3차례씩 정례적으로 이루어졌다. 노무현 정부 들어서는 화상상봉까지 추가하고 상시 상봉을 위해 금강산에 이산가족면회소도 착공했지만 무용지물이 되어버렸다. 이명박, 박근혜 정부 들어서는 일회성 상봉이 몇 번 있었을 뿐이다(표 12-2). 남북 간에 대화가 없는 상태에서 국군포로, 납북자 문제와 같은 인도적인 문제 해결도 같이 중단되었다. 이산가족문제는 생사·주소 확인, 서신·영상편지 교환, 상봉 정례화 등과 같은 해결 방안을 갖고 있지만, 남북 대결상태에서는 가장 먼저 희생되는 분야가 되어버렸다.

넷째, 박근혜 정부는 'DMZ 세계평화공원' 조성사업을 추진했다. 이 사업은 한반도 신뢰프로세스의 3대 추진과제 중 하나인 '한반도의 지속가능한 평화 추구'의 일환이었다. 정부는 DMZ 세계평화공원이 "남북과 국제사회가 참여하는 새로운 평화협력모델로 세계평화의 랜드마크Landmark가 될 것"이라고 장밋빛 청사진을 내보였다. 그러나 이 사업은 북한과 주한 유엔사령부의 협조 아래 DMZ 일대 지뢰제거가 선행되어야 했기 때문에 남북관계가 악화된

표 12-2 **이산가족 상봉 현황(당국 차원)**

2017년 8월 31일 현재

교류유형 / 연도	생사확인		서신교환		방남상봉		방북상봉		화상상봉	
	건	명	건	명	건	명	건	명	건	명
2000년	792	7,543	39	39	201	1,720	202	674		
2001년	744	2,670	623	623	100	899	100	343		
2002년	261	1,635	9	9			398	1,724		
2003년	963	7,091	8	8			598	2,691		
2004년	681	5,007					400	1,926		
2005년	962	6,957					397	1,811	199	1,323
2006년	1,069	8,314					594	2,683	80	553
2007년	1,196	9,121					388	1,741	278	1,872
2008년										
2009년	302	2,399					195	888		
2010년	302	2,176					191	886		
2011년										
2012년										
2013년	316	2,342								
2014년							170	813		
2015년	317	2155					186	972		
2016년										
2017년 8월										
합계	7,905	57,410	679	679	301	2,619	3,819	17,152	557	3,748

* 1985년 당국 간 생사확인과 상봉, 1990~1999년 민간 차원에서 생사확인, 상봉, 서신교환이 있었음.
** 자료: 통일부 홈페이지(검색: 2017.9.20).

상태에서 처음부터 무리였다.

남북은 2000년 6·15남북공동선언을 통해 남북 간에 적대와 대결이 아닌 화해와 협력을 추구할 것을 국제사회에 공약公約했다. 말로만 평화통일을 외치는 것이 아니라, 교류와 협력을 통해 신뢰를 회복하고 평화공존과 한반도 통일을 준비해나가자는 것이다. 이러한 역사적 전환은 2007년 10·4남북정상선언으로 이어졌다. 그러나 남북화해협력정책을 비판하는 이들은 이러한 시도들이 북한을 변화시키지 못했을 뿐만 아니라 북한의 핵무장과 독재정권 유

6·15남북공동선언 2000년 6월 15일 김대중 대통령과 김정일 국방위원장이 발표한 공동선언문. 선언문은 통일문제의 자주적 해결, 1국가 2체제 통일방안 협의, 이산가족문제의 조속한 해결, 경제협력을 비롯한 남북간 교류 활성화, 조속한 답방 등 5개 합의사항을 담고 있다.

10·4남북정상선언 2007년 10월 4일 노무현 대통령과 김정일 국방위원장이 발표한 '남북관계 발전과 평화번영을 위한 선언'. '6·15선언'의 계승구현(1항), 남북관계의 상호 존중과 신뢰구축(2항), 군사적 긴장관계의 완화(3항), 항구적 평화체제 구축(4항), 경제협력사업 확대발전(5항), 사회문화 분야의 교류와 협력발전(6항), 동포애에 따른 상부상조(7항), 이산가족의 상봉확대(8항) 등 8개 항으로 이루어져 있다.

지에 도움을 주는 것이라고 주장해왔다.

박근혜 정부가 밝힌 '신뢰프로세스'는 외양상 이명박 정부의 대북 압박정책과 달라 보였다. 그러나 그것은 구두선에 불과했고 오히려 북한 불신에 기초한 가짜 신뢰프로세스였으며, 최순실의 손길이 미친 '통일대박'론은 북한 붕괴론의 다른 표현에 불과했다. 이상 북한을 변화시키겠다는 명목으로 추진된 박근혜 정부의 다양한 접근은 그 효과에 의문만 커졌고 국가와 국민의 안위는 더욱 위중해졌다는 비판에 직면했다. 결과적으로 박근혜 정부 시기 남북관계는 '상호대결'로 요약할 수 있다.

3. 문재인 정부 시기

각자도생?

1) 문재인 정부의 대북정책

북한의 높아진 핵능력과 강경한 태도 때문에 그 대책을 둘러싸고 한국사회를 비롯해 미국, 중국, 일본을 비롯한 국제사회에서 다양한 의견이 일어나고 있다. 한국에서는 핵무장론과 북핵인정론, 미국에서는 대북 군사행동과 협상 등 다양한 주장이 제기되었다. 그런 가운데 문재인 정부는 포괄적인 대북정책 구상을 밝히고 주변국들의 협력을 구하고 있다. 그러나 북한과 주변국들의 반응은 아직 기대 이하다.

한미정상회담이 2017년 7월 1일 워싱턴에서 열리고 양국 정상의 기자회견 후 공동성명이 발표되었다. 대북정책에 한정해 살펴볼 때, 먼저 긍정적인 측면은 "한반도 비핵화라는 공동의 목표를 평화적인 방식으로 달성"하기 위해 공조하기로 합의하고, "한국과 미국이 대북 적대시 정책을 갖고 있지 않다"고 확인하며, "트럼프 대통령이 한반도의 평화 통일 환경을 조성하는 데 있어 대한민국의 주도적 역할을 지지"한 점이다. 이 세 가지 중대 사항은 김대중-클린턴 정부 시기 대북정책에 관한 한미 간 공유사항으로서 6·15남북정상회담과 북미 공동 코뮤니케 도출 등 남북관계를 전환하고 한반도 정세를 안정시키는 데 한미 동맹관계가 건설적으로 협력하게 한 동력이 되었다. 그러나 이런 합의에도 불구하고 2010년대 중반 이후 한반도 안보 상황과 관련국들의 관계는 당시보다 더욱 엄중하다.

반면, 위 한미정상회담 공동성명에는 남북관계 개선과 비핵화 외교를 추진하는 데 도전적인 측면도 존재한다. 공동성명에서 "양 정상은 북한의 핵·

탄도미사일 프로그램으로 인해 증대되고 있는 평화·안보에의 위협에 대응하기 위한 한미 동맹의 공약을 재확인하면서 …… 모든 국가 역량을 활용하여 확장억제력을 강화할 것을 지시하"고, "북한이 도발적 행위를 중단하고 진지하고 건설적인 대화의 장으로 복귀하도록 최대의 압박을 가해나가기 위해, 기존 제재를 충실히 이행하면서 새로운 조치들을 시행하기로" 한 점은 현 대결 국면을 대화 국면을 전환하는 데 장애를 초래할 수 있다. 또 "(한미) 양 정상은 제재가 외교의 수단이라는 점에 주목하면서, 올바른 여건하에서 북한과 대화의 문이 열려 있다는 점을 강조"한 점은 미국의 대북 압박 속에서 문재인 정부의 남북대화 의지를 담은 것이지만, 북한의 눈에는 "대화와 압박을 병행하면서 어떻게 신뢰를 조성하고 북남관계를 발전시켜나갈지 의심"[3]스럽게 보였다.

워싱턴에서 한미 "양 정상은 책임 규명 및 북한의 개탄할만한 인권 상황의 실질적 개선을 위해 국제사회와 협력하는 것이 중요하다는 것을 재확인하였"고, "3국(한미일) 안보 및 방위협력이 북한의 위협에 대응하여 억지력과 방위력을 증진시키는 데 기여하고 있음을 확인하였다". 북한 인권문제가 한미정상회담 공동성명에 오른 것은 이명박-부시 정상회담부터였는데, 이제 북한 인권은 북한핵과 함께 국제사회의 우려사안으로 부상했다. 이미 추진되고 있는 한미일 3국 간 군사협력이 처음으로 한미정상회담 공동성명에서 공식화된 점도 눈에 띄고, 이 역시 북한의 대남 압박의 소재로 활용될 공산이 크다.[4]

문재인 대통령은 이어 7월 6일 베를린에서 북한을 향해 공식 제안을 내놓았다. 한국 정부가 '신한반도 평화비전'이라 부르는 이 발표는 통일보다 평화

3 2017.7.1~2. 독일 라이프니치에서 만난 조선그리스도연맹 관계자들의 발언.
4 이 점은 한미 간 한국 내 사드 배치 결정과 함께 중국의 한국 견제 이유로 꼽을 수 있다.

를 우선에 놓고 있는데 비핵화와 평화공존·협력을 강조하고 있다. 비핵화와 관련해 문 대통령은 "한반도 비핵화를 위한 결단만이 북한의 안전을 보장하는 길"이라고 강조했다. 이는 핵개발이 체제안정을 보장하는 유력한 길이고 그런 점에서 비핵화 협상은 없다는 북한의 입장과 배치되는 지점이다. 그런 점을 의식한 듯 문 대통령은 "북한 핵의 완전한 폐기와 평화체제 구축, 북한의 안보·경제적 우려 해소, 북미관계 및 북일관계 개선 등 한반도와 동북아의 현안을 포괄적으로 해결해 나가겠다"라고 덧붙였다. 문 대통령은 북한을 흡수통일할 의사가 없음을 분명히 하며 '평화로운 한반도' 실현을 위한 다양한 교류협력사업을 제안하고 북한이 호응해올 것을 촉구했다. 한국 정부는 7월 17일, 문 대통령의 '신한반도 평화비전'을 구체화하는 후속조치로 이산가족 상봉을 위한 남북적십자회담과 군사분계선상 적대행위 중지를 위한 남북 군사당국회담을 북한에 제안했다. 두 사안은 문 대통령의 베를린 대북 제안에 포함된 사항으로서, 북한의 평창올림픽 참가를 포함해 우선 추진사항으로 제시된 것이다.

문 대통령은 8·15광복절 경축사를 통해서도 "한반도에서의 군사행동은 대한민국만이 결정할 수 있"다고 전제하고, 전쟁 불가, 북핵문제의 평화적 해결을 강조했다. 이 대목은 한국이 북한과 미국 양측에 그간의 대결자세를 자제하고 대화를 촉구하는 인상을 자아냈다. 문 대통령은 북한을 향해서 "흡수통일을 추구하지도 않겠다"는 입장과 경제협력과 인도적 협력 제안을 다시 밝혔다. 동시에 문 대통령은 북한이 핵·미사일을 고도화하는 상황에서는 "제재와 압박을 더욱 높여나가지 않을 수 없다"고 하면서 "즉각 도발을 중단하고 대화의 장으로 나"올 것을 거듭 촉구했다. 그러나 김정은 정권은 문재인 정부의 적극적인 대화·협력 제안을 무시하고 핵·미사일 고도화의 길로 달려갔다.

2) 김정은 정권의 대남정책

박근혜 대통령 탄핵을 요구하는 촛불시위가 이어지는 가운데 2017년 새해가 밝았다. 1월 1일 김정은 북한 국무위원장은 그런 틈을 타 "북남 당국을 포함하여 각 정당 단체들과 해·내외의 각 계층 동포들이 참가하는 전 민족적인 통일 대회합을 실현하여야" 한다고 말했다. '민족대단결' 논리를 앞세워 통일문제에서 북한의 주도성을 과시하려는 행태였다. 그것이 명분에 가깝다면 한미합동군사연습에 대한 경고는 실질적인 입장이었다. 김정은 위원장은 신년사에서 "북남관계를 개선하고 북과 남 사이 첨예한 군사적 충돌과 전쟁위험을 해소하기 위한 적극적인 대책을 세워나가야 한다"고 강조했다. 구체적으로 김 위원장은 남한 정부를 향해 "무턱대고 우리(북)의 자위적 행사들에 대해 걸고 들면서 정세를 격화시킬 것이 아니라 북남 간에 군사적 충돌을 방지하고 긴장상태를 완화하기 위한 우리의 진지한 노력에 화답해 나서야 한다"고 주장했다. 1월 12일, 북한 민족화해협의회(민화협)는 대변인 성명을 통해 김 위원장이 신년사에서 밝힌 남북관계 관련 입장을 지지하는 입장을 나타냈다. 이 성명은 남측 당국이 지금까지 매달려온 '반공화국대결정책'으로 북한의 제도가 전복되거나 체제가 변화된 것도 아니고 결과는 정반대라며 "낡은 대결관념에 종지부를 찍을 때가 되었다"라고 주장했다. 이런 입장은 탄핵 결과에 따라 들어설 신정부의 대북정책에 변화를 기대하는 의미로 읽히기도 했다.

박근혜 대통령 탄핵 이후 치뤄진 대통령 선거 결과에 따라 5월 10일 문재인 대통령이 취임했다. 문 대통령 취임 44일 만에 나온 북한의 입장은 문재인 정부를 압박하는 소재들을 종합한 것이었다. 북측 민화협은 6월 24일 발표한 '공개질문장'에서 외세공조 배격, 한미합동군사연습 중지, 남북대화에서 핵문제 배제, 중국식당을 집단탈출한 여종업원 송환 등 9개 사항을 일방적으로

내놓았다.[5]

그러나 실제에 있어 북한은 남북대화보다는 핵·미사일 고도화 프로그램을 일관되게 전개했다. 문재인 정부 등장을 전후로 북한은 탄도미사일 관련 시험발사의 빈도를 높여갔다. 북한 외무성 대변인은 7월 4일 단행한 '화성-14'형 발사시험이 성공했다고 주장하며 "미국의 대조선 적대시 정책과 핵위협이 근원적으로 청산되지 않는 한 북한은 어떤 경우에도 핵과 탄도로케트를 협상탁에 올려놓지 않을 것이다"라고 밝혔다. 북한은 핵문제란 북한과 미국 간 적대관계의 산물이라는 시각을 갖고 있어 핵문제는 남북대화의 의제가 될 수 없다는 입장이다. 핵·미사일 능력을 고도화하고 있는 김정은 정권 들어서 북한은 위와 같은 조건을 붙여 미국과의 협상에도 강경한 태도를 나타내고 있다. 또 미국의 대북제재에 남한이 공조할 경우 북한은 남북관계 개선에 나설 의향이 없다는 입장도 드러내고 있다.

김정은 정권의 일련의 안보정책은 핵·미사일 능력을 고도화시켜 미국으로부터 체제안전을 확고하게 보장받는 것을 핵심으로 한다. 이는 과거 한국과 미국 등이 경제 지원 및 협력으로 북한의 핵개발을 포기시키려던 기능주의적 접근이 더 이상 통하지 않게 되었다는 의미다. 문재인 정부 출범에 즈음한 2017년 5월 오슬로에서 열린 북미 간 1.5트랙 회의에서 북한 외무성 미주국장 최선희는 스스럼없이 북한을 "자랑스러운 핵국가proud nuclear state"라고 하면서 이는 "객관적인 사실"이라고 주장했다고 한다. 그리고 미국 측에 적대정책과 제재를 중단하고 평화협정을 체결하면 북한은 모든 핵·미사일 실험을 중단하겠다고 말했다고 한다(Jeong, 2017). 이는 과거 북한이 미국 등으로부터 경

5 나머지 5개 사항은 △ 삐라 살포 중지, △ 남북 군사적 충돌 위험 해소, △ 제재-대화 병행론 철회, △ 보수정권의 대북정책 청산, △ 민족대회합 개최 등이다.

제지원과 당국 간 대화에 응하며 비핵화에 응하던 때와 확연히 다른 입장으로서 핵능력 고도화를 반영한 고압적인 입장이다. 북한의 이런 입장은 핵·미사일 실험을 중단해야 대화에 나설 수 있다는 한미일 3국의 입장과 정반대다.

북한의 대미 우선접근 기조는 남한의 대북정책과 한국의 주도적 역할에 도전으로 다가온다. 북미 간 첨예 갈등과 한미 간 대북제재 동맹하에서 남북대화의 가능성은 시계視界 제로에 가깝다. 북핵문제 진전 없는 남북대화와 대북 지원은 한국과 미국 여론이 인정하기 어렵다. 제6차 핵실험 직후 문재인 대통령 스스로 "지금의 상황은 북한의 위험천만한 도발에 대해서 강력하게 규탄하고 압박해야 할 때이지 대화를 말할 때가 아니라고 생각한다"고 말했다. 현재 문재인 정부의 대북정책은 평화·안보 우선의 관점에서 압박 위주로 접근하고 있다. 그렇다면 남한이 화해·협력 우선의 관점에 서서 대화 위주의 접근을 할 수 있는 조건을 어떻게 마련하는가가 앞으로 과제로 남아 있다.

북한이 주도하는 것처럼 보이는 한반도 안보정세는 김정은 정권의 국가발전전략 목표가 통일인가, 아니면 분단체제의 장기화인가 하는 근본 질문을 던져주고 있다. 김정은은 평화적·비평화적 통일방도를 언급한 적 있지만, 핵보유국 지위와 '선군사상'의 헌법 명문화, 경제-핵 병진노선, '강성국가'의 완성 등과 같은 적극적인 대내정치를 전개해왔다. 이는 소극적인 대남정책과 대조를 이룬다. 문재인 정부 들어 북한의 그러한 자세에 변화가 있을지는 지속적인 핵·미사일 능력 고도화 노선과 미 트럼프 행정부의 대북 압박정책을 고려할 때 단기적으로는 비관적일 수밖에 없다. 북한은 11월 29일, '화성-15'형 탄도미사일 발사를 "국가핵무력 완성"이라고 주장하고 "핵억제를 더 억척같이 다져 나갈 것"이라고 해 단기적으로는 대화, 특히 남북대화는 난망해 보인다.

3) 남북관계 양상

문재인 정부 들어서도 남북관계는 개선되지 않고 있다. 여기에는 북한이 남한을 무시하고 마이웨이my way식으로 무력증강의 길로 달려가는데 일차적인 원인이 있다. 그렇지만 트럼프 행정부가 북한을 압박 위주로 접근해 두 기차가 마주 달리는 형국을 조성한 점도 지적하지 않을 수 없다. 한국은 미국과 동맹관계에 있고 북한과는 동포의 관계이므로 북한과 미국 사이에서 한국의 입장은 곤혹스럽기 짝이 없다. 북한과 미국의 충돌이 전쟁 위험을 띠는 가운데 문재인 정부가 출범했다. 그런 상황에서 대통령이 되면 먼저 북한을 방문하겠다고 한 공약은 결과적으로 빈말이 되었고 그 대신에 문 대통령은 생각보다 일찍 워싱턴을 방문했다.

문재인-트럼프 간의 한미정상회담에 대해 북한 노동당 기관지 ≪노동신문≫은 7월 2일, 개인 필명의 논평에서 "친미사대의 구태에 빠지고 대미굴종의 사슬에 얽매여 있는 저들의 가련한 몰골을 여지없이 드러내고 있다"라며 문 대통령을 간접 비난했다. 이어 북한 조국통일민주주의전선 중앙위원회가 7·4공동성명 45주년을 기념하는 성명을 통해서 "상전에게 먼저 찾아가 미국의 승인 없이는 남북관계 개선을 위한 조치를 취하지 않겠다고 했다", "남북대화를 해도, 미국의 승인하에 하겠다"는 것이라고 비난했다. 한미정상회담에서부터 김정은 정권의 문재인 정부 의심하기가 시작된 것이다.

처음부터 김정은 정권은 문재인 정부와의 대화에 기대를 갖지 않았는지도 모른다. 김정은 정권은 문재인 정부를 무시한 채 핵·미사일 능력 고도화 프로그램을 거침없이 전개해나갔다. 북한은 2017년 7~8월 대륙간 탄도미사일(ICBM), 중거리 탄도미사일(IRBM)로 평가되는 '화성-14'형, '화성-12'형 미사일 시험발사를 잇달아 감행했고 이에 대해 유엔 안보리는 대북 제재결의

2371호를 채택했다(2017.8.5). 문재인 정부는 국제제재에 동참하지 않을 수 없었고, 그런 가운데서 전쟁 반대, 북핵문제 평화적 해결의 입장을 견지하며 북한에 대화를 촉구했다. 문재인 정부의 외교안보정책은 세 부류의 청중을 상대로 하고 있다. 한국 국민들만이 아니라 북한과 국제사회도 관심 있는 청중이다. 북한이 공공연하고 과감하게 전개하는 대량살상무기 개발에 문재인 정부가 북한을 주 청중으로 삼아 대화와 협력을 제안할 수 없는 노릇이다. '지금은 대화할 때가 아니다'는 문 대통령의 한마디는 2017년 남북대화의 현주소는 물론 문재인 정부의 대북정책 목표와 현실 사이의 깊은 간극을 반영한 표현이었다.

북한의 탄도마시일 발사시험 〉 남한의 대북제재 동참 〉 북한의 핵실험 〉 남한의 대북제재 동참과 같은 악순환이 문재인 정부 들어서도 계속되고 있다. 9월 3일, 수소폭탄으로 평가되는 북한의 제6차 핵실험이 그 정점이었다. 이에 따라 문재인 정부의 대화·압박 병행은 압박 위주의 접근으로 확연하게 바뀌지 않을 수 없게 되었다. 문재인 정부는 북한의 핵실험에 대한 유엔 안전보장이사회의 대북 결의 2375호 채택(2017.9.11) 과정에 적극 나섰다. 이 결의는 북한의 연간 수출액 90% 이상을 차단하는 효과가 있을 것이라는 전망[6]이 나올 정도로 초강력 제재이다. 북한 관영언론은 안보리 결의 채택에 앞서 추가 도발을 시사하는 언급을 내놓았다. ≪로동신문≫은 9월 9일 자 기사에서 북한을 "핵 강국, 대륙간 탄도로케트 보유국"이라고 자처하면서 "미국이 반공화국 적대시 책동을 집요하게 추구하는 한 우리에게서 크고 작은 '선물보따리'들을 계속 받아 안게 될 것"이라고 해 추가 핵실험과 탄도미사일 발사를 암

6 2017년 9월 12일, 유엔 안보리 대북 결의 2375호 채택 직후 이상철 국가안보실 제1차장의 기자회견 발언, 통일뉴스, 2017.9.12.

시했다. 또 북한은 9월 13일 '외무성 보도'를 통해 유엔 안보리 결의 2375호를 "준열히 단죄 규탄하며 전면 배격한다"라고 하면서 "끝을 볼 때까지 이 길을 변함없이 더 빨리 가야 하겠다는 의지를 더욱 굳게 가다듬게 하는 계기로 되었다"라고 주장했다.

9월 들어 북한의 '화성-15'형 탄도미사일 시험발사(11.29), 유엔 안보리 대북결의 2397 채택(12.22), 북한 외무성, 안보리 결의 "전면 배격" 선언(12.24), 한국 안보리 결의 지지 및 독자 제재와 같은 악순환이 일어난다. 북한은 문재인 정부의 대북정책을 강도 높게 비난하기 시작했다. 9월 6일 ≪로동신문≫은 개인 필명의 논평에서 문재인 대통령과 남한 당국이 '북핵문제 해결과 남북관계 발전'을 '병행추진'하겠다거나 '선순환 구도'를 형성하겠다는 계획을 "온통 모순투성이로 일관된 얼토당토 않은 궤변이고 언어도단"이라고 맹비난했다. 그러면서 한반도 핵문제는 북에 대한 미국의 침략위협으로 인해 발생하고 악화된 것이라며 "핵문제는 북남관계와 인연이 없다"라고 주장했다. 이어 신문은 한반도 긴장상황에서 미국과 동맹강화를 주창하는 남한 당국이 '북핵문제 해결'을 강조하는 것은 '선순환 구도'를 형성하기는커녕 핵전쟁 발발의 위험만 더욱 짙게 할 뿐이라고 지적했다. 9월 7일에는 조선아시아태평양평화위원회(아태위원회)도 대변인 성명을 냈다. 성명은 "남조선은 핵이나 전략탄도로케트가 아니라도 얼마든지 간단하게 대상할 수 있게 준비된 우리 군대와 인민이다"라고 하면서 "무모하고 어리석은 객기를 부릴수록 말로가 더욱 비참해진다는 것을 알아야 한다"라고 경고하기도 했다. 아태위원회는 또 9월 13일 대변인 성명을 발표해 유엔 안보리의 대북제재 결의 제2375호를 "썩은 그물보다도 못한"것이라고 규정하면서 남한 당국에 대해서는 "더 강한 제재로 동족을 압박해야 한다며 너무나도 추하게 놀아대고 있다"라고 비난했다.

이렇게 북한은 남한의 대북제재를 이유로 들어 비난하면서 대화에 나서

지 않을 명분을 쌓고 있는지도 모른다. 북한은 스스로 정한 핵·미사일 고도화 프로그램을 전개하고 있고, 그에 대해 국제사회의 규탄과 제재를 추가 도발의 명분으로 삼고 있다고 하겠다. 그런 가운데 문재인 정부의 대북정책에 대해서도 김정은 정권은 무시하고 비난하고 있다. 2017년 남북관계도 그 이전과 마찬가지로 장군멍군tit-for-tat의 양상에서 벗어나지 못하고 있다. 남북 간에는 통일은 잊혀진 미래일 뿐 '각자도생'의 길로 들어선 것 같은 형국이 나타나고 있다.

4. 남북대화 열릴까?*

문재인 대통령이 밝힌 대북정책 구상은 안보정책의 성격이 강하다. '평화로운 한반도' 구상은 통일보다는 평화를 우선으로 하고 있다. 말하자면 평화통일을 위해서는 그에 앞서 평화번영, 그에 앞서 평화공존, 그에 앞서 평화정착이 우선이라는 뜻이다. 2018년 1월 10일 신년 기자회견에서도 문재인 대통령은 "저는 당장의 통일을 원하지 않습니다. 제 임기 중에 북핵문제를 해결하고 평화를 공고하게 하는 것이 저의 목표입니다"고 말했다.

향후 한국의 대북정책은 논리적으로 크게 두 시나리오로 생각해볼 수 있다. 두 방향은 서로 다른 길이라 병행하기 곤란하고 선택할 성질의 것이다.

하나의 방향은 한국이 북미대화를 지지하고 그 과정에서 남북대화를 병행 추진할 계기를 확보하는 것이다. 이 시나리오는 북한의 핵·미사일 고도화

* 이 절은 서보혁, "안보위기와 한국의 대북정책방향", ≪KDB북한개발≫, 2017년 가을호(근간) 일부를 수정 보완한 것이다.

노선이 미국과의 대타협을 추구하는 것이라는 전제 위에 있다. 이 방향은 북한의 선미후남先美後南 전략을 인정하되 그에 편승해 남북대화를 추구하는 접근으로서 현 정세를 감안할 때 유력한 시나리오로 상정해볼 수 있다. 2018년 1월 9일 전격적으로 이루어진 남북고위급회담이 열려 현상적으로 북한이 '선남후미' 전술을 취하는 듯 보이지만, 북한이 남북대화를 거쳐 북미대화를 추구한다는 전망에는 변함이 없다. 이와 관련해 남북회담 직후 가진 한미 정상간 전화 통화에서 트럼프 대통령은 "적절한 시점과 상황하에서 미국은 북한이 대화를 원할 경우 열려 있다"고 말했다. 다만, 남북대화에서 비핵화 논의 없이 북미대화가 이루어질 경우 국내정치적 비용이 크다. 또 북미대화 지지가 남북대화로 이어질지, 또 이어지더라도 북한의 술수로 그 사이 시간차가 크게 나타날 수도 있다. 그럼에도 문재인 정부가 '돌아가는 것도 지름길이다'라고 생각하면 이 길을 결행할 수도 있다.

다른 한 방향은, 한국이 미국, 일본 등과 공조해 대북 압박에 전력함으로써 북한이 남북대화에 응하도록 하는 길이다. 이 시나리오는 북한의 핵·미사일 고도화 노선이 대미 협상용이 아니라 핵무력 증강 그 자체라는 전제 위에 있다. 북한은 고립적 군사주의 노선을 가는 것이다. 북한의 중단 없는 핵·미사일 고도화 조치와 국제사회의 제재 강화 움직임 속에서 문재인 정부는 이 길로 발을 내딛었다. 이 길은 한미동맹 강화와 국내정치적 지지 획득에 유용하지만, 북한은 압박에 순응하기보다는 그것을 무력증강의 명분으로 삼을 가능성이 높다. 2018년 1월 11일 현재까지 북한은 문재인 정부 들어 11회에 걸쳐 탄도미사일을 시험발사했으며 이에 따라 한국이 두 번째 시나리오에서 첫 번째 시나리오로 전환하기는 단기적으로 힘든 상황이다.

한국의 대북정책이 어느 쪽으로 나아가더라도 남북대화의 문을 여는 것이 공통된 일차 목표다. 그렇지만 남북대화로 가는 두 개의 길 모두 좁은 길이라는 점도 공통점이다. 이 둘은 모순이고 이 모순으로 문재인 정부의 대북정책은 딜레마에 놓여 있다. 대화와 압력, 남북협력과 한미공조도 딜레마를 두텁게 만드는 요소들이다.

문재인 정부의 대북정책 목표는 단기적으로 긴장완화와 신뢰회복, 중기적으로는 비핵화-평화체제-남북관계가 선순환하는 틀을 확립하는 일이다. 이를 위해 다양한 채널을 활용해 대화의 틀을 복원하는 일이 급선무이자 기본 전제다. 이런 목표를 달성하기 위해서는 그에 부합하는 접근 방향을 수립해야 한다. 여기서는 다섯 가지 방향을 제시하는데 이를 함께 적용한다는 뜻에서 '포괄 접근'이라 부르고자 한다. 다섯 가지 포괄 접근 방향은 △ 대화와 협상을 통한 문제해결, △ 인도적 문제해결 우선, △ 민관협력, 정경분리에 의한 신뢰구축 활성화, △ 남북협력과 국제협력의 조화, △ 점진적이고 비가역적인 접근이다.

그러나 대북제재 국면에서 위와 같은 포괄적 접근을 당장 전개하기는 어렵다. 대화가 가능한 조건을 만드는 것이 우선이다. 북한의 핵·미사일 시험 중단이 가장 바람직한 조건이다. 이를 위해 한국과 미국이 반대급부를 명확히 제시하는 일이 중요하다. 그 일환으로 북한이 평창 올림픽에 참가하기로 하면서 남북대화가 이루어지고, 미국이 올림픽 기간과 남북대화 중 군사훈련 및 대북 공격 논의를 중단하겠다고 한 것은 고무적인 현상이다. 제재를 위한 제재보다는 긴장완화와 상호의중 탐색을 위한 대화가 절실하다. 압박과 제재는 대화를 이끌어내기 위한 방책이다. 다시 말해서, 핵·미사일 실험 중단 없이 대화 없다는 입장은 대화의 진정성에 의문을 던지도록 만든다. 대화 제의 없이 무력증강에 몰두하는 북한은 말할 나위 없다. 그럼에도 대결을 대화로 전환하고 긴장완화와 남북관계 개선을 위해서는 어렵게 열린 남북대화를 계속 살려나가는 한편, 한미 간 긴밀한 협력을 바탕으로 북미대화에서 포괄적인 안보 협의를 병행해나가야 할 것이다. 충돌을 불사하고 마주 보고 달려가는 북한과 미국 사이에서 북미대화를 지지하는 한국의 입장이 비정상인가? 그렇게 하지 않으면 "북핵문제의 근본적이고 포괄적인 해결방안"을 찾을 기회의 창과 남북관계 개선의 창은 열리지 않을 수도 있다. 이 길이 성공하지 못하면 남북한은 각자도생의 길, 즉 분단체제 장기화의 늪에 더 깊이 빠질 수도 있다.

참고문헌

참여연대. 2017.「평화롭게 공존하는 한반도」.『새로고침 대한민국: 촛불 개혁과 민주주의의 문을 열 키워드 70』. 서울: 이매진.

서보혁. 2013. "박근혜 정부의 대북정책 10개월 평가." 제56회 아시아사회과학연구원 학술시민포럼 발표문(2013년 12월 2일, 국가인권위원회).

_____. 2017.「안보위기와 한국의 대북정책방향」. ≪KDB북한개발≫, 2017년 가을호.

Jeong Yong Soo. 2017. "In May, North offered to end testing if Washington backs off." *Korea Joonang Daily*, September 5, 2017.

지은이

박재규 경남대학교 총장
김갑식 통일연구원 연구위원
김근식 경남대학교 정치외교학과 교수
김동엽 경남대학교 극동문제연구소/정치외교학과 교수
김성경 북한대학원대학교 교수
김흥규 아주대학교 중국정책연구소 소장
박인휘 이화여자대학교 국제학부 교수
박형중 통일연구원 선임연구위원
서보혁 서울대학교 통일평화연구원 HK연구교수
이기동 국가안보전략연구원 수석연구위원
조봉현 IBK 경제연구소 부연구소장
조재욱 경남대학교 정치외교학과 교수

한울아카데미 2004
새로운 북한 이야기

지은이 박재규·김갑식·김근식·김동엽·김성경·김흥규·박인휘·박형중·서보혁·이기동·조봉현·조재욱
펴낸이 김종수
펴낸곳 한울엠플러스(주)
편 집 배유진

초판 1쇄 인쇄 2018년 1월 25일
초판 1쇄 발행 2018년 2월 1일

주소 10881 경기도 파주시 광인사길 153 한울시소빌딩 3층
전화 031-955-0655
팩스 031-955-0656
홈페이지 www.hanulmplus.kr
등록번호 제406-2015-000143호

Printed in Korea.
ISBN 978-89-460-7004-2 93340 (양장)
978-89-460-6419-5 93340 (학생판)

※ 책값은 겉표지에 표시되어 있습니다.
※이 책은 강의를 위한 학생용 교재를 따로 준비했습니다. 강의 교재로 사용하실 때는 본사로 연락해주시기 바랍니다.